Italienische Dichtung aus acht Jahrhunderten

Italienische Dichtung aus acht Jahrhunderten

... un cantico che forse non morrà

Ausgewählt, übersetzt und kommentiert von
Wilhelm Theodor Elwert

Herausgegeben von
Marianne Albrecht-Bott

Wissenschaftliche Buchgesellschaft
Darmstadt

Titelzitat: Alessandro Manzoni, Il cinque Maggio, Vers 23 f.

Die Deutsche Bibliothek – CIP-Einheitsaufnahme

Italienische Dichtung aus acht Jahrhunderten:
„... un cantico che forse non morrà" / ausgew.,
übers. und kommentiert von Wilhelm Theodor Elwert.
Hrsg. von Marianne Albrecht-Bott. – Darmstadt:
Wiss. Buchges., 1997
ISBN 3-534-13184-3

Bestellnummer 13184-3

© 1997 by Wissenschaftliche Buchgesellschaft, Darmstadt
Gedruckt auf säurefreiem und alterungsbeständigem Werkdruckpapier
Satz: Setzerei Gutowski, Weiterstadt
Druck und Einband: Frotscher Druck GmbH, Darmstadt
Printed in Germany
Schrift: Linotype Aldus, 9.5/11

ISBN 3-534-13184-3

Inhalt

Vorbemerkung IX

Zur Einführung 1

FRIEDRICH VON HOHENSTAUFEN
Dolze meo drudo, e vaténe 8

GIACOMO DA LENTINI
Siccome il sol che manda la sua spera 12

RINALDO D'AQUINO
Già mai non mi conforto 14

CHIARO DAVANZATI
Ai dolze e gaia terra fiorentina! 18

GUIDO GUINIZELLI
Al cor gentil ripara sempre Amore 22

GUIDO CAVALCANTI
Fresca rosa novella 26

DANTE ALIGHIERI
Donna pietosa e di novella etate 30

FRANCESCO PETRARCA
Di pensier in pensier, di monte in monte 36

FRANCESCO PETRARCA
La vita fugge e non s'arresta un' ora 40

IL BURCHIELLO
Sospiri azzurri di speranze bianche 42

MATTEO MARIA BOIARDO
Ecco l' alma città che fu regina 44

PANDOLFO COLLENUCCIO
Qual peregrin nel vago errore stanco 46

LORENZO DE'MEDICI
O sonno placidissimo, omai vieni 54

ANGELO POLIZIANO
I' mi trovai, fanciulle, un bel mattino 56

JACOPO SANNAZARO
Alma beata e bella 58

PIETRO BEMBO
Questa del nostro lito antica sponda 62

MICHELANGELO BUONARROTI
Non ha l'ottimo artista alcun concetto 64

BALDASSARE CASTIGLIONE
Superbi colli, e voi sacre ruine 66

VITTORIA COLONNA
A che sempre chiamar la sorda morte 68

FRANCESCO BERNI
Chiome d' argento fino, irte e attorte 70

LUIGI TANSILLO
Passano i lieti dí come baleni 72

GASPARA STAMPA
Deh foss' io almen sicura che lo stato 74

TORQUATO TASSO
Ecco mormorar l' onde 76

TORQUATO TASSO
Vecchio ed alato dio, nato col sole 78

GIOVANNI BATTISTA MARINO
Pon mente al mar, Cratone, or che 'n ciascuna 80

GIOVANNI BATTISTA MARINO
Movon qui duo gran fabri arte contr' arte 82

CLAUDIO ACHILLINI
Sudate, o fochi, a preparar metalli 84

FULVIO TESTI
Carlo, quel generoso invitto core 86

PIETRO ANTONIO METASTASIO
Ecco quel fiero istante 90

GIUSEPPE PARINI
Quando novelle a chiedere 94

VITTORIO ALFIERI
Qui Michelangiol nacque? e qui il sublime 102

VI

VITTORIO ALFIERI
Sperar, temere, rimembrar, dolersi 104

UGO FOSCOLO
Forse perché della fatal quiete 106

UGO FOSCOLO
Solcata ho fronte, occhi incavati intenti 108

GIOVANNI BERCHET
Su, Italia! su, in armi! Venuto è il tuo dí! 110

ALESSANDRO MANZONI
Ei fu. Siccome immobile 112

GIACOMO LEOPARDI
Sempre caro mi fu quest' ermo colle 120

GIACOMO LEOPARDI
Or poserai per sempre 122

GIACOMO ZANELLA
Sul chiuso quaderno 124

GOFFREDO MAMÈLI
Fratelli d' Italia 130

GIOSUÈ CARDUCCI
Ancor dal monte, che di foschi ondeggia 134

GIOSUÈ CARDUCCI
Dolce paese, onde portai conforme 144

EMILIO PRAGA
I bei vegliardi dallo scettro d' oro 146

LORENZO STECCHETTI
Un organetto suona per la via 148

GIOVANNI PASCOLI
Sopra il leggìo di quercia è nell' altana 150

GIOVANNI PASCOLI
Il giorno fu pieno di lampi 154

GIOVANNI PASCOLI
Vidi sovente in mio cammin le rote 158

GABRIELE D'ANNUNZIO
O falce di luna calante 160

VII

GABRIELE D'ANNUNZIO
Taci. Su le soglie 162

ARDENGO SOFFICI
Dissolversi nella cipria dell' ordinotte 170

GUIDO GOZZANO
Loreto impagliato ed il busto d' Alfieri, di Napoleone 172

UMBERTO SABA
Spesso, per ritornare alla mia casa 184

SERGIO CORAZZINI
Perché, mia piccola regina 186

ALDO PALAZZESCHI
Clof, clop, cloch 188

LUCIANO FOLGORE
Da dove? Sera senza lumi 194

GIUSEPPE UNGARETTI
Ogni mio momento 196

GIUSEPPE UNGARETTI
Magica luna, tanto sei consunta 198

EUGENIO MONTALE
Portami il girasole ch' io lo trapianti 200

Anhang

Dichterbiographien und Kommentare 205

Überschriften und Anfänge der Gedichte 265

Abkürzungen und rhetorische Begriffe 269

Bibliographie 271

Personen 273

Quellenverzeichnis 281

Bildnachweise 285

Vorbemerkung

Dieser Einblick in die italienische Lyrik wendet sich an alle Liebhaber Italiens und seiner Kultur – an diejenigen, die sich tiefergehend mit der italienischen Dichtung befassen wollen, wie auch an jene, die sich hineinlesen möchten. Die *Auswahl* der Gedichte schöpft ausschließlich aus der italienischen Kunstlyrik. Nicht aufgenommen wurden die mundartliche Kunstdichtung (auch wenn das Bild der Lyrik ohne sie unvollständig bleibt), die neulateinische Dichtung aus Renaissance und Barock, die religiöse, didaktische und satirische Poesie; nur in Einzelfällen konnte die regionale, burleske und parodistische Dichtung berücksichtigt werden. Die Reihenfolge der Gedichte richtet sich chronologisch nach dem Geburtsjahr der Verfasser ungeachtet der stilgeschichtlichen Zuordnung, die aus der Biographie bzw. dem Kommentar ersichtlich wird. Die Auswahl bleibt unvermeidlich subjektiv, und der Leser mag – auch wegen des begrenzten Buchumfangs – manches Erwartete vermissen. Bewußt fanden auch weniger bekannte, doch nicht minder charakteristische Stücke Eingang. Die zeitliche Abgrenzung der Auswahl auf die vor 1900 geborene Generation ist geboten, da das in der Zwischenkriegszeit, im Zweiten Weltkrieg und in der bewegten zweiten Hälfte des 20. Jahrhunderts einsetzende Schaffen dieser Dichter eingehender eigener Studien bedarf; hierzu empfiehlt die Bibliographie einige Anthologien und Darstellungen.

Die dem Gedicht beigegebene *Übersetzung* will das Original nicht vertreten, sondern zu ihm hinführen: Als stützende Begleitung verzichtet sie auf Versgestaltung und Reim im Interesse einer philologisch genauen Wiedergabe des Wortsinns, wobei die deutsche Diktion dem Ton des Originals weitest möglich angepaßt wurde; sie will auch nicht an die Stelle bereits vorliegender poetischer Übertragungen treten. Zusätze, die das Verständnis im Deutschen verbessern, ohne eine wörtliche Entsprechung in der Vorlage zu haben, sind durch eckige Klammern gekennzeichnet. Soweit es die Satzstellung der Übersetzung erlaubte, wurde die originale Versfolge beibehalten.

Jedem Gedicht sind die Biographie des Dichters und der Kommentar zugeordnet. Die *Dichterbiographien* skizzieren den äußeren Lebensweg unter Andeutung des zeitgenössischen kulturellen Hintergrunds. Aus dem jeweiligen Gesamtwerk sind meist nur die für den vorliegenden Zusammenhang relevanten Teile aufgeführt. Gemäß der zeitlichen Abgrenzung der Gedichtsammlung bis vor den Zweiten Weltkrieg wird deshalb auch das spätere Schaffen der Dichter der italienischen Moderne nur angedeutet.

Der jedem Gedicht zugeordnete *Kommentar* erläutert die inhaltlichen und sprachlichen Einzelfragen; die Verszahl ist fett gedruckt, das zu erklärende Wort kursiv. Denn der eigene sprachliche Stil mit seinem hohen Anteil an lateinischen, altprovenzalischen, altfranzösischen und höfischsizilianischen Elementen, der sich wesentlich stärker als in den übrigen europäischen Literaturen ausgeprägt hat, ist für die italienische Lyrik von fundamentaler Bedeutung; deshalb haben alle sprachlichen Eigenarten in Wortschatz und Formenbildung *grundsätzlich* (und daher nicht im einzelnen erwähnten) *poetischen* Charakter, falls nicht anders vermerkt. Dem nichtitalienischen Leser sind die stilistischen Abweichungen der Dichtersprache von der gebildeten Umgangssprache nicht ohne weiteres ersichtlich. Doch ohne die Kenntnis dieses Unterschieds entgeht ihm eine wesentliche Seite der ästhetischen Wirkung. Daher soll durch den Kommentar nicht nur das Verständnis erleichtert, sondern auch das Empfinden für die Eigenart des jeweiligen Sprachstils geweckt werden. Die älteren Gedichte bis einschließlich der Verse Petrarcas, der die für Jahrhunderte gültige Dichtersprache schuf, werden sprachlich besonders ausführlich kommentiert; danach werden nur noch die für den Stil oder das Verständnis wichtigen Eigenheiten erläutert. Vertrautheit mit dem Lateinischen wird nicht vorausgesetzt: Auf Übernahmen aus dem Lateinischen (Latinismen) in Wortschatz und Grammatik wird im einzelnen verwiesen und ihre Entsprechung in der gehobenen neuitalienischen Umgangssprache gegeben; gleiches gilt für die aus anderen Sprachen übernommenen Elemente. Eine kurze Erläuterung der verwendeten rhetorischen Fachausdrücke enthält das Verzeichnis der Abkürzungen. Der Konzeption des Kommentars liegt die Auffassung zugrunde, daß erst die Einheit von Thema (Motiv, gedankliches Element, Stimmungsgehalt), sprachlichem Gewand (Wortschatz, syntaktische Eigentümlichkeiten, rhetorische Darbietungsform) und metrischer Gestalt die Charakterisierung des Stils ermöglicht.

Die *ästhetische Wertung* der Gedichte ist dem Leser selbst überlassen.

Die zugrunde gelegten *Textausgaben* entsprechen nach Möglichkeit wissenschaftlichem Standard. Im allgemeinen sei auf die gängigen Taschenbuchausgaben (die teils auch kommentierte Studienausgaben sind) der italienischen Verlage hingewiesen.

Besonderen Dank schuldet der Verfasser dieses Einblicks in die italienische Dichtung seiner Schülerin, Frau Dr. M. Albrecht-Bott, die ihn zur Veröffentlichung des seit vielen Jahren fertiggestellten Manuskripts ermuntert hat und die abschließende Bearbeitung übernahm.

Allen am Zustandekommen dieses Buchs beteiligten Angehörigen des Verlags der Wissenschaftlichen Buchgesellschaft, insbesondere Frau Petra Glockner, danken wir herzlich für die stets so angenehme wie förderliche Zusammenarbeit.

Während der Drucklegung des Bandes verstarb Herr Professor Dr. W. Th. Elwert. Dem Gelehrten und Hochschullehrer war es bis zuletzt ein wichtiges Anliegen, dem Leser die Vielfalt der italienischen Lyrik näherzubringen und ihren fundamentalen Anteil an der europäischen Kultur vor Augen zu führen.

Zur Einführung

Als ein Gebilde von großartiger Geschlossenheit, innerer Folgerichtigkeit und bruchloser Kontinuität steht die lyrische Dichtung Italiens vor uns. Denn in den übrigen Literaturen Europas trennt eine Kluft die mittelalterliche (z. B. die althochdeutsche, angelsächsische, altfranzösische) von der späteren Dichtung, welche auch in der Muttersprache nur mit sprachgeschichtlicher Kenntnis zu überwinden ist. In Italien verhält es sich mit der Dichtung und ihrer Sprache anders: Zuerst verleibte sich die italienische Kunstdichtung im frühen 13. Jahrhundert die Lyrik der provenzalischen Troubadours ein und hielt sie dem europäischen Kulturbewußtsein durch lange Jahrhunderte hin lebendig, während die Originale in ihrer schwer zugänglichen Sprache vergessen ruhen. Die Formen, welche die Zugehörigen der *scuola siciliana* (der „Sizilianischen Dichterschule") am Hof Friedrichs II. in Palermo im 13. Jahrhundert von den Provenzalen übernommen und umgeprägt hatten, wurden nach dem Untergang der Hohenstaufen konsequent von den Toskanern in der zweiten Jahrhunderthälfte weiterentwickelt, von Dante kraftvoll vorangetrieben und mündeten schließlich in die dichterische Welt Petrarcas: In jener Spanne zwischen der ersten Hälfte des 13. und der zweiten Hälfte des 14. Jahrhunderts vollzogen sich in einer stetigen Linie des Sichtens, Abstoßens, Wertens und neu Erwerbens die Entstehung und die Ausformung dieser Kunstsprache auf toskanischer Basis. Ihr Stil ist bei weitem ausgeprägter als in den anderen europäischen Literaturen und daher für die italienische Lyrik von wesentlicher Bedeutung. Er unterschied sich seit jeher merklich von demjenigen der Gebrauchs- und Kunstprosa, in der Zeit vor etwa 1500 auch von dem der (bis dahin sprachlich volkstümlicheren) didaktischen und zu allen Zeiten vom Stil der humoristischen und satirischen Dichtung.

Petrarca schuf schließlich die klassische Form der Dichtersprache (*lingua aulica*): Was er in Sprachstil und Metrik erreicht hatte, blieb jahrhundertelang die Richtschnur lyrischen Schaffens. Diese festgefügte – doch nicht verkrustende – Sprache der Lyrik und der erarbeitete Formenschatz trugen die italienische Dichtung über den Umbruch vom Mittelalter zur Neuzeit hinweg; aus ihnen gingen im 15.–18. Jahrhundert die Verse der Renaissance, des Barock und Rokoko, der Aufklärung und des Klassizismus hervor; bis weit ins 19. Jahrhundert wirkten ihre Kräfte nach, indem sie den Sprung zur Romantik überbrücken halfen; sie erwiesen sich noch so lange als Stützen, daß die im zähen Ringen um die

1

Wandlung der dichterischen Ausdrucksform dann doch eintretende Ablösung durch Alltagssprache (etwa ab 1860 mit Praga und Stecchetti) und formalen Individualismus nicht mehr wie ein Einschnitt wirkte, da sie sich langsam vorbereitet hatte in der schrittweisen Auflösung des Überlieferten. Jene also im europäischen Vergleich einmalige Kontinuität der Dichtersprache vom 13. bis ins 19. Jahrhundert, die zudem dadurch begünstigt wurde, daß sich der Lautstand des Italienischen seit dem Mittelalter kaum verändert hat, und deren Spur sich bis in die Moderne nicht gänzlich verliert, erklärt ihren archaischen Charakter und gelehrten Zug. Diese Eigenarten sind auch dem heutigen Italiener noch als selbstverständliche Elemente der Dichtersprache bewußt.

Zugleich ist die eingetretene Entwicklung der italienischen Kunstdichtung undenkbar ohne äußere (hier nur in groben Zügen gezeichnete) Impulse: Von initialer Bedeutung war, wie gesehen, das Einwirken des Provenzalischen und altfranzösischer Elemente. Außerdem war für sie die antike Dichtung – ebenfalls mehr als für die andern Literaturen – eine ständig wirkende Kraft gewesen, ein stets griffbereiter Fundus metrischer und rhetorischer Formen und Formprinzipien, eine unversiegliche Quelle erlesener Worte, Metaphern und Periphrasen, eine Fundgrube dichterischer Motive. Schon im 13. Jahrhundert durch das Medium mittelalterlicher Latinität wirkend, wurde die antike Dichtung von Petrarca unmittelbar in den Dienst der Bereicherung und Veredelung der italienischen Lyrik gestellt, und dank seines Vorbilds erscheint der Rückgriff auf sie immerfort als etwas durchaus Legitimes. (Darum läßt sich auch umgekehrt hier besser als an jeder andern europäischen Dichtung der Wandel in der abendländischen Deutung der Antike ablesen.) Von gegenseitigem Gewinn war in der Renaissance der Kontakt mit der französischen Dichtergruppe der Pléiade, wie auch von Spanien Kräfte herüberwirkten bei den Manieristen des späten 16. Jahrhunderts und im Barock des 17. Jahrhunderts. Im 19. Jahrhundert dann sind Balladenrhythmus und die *poesia barbara* z. B. Carduccis, die antike Verse mit den Mitteln der italienischen Sprache und Metrik nachbildete, ohne das deutsche Beispiel (Bürger und Goethe einerseits; Klopstock, Platen und Hölderlin anderseits) nicht verständlich. Tiefgehend inspiriert wurden im späteren 19. Jahrhundert die Lyrik der *scapigliatura* und schließlich bis in die Zwischenkriegszeit des 20. Jahrhunderts – dem Ende des betrachteten Zeitraums – die *poesia ermetica* durch Baudelaire und die französischen Symbolisten.

Der folgende Abriß präsentiert in knappster Form, und ohne eine literaturgeschichtliche Darstellung ersetzen zu wollen, die im vorliegenden Einblick in die italienische Lyrik vertretenen Dichter.

Die historischen und politischen Gegebenheiten Italiens, das seit dem Ende des Römischen Reichs folgenschweren Invasionen ausgesetzt und in verschiedene Herrschaftsbereiche geteilt war und durch aufstrebende Stadtrepubliken zersplittert wurde, hatten die Entwicklung einer einheitlichen Landessprache behindert, obwohl der Unterschied zwischen Latein und Italienisch mindestens seit dem 10. Jahrhundert bekannt war. Als dann ab dem 12. Jahrhundert eine mundartliche, zunächst lehrhafte und religiöse Dichtung aufkam, hatte sie sich gegen die lateinische Schriftsprache und die in Italien längst etablierten volkssprachlichen Literatursprachen Französisch und Provenzalisch durchzusetzen. So entstand denn auch die älteste Kunstdichtung – die am Hof *Friedrichs II.* in Palermo von der „Sizilianischen Dichterschule" geschaffene Minnedichtung – mit Beginn des 13. Jahrhunderts (*il duecento*) verglichen mit anderen europäischen Literaturen erst verhältnismäßig spät und aus einer noch mit lateinischen und provenzalischen Elementen vermischten sizilianischen Mundart. Jener *scuola siciliana* gehörten außer dem Kaiser u. a. *Giacomo da Lentini*, der als Schöpfer des italienischen Sonetts gilt, und *Rinaldo d' Aquino* an. Als diese Dichtung nach dem Untergang der Hohenstaufen dann in der Toskana z. B. durch Guittone d' Arezzo weiter gepflegt wurde, wuchs durch die Abschriften (denen ihre Überlieferung verdankt wird) und eigene Schöpfungen zunehmend der sprachliche Einfluß des Toskanischen. Zu einer neuartigen Auffassung der Minne gelangten Guittones Schüler *Chiaro Davanzati*, der sich auch als ein Meister der verbreiteten und kämpferischen politischen Dichtung erwies, und besonders *Guido Guinizelli*, indem sie durch eine Vergeistigung der Liebe die engelgleiche Schönheit der Angebeteten als läuternde Kraft deuteten bzw. im Adel des Herzens (statt der Geburt) die Voraussetzung der hohen Minne erkannten: Damit leiteten sie zum *dolce stil nuovo* über. Diesem „süßen neuen Stil" ist u. a. *Guido Cavalcanti* zuzurechnen; sein Freund *Dante Alighieri* führte ihn dann mit den lyrischen Gedichten im ausgehenden 13. Jahrhundert zur höchsten Vollendung; später löste sich Dante in dem epischen Gedicht *Divina Comedia*, das bis heute die großartigste Schöpfung der italienischen Literatur bleibt, von diesem Stil.

Im frühen 14. Jahrhundert (*il trecento*) begann man, sich wieder der antiken Dichtung zuzuwenden, und hielt sich bewußt an römische Vorbilder. Die wissenschaftliche Erforschung der Antike brachten dann Francesco Petrarca und Giovanni Boccaccio um die Mitte des Jahrhunderts in Gang durch das systematische Aufspüren und Sammeln von Handschriften antiker Texte: So bahnte sich als neue Epoche der italienische Humanismus an, der zur geistigen Grundlage der Renaissance wurde.

Doch *Petrarcas* unübertroffen geniale künstlerische Leistung bestand in seinen italienischen Gedichten über das Leben und den Tod der idealen Geliebten Laura, in denen die italienische Lyrik zu jahrhundertelang durch Inhalt, Stimmung, Sprache und Form nachwirkendem Glanz gelangte. Wenn auch bald nach Petrarcas Tod die Dichtung zunächst hinter der alle Lebensbereiche nachhaltig erfassenden Beschäftigung mit der Antike zurücktrat, verhinderte die vorübergehende Bevorzugung des Lateinischen durch die Humanisten im 15. Jahrhundert (*il quattrocento*) nicht das weitere Vordringen der toskanischen Dichtersprache. *Il Burchiello* verspottete die zeitgenössische Kunstdichtung der ersten Hälfte des 15. Jahrhunderts und blieb nicht ohne Wirkung auf die Entwicklung der burlesken Dichtung. Etwa um die Jahrhundertmitte interessierten sich die Humanisten selbst wieder für die Volkssprache und versuchten, durch die Nachbildung antiker Verse im Italienischen die Gleichwertigkeit des *volgare* mit dem Lateinischen nachzuweisen; hiervon war man dann freilich erst Anfang des 16. Jahrhunderts vollkommen überzeugt. Der vielfältig richtungweisende Florentiner Herrscher *Lorenzo de' Medici* strebte in der zweiten Hälfte des 15. Jahrhunderts nach einer Erneuerung der italienischen Dichtung im Rückgriff auf den *dolce stil nuovo*, auf Dante und Petrarca und schöpfte zugleich unmittelbar aus der Antike. Denn „Renaissance" (*la rinascita*; als Epochenbegriff: *il rinascimento*) – der Beginn der Neuzeit – bedeutete nicht nur eine „Wiedergeburt" der Antike mit den daraus resultierenden Umwälzungen in Geisteshaltung und Menschenbild, sondern u. a. auch ein Wiederaufleben der Dichtung in italienischer Sprache: Als charakteristischen Vertretern ihrer Epoche gelangen den Renaissancedichtern *Matteo Maria Boiardo, Angelo Poliziano* und *Jacopo Sannazaro* mit derselben anmutigen Eleganz und auf Schönheit bedachten Harmonie lateinische und griechische wie italienische Verse. Persönliche Tragik spricht aus *Pandolfo Collenuccios* Kanzone. Die Dichtung der Hoch- und Spätrenaissance im kultur- und geistesgeschichtlich so glanzvollen wie politisch schwierigen 16. Jahrhundert (*il cinquecento*) stand ganz im Zeichen der Gleichberechtigung des Italienischen mit den klassischen Sprachen, nachdem *Pietro Bembo* die Sprache und den Stil Petrarcas und Boccaccios zur Norm der italienischen Lyrik bzw. Prosa erhoben hatte; das bedeutete auch, daß er dem Toskanischen den Vorrang vor den anderen italienischen Mundarten gesichert hatte. Bembos platonisierende Liebeslyrik setzte Maßstäbe für die Stilrichtung des „Petrarkismus": Diesem petrarkisierenden Stil (*il petrarchismo*) folgten die Gedichte z. B. *Baldassare Castigliones* und die aus persönlichen Leiderfahrungen tiefer empfundenen Verse *Vittoria Co-*

4

lonnas, Gaspara Stampas und des universalen Künstlers *Michelangelo Buonarroti*. Mit geistreichen Parodien reagierte *Francesco Berni* auf diesen Stil. Als Hauptvertreter des süditalienischen Petrarkismus leitete *Luigi Tansillo* um die Mitte des 16. Jahrhunderts durch motivische Bereicherungen und lebensvoll-farbigen Ausdruck schon vom Manierismus der Spätrenaissance zum Barock über. Zu dieser sich dann mit Beginn des 17. Jahrhunderts (*il seicento*) ganz entfaltenden Stilepoche führte durch empfindungsvollen Ausdruck und rhetorischen Schmuck auch *Torquato Tassos* Lyrik hin. Zum gefeierten und stilbildenden Meister der italienischen Barockdichtung (meist bezeichnet als *il secentismo*) wurde *Giovanni Battista Marino*: Die Ablehnung des erstarrten Petrarkismus mündete dank der weiter, auch kühner ausgreifenden Themenwahl und der Freude am pointierten, überraschenden Ausdruck (*concetto*) und virtuosen Spiel mit Sprache und Form in eine Erneuerung der Lyrik. Wie leicht jedoch die barocken Stilideale der geistigen Dynamik, sprachlichen Bildkraft und Intensivierung des Ausdrucks, die unabhängig von Marino auch *Fulvio Testi* verfolgte, zu leerer Affektiertheit, Spielerei und aufdringlichem Schwulst degenerieren konnten, zeigte – außer teils Marino selbst – sein treuster Anhänger *Claudio Achillini*. Ihr Zeitgenosse Galileo Galilei verhalf dem Italienischen nun auch als Sprache der Naturwissenschaften zur Gleichberechtigung neben dem Lateinischen.

In Reaktion auf diese künstlerisch unbefriedigende Entwicklung kam es 1690 zur Gründung der geistesgeschichtlich einflußreichen Accademia dell' Arcadia mit dem Ziel einer in Inhalt und Form wieder klaren und fein nuancierten Dichtung, die nach dem anmutigen Vorbild der griechischen anakreontischen Sänger von Liebe und Wein in der Lyrik etwa eines Carlo Innocenzo Frugoni und *Pietro Antonio Metastasio* zur heiteren Unbeschwertheit und musikalischen Eleganz des Rokoko fand.

Um die Mitte des 18. Jahrhunderts (*il settecento*), als zugleich die Aufklärung die geistigen Kräfte Italiens zu erfassen begann, wurde die Richtung der Arcadia durch den ernsten und formenstrengen Klassizismus (*il classicismo*) abgelöst. *Giuseppe Parini* war an dieser Entwicklung wesentlich beteiligt. Der Klassizismus bestimmte die Lyrik bis über die Mitte des 19. Jahrhunderts: In seiner italienischen Ausformung bedeutete er nicht die schulmäßige, dabei zeitgemäß vereinfachende Nachahmung antiker Regeln und Muster, sondern er ist als eigenständige Stilrichtung zu verstehen. Seine breite Grundlage markieren die Gedichte *Vittorio Alfieris* und die zur Romantik hinleitenden Verse *Ugo Foscolos*.

Der aus vielerlei Quellen gespeiste Streit um die Romantik wurde aufgrund des politischen Fortgangs im frühen 19. Jahrhundert (*l' ottocento*) zunächst verengt auf die Kontroverse zwischen einem von der österreichischen Obrigkeit gelenkten, selbstgenügsamen Konformismus ohne ideologische Ambitionen und einer auf geistige und politische Befreiung hinarbeitenden Erneuerungsbewegung; und schließlich reduzierte man ihn auf die Formel, den Klassizismus mit der Unterdrückung durch die Fremdherrschaft gleichzusetzen und die Romantik mit den liberal-patriotischen Bestrebungen des um die nationale Einigung kämpfenden *risorgimento*. Jedenfalls sind das politische Engagement und das damit einhergehende Ideal einer volksnahen Dichtung ebenso charakteristische Elemente der spezifisch italienischen Romantik (*il romanticismo*) wie ihre Weiterverwendung der sprachlichen und stilistischen Errungenschaften des Klassizismus. Wie unterschiedlich um alle Ziele der Romantik gerungen wurde, erhellt aus dem (hier ausgewählten, politischen) Gedicht *Giovanni Berchets*, dessen *Lettera semiseria a Grisostomo* zur Programmschrift der italienischen Romantik wurde, aus *Alessandro Manzonis* heroisierendem und doch patriotischen Nachruf auf Napoleon und aus den Versen *Giacomo Leopardis* voll Weltschmerz und selbstbekennerischer Hoffnungslosigkeit. Einige Jahre später verlieh *Goffredo Mamèlis* berühmt gewordene Hymne der vorandrängenden Einigungsbewegung des *risorgimento* mitreißenden Ausdruck. Auch in *Giacomo Zanellas* Versen, die wissenschaftlich-technischen Fortschritt und positivistische Weltanschauung mit der christlichen Glaubenstradition zu verbinden trachten, wirkte noch der Klassizismus fort. Zeitgemäßer Fortschrittsglaube und Antiklerikalismus und der politische Idealismus des *risorgimento* verbanden sich mit sinnenhaftem Vitalismus in *Giosuè Carduccis* poetischem Schaffen; zudem ein Meister klassizisierender Sprache und der Antike entnommener Dichtungsformen, stieg er gegen 1880 zum führenden Dichter seiner Zeit auf. Anderseits hatte sich die Gruppe der *poeti scapigliati* (der „zerzausten Dichter" der literarischen Bohème) dem Vorbild Baudelaires zugewandt und sich, wie *Emilio Praga* und *Lorenzo Stecchetti*, schon um 1860 von der klassischen italienischen Dichtersprache (*lingua aulica*) zu lösen begonnen. Eine neue Dichtersprache begründete dann konsequent *Giovanni Pascoli* unter Einbeziehung von Dialekt, gehobener Umgangssprache und Klangwerten zur überzeugenden Gestaltung seiner poetischen, vom Mikrokosmos der persönlichen Umgebung und des Alltäglichen bestimmten Welt. Von dieser Richtung unberührt und entgegen Carduccis Normen schuf der exzentrische *Gabriele d' Annunzio* unter dem Eindruck der französischen Parnassier und Symbolisten eine eigene lyrische Rhetorik als adäquates Mittel seines unbändigen Ausdruckswillens und ästhetizierenden Kunstwollens.

Nach der Wende zum 20. Jahrhundert (*il novecento*) traten *Guido Gozzano* und *Sergio Corazzini* – bewogen durch den Symbolismus und in der

Nachfolge Pascolis – als *poeti crepuscolari* („Dämmerungsdichter") der Dominanz Carduccis bzw. D' Annunzios entgegen, bevor sich der Drang zur umwälzenden Erneuerung, der alle Bereiche der europäischen Kunst erfaßt hatte, in der dann durch den Ersten Weltkrieg erstickten Revolte der *poesia futurista* (der „futuristischen Dichtung") entlud; ihr schlossen sich u. a. *Ardengo Soffici, Aldo Palazzeschi* und *Luciano Folgore* an. Abseits der Avantgarde blieb die schlichte Dichtung *Umberto Sabas*. Wiederum inspiriert durch den Symbolismus (Stéphane Mallarmé und Arthur Rimbaud) reduzierten ab den 1920er Jahren *Giuseppe Ungaretti* und *Eugenio Montale* in ihrer *poesia ermetica* („hermetischen Dichtung") die Sprache auf den Eigenwert des „reinen" Worts als Ausdruck des bis zur Vieldeutigkeit verabsolutierten Gedankens und sollten damit maßgebliche Lyriker der italienischen Moderne werden.

«Dolze meo drudo, e vaténe;
meo sire, a Dio t' acomanno!
ché ti diparti da mene,
ed io tapina rimanno.
Lassa, la vita m' è noia,   5
dolz' è la morte a vedere;
ch' io non pensai mai guerire
membrandome fuor di gioia.

Membrandome che ten vai,
lo cor mi mena gran guerra: 10
di ciò che piú disiai
il mi tol lontana terra.
Or se ne va lo mio amore
ch' io sovra gli altri l' amava:
biàsmomi de la dolze Toscana   15
che mi diparte lo core.»

«Dolcie mia donna, lo gire
non è per mia volontate,
ché mi convene ubidire
quelli che m' ha in potestate.   20
Or ti conforta s' io vado,
e già non ti dismagare,
ca per null' altra d' amare,
amor, te non falseragio.»

«Lo vostro amore mi tene   25
ed hami in sua segnoria,
ca lealemente m' avene
d' amar voi senza falsía.
Di me vi sia rimembranza,
no mi agiate 'n obria: 30
ch' avete in vostra balía
tuta la mia disianza.»

FRIEDRICH VON HOHENSTAUFEN

[Sie:] „Mein holder Geliebter, so geh' denn;
mein Gebieter, sei Gott befohlen!
Denn du gehst von mir
und ich Ärmste bleibe zurück.
Ich Unglückliche! Das Leben ist mir eine Last,   5
lieblich ist der Tod zu schauen;
denn ich meinte, nimmer in Frieden zu leben,
wenn ich daran dachte, daß ich ohne Liebesglück sein würde.

Wenn ich daran denke, daß du von hinnen gehst,
setzt mir mein Herz arg zu: 10
Das, was ich am meisten begehrte,
[ein] fernes Land nimmt es mir weg.
Nun geht mein Liebster fort,
den ich mehr als alle anderen liebte:
. Die Schuld gebe ich der süßen Toskana,   15
die mir das Herz zerreißt."

[Er:] „Süße Herrin mein, der Fortgang
geschieht nicht aus meinem Willen,
denn ich muß dem gehorchen,
der mich in seiner Gewalt hat.   20
Nun beruhige dich, wenn ich gehe,
und verzage auch nicht,
denn um keiner anderen willen werde ich
davon lassen, dich, Geliebte, zu lieben."

[Sie:] „Eure Liebe hält mich fest   25
und hat mich in ihrer Macht,
denn es schickt sich für mich,
Euch ohne Fehl zu lieben.
An mich mögt Euch erinnern,
vergeßt mich nicht: 30
Denn zu Eurer Verfügung habt Ihr
mein ganzes Verlangen."

«Dolze mia donna, 'l commiato
domando senza tenore:
che vi sia racomandato,   35
ché con voi riman lo core.
Cotal è la 'namoranza
de gli amorosi piaciri,
che non mi posso partire
da voi, donna, in leanza.»   40

[Er:] „Holde Fraue mein, um Verabschiedung
bitte ich ohne Verzug:
Möge ich Euch anempfohlen sein,   35
denn bei Euch verbleibt mein Herz.
Derart ist [meine] Freude
am Minnedienst,
daß ich von Euch, Herrin,
aus Treue nicht lassen kann."   40

Siccome il sol che manda la sua spera
e passa per lo vetro e no lo parte,
e l' altro vetro che le donne spera,
che passa gli occhi e va da l' altra parte;

così l' amore fere laove spera   5
e mandavi lo dardo da sua parte;
fere in tal loco che l' omo non spera,
passa per gli occhi e lo core diparte.

Lo dardo de l' amore laove giunge,
da poi che dà feruta, sì s' aprende   10
di foco c' arde dentro e fuor non pare.

E due cori insieme ora lì giunge,
de l' arte de l' amore sì gli aprende,
e face l' uno e l' altro d' amor pare.

Giacomo da Lentini

So wie die Sonne, die ihren Strahl aussendet
und das Glas durchdringt und es nicht zerteilt,
und [wie] das andere Glas, das die Frauen widerspiegelt,
welcher [Strahl] in die Augen dringt und [auch] in die andere Richtung
[zum reflektierten Gegenstand] geht,

so trifft die Liebe dort, wohin sie ihren Strahl sendet,   5
und diese Stelle schickt den Pfeil ihrerseits [weiter];
sie trifft eine Stelle, die der Mensch nicht ahnt,
dringt durch die Augen ein und zersprengt das Herz.

Der Pfeil der Liebe, wohin er trifft,
nachdem er die Wunde zugefügt hat, fängt dergestalt   10
Feuer, daß er im Innern brennt und [es] nach außen nicht sichtbar ist.

Und zwei Herzen nun verbindet er,
mit der List der Liebe läßt er sie so entbrennen
und macht, daß beide einander an Liebe gleich sind.

13

Già mai non mi conforto
né mi voglio rallegrare,
le navi sono giute al porto
e vogliono colare.
Vassene lo più gente   5
in terra d' oltra mare:
ed io, oi me lassa, dolente,
como degio fare?

Vassene in altra contrata
e no lo mi manda a dire,   10
ed io rimagno ingannata;
tanti sono li sospire,
che mi fanno grande guerra
la notte co la dia!
Né 'n cielo ned in terra   15
non mi pare ch' io sia.

Santus, santus Deo
che ne la Vergine venisti,
tu salva e guarda l' amor meo,
poi che da me lo dipartisti.   20
Oit alta potestade
temuta e dottata,
il dolze mi' amore
ti sia raccomandata.

La croce salva la gente   25
e me face disviare,
la croce mi fa dolente
e non mi vale Dio pregare.
Oi me, croce pellegrina,
perché m' ài così distrutta?   30
Oi me, lassa tapina,
ch' i' ardo e 'ncendo tutta.

Rinaldo d'Aquino

Nie mehr finde ich Trost,
noch werde ich wieder froh sein;
die Schiffe sind im Hafen
und werden die Segel hissen.
Der Stattlichste geht von dannen   5
ins Land jenseits des Meeres:
Und ich, ach, ich Unglückliche, Schmerzerfüllte,
was soll ich nur tun?

Er geht davon in ein anderes Land
und läßt mir's nicht ausrichten,   10
und ich bleibe als die Betrogene zurück;
so viele sind die Seufzer,
die mich plagen
Tag und Nacht!
Es scheint mir, daß ich weder im Himmel   15
noch auf der Erde bin.

Heiliger, heiliger Gott,
der Du durch die Jungfrau kamst,
errette und behüte meinen Liebsten,
nachdem Du ihn von mir getrennt hast.   20
O hohe,
und sehr gefürchtete Macht,
mein süßer Liebster
sei Dir anempfohlen.

Das Kreuz errettet die Menschen   25
und läßt mich ins Verderben gehen,
das Kreuz bringt mir Kummer,
und nichts nützt es mir, daß ich zu Gott bete.
Weh mir, Pilgerkreuz,
warum hast du mich so zugrunde gerichtet?   30
Weh mir, ich arme Unglückliche,
denn ich brenne und bin ganz entflammt.

Lo 'mperadore con pace
tutto 'l mondo mantene
ed a me guerra face,
che m' à tolta la mia spene.
Oit alta potestate
temuta e dottata,
lo mio dolze amore
vi sia raccomandata.

Quando la croce pigliao
certo no lo mi pensai,
quelli che tanto m' amao,
ed i' lui tanto amai!
Ch' i' ne fui battuta
e messa im presgionia
ed in celata tenuta
per la vita mia.

Le navi sono a le colle,
in bon' ora possan andare,
e lo mio amore con elle
e la gente che v' à andare.
Padre criatore,
a santo porto le conduce,
che vanno a servidore
de la santa croce.

Però ti priego, Dolcetto,
che sai la pena mia,
che me ne faci un sonetto
e mandilo in Soria,
ch' io non posso abentare
notte né dia:
in terra d' oltre mare
istà la vita mia.

Der Kaiser bewahrt
der ganzen Welt den Frieden
und gegen mich führt er Krieg, 35
denn er hat mir meine Hoffnung geraubt.
O hohe,
und sehr gefürchtete Macht,
mein süßer Liebster
sei Dir anempfohlen. 40

Als er das Kreuz nahm,
hatte ich es mir freilich nicht [so] vorgestellt,
er, der mich so sehr liebte
und den ich so sehr liebte!
Denn seinetwegen wurde ich geschlagen 45
und gefangengesetzt
und im verborgenen gehalten,
um meines Schatzes willen.

Die Schiffe setzen die Segel,
mögen sie zu glücklicher Stunde fahren können, 50
und mein Liebster mit ihnen
und alle, die dorthin ziehen müssen.
Vater [und] Schöpfer,
führe sie zum heiligen Hafen,
denn sie ziehen als Diener 55
des heiligen Kreuzes dahin.

Darum bitte ich dich, Dolcetto,
der du meinen Kummer kennst,
daß du mir hieraus ein Lied machst
und es nach Syrien schickst, 60
denn ich kann keine Ruhe finden
tags noch nachts:
[Denn] im Lande jenseits des Meeres
weilt mein Leben.

Ai dolze e gaia terra fiorentina!
fontana di valore e di piagienza,
fiore de l' altre, Fiorenza!
qualunque à più savere ti tene reina.
Formata fue di Roma tua semenza,   5
e da Dio solo data la dotrina,
che per lucie divina
lo re Fiorino ci spese sua potenza.
Ed ebe im sua seguenza
conti e marchesi, prencipi e baroni   10
gientili d' altre rasgioni;
ciesati fuoro d' orgolglio e villania,
misero loro baronia
a ciò che fossi de l' altre magiore.

Come fosti ordinata primamante   15
da sei baroni, che più aveano d' altura,
e ciaschuno puose chura
ver sua partte com fosse più piaciente.
Da san Giovanni avesti sua fighura,
i be' costumi dal fiore de la giente,   20
da savi il convenente,
im planeta di Leo più sichura.
Di villania fuori pura,
di piacimento e di valore orata,
in sana aira e in gioia formata,   25
dilletto d' ongni bene ed abondosa,
gientile ed amorosa
imperadricie d ' ongni cortesia.

Ai me, Fiorenza, che è rimembrare
lo grande stato e la tua franchitate,   30
c' ò detta, ch' è in viltate
disposta ed abassata, ed im penare
somessa, e sottoposta im fedaltate
per li tuoi filgli collo rio portare,
che, per nom perdonare,   35
l' uno l' altro t' ànno messa in basitate!

18

CHIARO DAVANZATI

Ach, liebliche und fröhliche Stadt Florenz!
Quell der Tüchtigkeit und des Frohsinns,
[du] Blüte aller [Städte], Florenz!
Wer am meisten Verstand hat, hält dich für die Königin.
Dein Geschlecht wurde aus dem Roms geschaffen   5
und von Gott allein [dir] die Gelehrsamkeit gegeben,
denn durch göttlichen Ratschluß
verlor König Florinus sein Leben.
Und in seinem Gefolge hatte er
Grafen und Markgrafen, Fürsten und vornehme Herren,   10
Edelleute aus anderen Gegenden;
Hochmut und Grobheit hatten sie abgelegt,
ihre Ehre setzten sie darein,
daß du die anderen überragtest.

Als du anfänglich regiert wurdest   15
von sechs Patriziern, die die angesehensten waren,
sorgte jeder für seinen Teil
dafür, daß du die schönste seiest.
Vom heiligen Johannes bekamst du sein Bildnis [als Schutz],
die schönen Sitten vom erlesensten unter den Völkern,   20
von den Weisen deine Verfassung,
unter dem Zeichen des Löwens bist du am sichersten.
Bäurisch-grobes Wesen ist an dir nicht sichtbar,
durch Anmut und Ruhm bist du ausgezeichnet,
in gesunder Luft und frohgemut bist du entstanden,   25
mit allen Gütern gesegnet und davon überfließend,
freundliche und liebenswerte
Gebieterin in [Dingen] aller höfischen Gesittung.

O weh, Florenz, was nützt es, deine große Stellung
und deine Freiheit in Erinnerung zu bringen,   30
von der ich sprach und die nun wertlos
gemacht und erniedrigt ist und der Pein
anheimgegeben, der Lehenstreue unterworfen
durch deine Söhne infolge ihres bösen Verhaltens,
welche dadurch, daß sie [einander] nicht verzeihen konnten, 35
dich nun in diese geringe Stellung gebracht haben!

Ai me! lasso, dov' è lo savere
e lo presgio e lo valore e la francheza,
la tua grande gientileza?
credo che dorme e giacie in mala partte.　　　　40
Chi 'm prima disse partte,
fra li tuo' filgli, tormentato sia.

Fiorenza, nom posso dire che se' sforita,
né ragionare che 'n te sia cortisia;
ché chi nom s' adomilia,　　　　45
già sua bontà nom puote essere gradita.
Nom se' più tua né ài la sengnoria,
anzi se' disorata ed aunita
ed ài perduta vita;
ché messa t' à ciaschuno in schiavonia.　　　　50
Da l' uno tuo filglio due volte donata,
per l' altro comsumare e dare dolore,
e per l' altro a sengnore
se' oramai, e doneralgli il fio.
Non vale chiedere a Dio　　　　55
per te merzé, Fiorenza dolorosa.

Ké è moltiprichato in tua statura
asto, envidia, noia e strugimento,
orgolglioso talento,
avariza, pigreza e losura;　　　　60
e ciaschuno che 'n te à pemsamento,
estudia sempre di volere usura;
di Dio nonn ànno paura,
ma siegueno sempre disiare tormento.
Li picioli, li mezani e li magiori　　　　65
ànno altro in core, che nom mostrano di fora.
Per contrado lavora,
onde 'l sengnore Idio pieno di pietate
per sua nobilitate
ti riconduca a la veracie via.　　　　70

20

O weh! Ich Unglücklicher, wo ist das Wissen
und die Herrlichkeit und die Tüchtigkeit und die edle Gesinnung
und dein hoher vornehmer Sinn?
Ich glaube, er schläft und liegt an irgendeinem schlechten Ort.   40
Wer von deinen Söhnen zuerst das Wort
‚Partei' aussprach, der möge die Höllenpein erleiden.

Blütenstadt, ich kann [wohl] sagen, daß du verblüht bist,
und ich kann nicht davon reden, daß höfische Sitte [noch] bei dir ist,
denn wer sich nicht bescheiden gebärdet,   45
an dem kann auch das Gute nicht geschätzt werden.
Dir selbst gehörts du nicht mehr, hast auch nicht mehr die Herrschaft,
ja du bist entehrt und geschmäht
und hast dein Leben verloren;
denn alle beide haben dich zur Sklavin gemacht.   50
Von einem deiner beiden Söhne bist du zweimal ausgeliefert worden,
um den andern zu verzehren und [ihm] Schmerz zu bereiten;
und durch den andern bist du nun einem Herrn
untertan worden und wirst ihm den Lehenszins zahlen.
Es hilft nichts, Gott um deinetwillen   55
um Gnade anzuflehen, schmerzensreiches Florenz!

Denn in deinem Staatswesen haben sich vervielfacht
Mißgunst, Neid, Gehässigkeit und Zerstörungswut,
hoffährtiger Sinn,
Habsucht, Faulheit und Ausschweifung;   60
und jeder, der an dich denkt,
tut es in der Absicht, aus dir Vorteil zu ziehen;
vor Gott fürchten sie sich nicht,
sondern begehren weiterhin nur Höllenpein.
Die kleinen Leute, die Bürger und der Adel   65
haben anderes im Sinn, als sie nach außen hin zeigen.
Sei um das Gegenteil [von alledem] bemüht,
damit der erbarmungsvolle Herrgott
durch sein edles Wirken
dich auf den rechten Weg zurückführt.   70

GUIDO GUINIZELLI

Al cor gentil ripara sempre Amore
com' a la selva augello in la verdura,
né fe' Amore anti che gentil core
né gentil core anti ch' Amor natura;
ch' adesso com fu il sole   5
sí tosto lo splendore fu lucente,
né fu davanti il sole;
e prende Amore in gentilezza loco
cosí propiamente
come calore in clarità di foco.   10

Foco d' amore in gentil cor s' apprende
come vertute in petra preziosa;
ché da la stella valor no 'i discende,
anti che 'l sol la faccia gentil cosa.
Poi che n' ha tratto fore,   15
per sua forza, lo sol ciò che li è vile,
stella li dà valore.
Cosí lo cor, ch' è fatto da natura
asletto, pur, gentile,
donna, a guisa di stella, lo inamura.   20

Amor per tal ragion sta in cor gentile
per qual lo foco in cima del doppiero:
splende a lo suo diletto, chiar, sottile:
non li staria altra guisa, tant' è fero.
Però prava natura   25
rincontra amor como fa l' aigua il foco
caldo, per la freddura;
Amor in gentil cor prende rivera
per suo consimil loco,
com' adamàs del ferro in la miniera.   30

Fére lo sole il fango tutto 'l giorno;
vile riman, né 'l sol perde calore.
Dice omo altier: «gentil per schiatta torno».
Lui sembro al fango, al sol gentil valore.

GUIDO GUINIZELLI

Zum edlen Herzen strebt stets die Liebe hin
wie der Vogel zum Waldesdickicht:
Die Natur hat die Liebe nicht früher als das edle Herz erschaffen
und auch das edle Herz nicht früher als die Liebe;
denn sobald die Sonne erschaffen war,   5
erstrahlte auch schon ihr Glanz,
und dieser war auch nicht da, ehe die Sonne [da war];
und die Liebe sucht sich in gleich angemessener Weise
ihren Wohnsitz in der vornehmen Gesinnung,
wie die Wärme in der Flamme des Feuers.   10

Das Feuer der Liebe entzündet sich im edlen Herzen
wie die Zauberkraft im Edelstein;
denn vom Gestirn steigt die Kraft nicht in ihn hinab,
bevor ihn nicht die Sonne in einen edlen Stoff verwandelt hat.
Nachdem die Sonne ihm entzogen hat   15
durch ihre Kraft, was an ihm Gemeines war,
verleiht das Gestirn ihm seine wertvolle Eigenschaft.
So erfüllt das Herz, das durch die Natur
erlesen, rein und edel gemacht wurde,
die Frau – in gleicher Weise wie das Gestirn – mit Liebe.   20

Die Liebe wohnt aus dem gleichen Grunde im edlen Herzen
wie das Feuer oben auf der Kerze leuchtet:
Es brennt zu seinem Gefallen, hell und zart:
Sonst würde sie dort nicht wohnen, so stolz ist sie.
Deshalb widerstrebt das unrechte Wesen   25
der Liebe, wie das Wasser dem heißen
Feuer durch seine Kälte entgegenwirkt.
Die Liebe läßt sich im edlen Herzen nieder
als einem ihr entsprechenden Ort,
wie der Magnet im Bergwerk zum Eisen [strebt].   30

Es bescheint die Sonne den Schmutz den ganzen Tag lang;
er bleibt [dennoch] etwas Gemeines und die Sonne verliert [auch] nicht
    von ihrer Wärme.
Der Hochmütige sagt: „Ich bin durch meine Abstammung vornehm".
Ihn setze ich mit dem Schmutz gleich, die edle Sinnesart mit der Sonne.

Ché non de' dare om fede   35
che gentilezza sia for di coraggio
in degnità di rede,
se da vertute non ha gentil core:
com 'aigua porta raggio,
e 'l ciel riten le stelle e lo splendore.   40

Splende in la intelligenza de lo cielo
Deo creator, piú che 'n nostri occhi 'l sole;
quella che 'ntende suo fattor oltra 'l cielo,
lo ciel volgiando, a lui ubidir tole,
e consegue al primero   45
del giusto deo beato compimento:
cosí dar dovria il vero
la bella donna (poi che 'n gli occhi splende
del suo gentil) talento
chi mai da le' ubidir non si disprende.   50

Donna, Deo me dirà: «Che presumisti?»,
siando l' anima mia a lui davante:
«lo ciel passasti e fino a me venisti,
e desti, in vano amor, me per sembiante;
ch' a me conven la laude   55
e a la reina del reame degno
per cui cessa ogni fraude».
Dir li potrò: «Tenea d' angel sembianza
che fosse del tu' regno:
non mi fu fallo, s' eo li posi amanza».   60

Denn man soll nicht glauben,   35
daß der Adel außerhalb der Gesinnung seinen Sitz habe
[, nämlich] in der Würde der Erbschaft:
wenn man nicht durch [seine eigenen] guten Eigenschaften ein edles
    Herz hat,
leitet man den Lichtstrahl wie das Wasser
und der Himmel bewahrt seine Sterne und seinen Glanz für sich.   40

Es erstrahlt in der Himmlischen Intelligenz
Gott der Schöpfer heller als die Sonne für unsere Augen;
jene [Intelligenz der Engel], die ihren Schöpfer [unmittelbar] jenseits des
    Himmels begreift,
empfängt von ihm seinen Befehl, wodurch sie den Himmel bewegt,
und erreicht sogleich   45
die selige Erfüllung des gerechten Gottes:
So sollte die Schöne
(denn sie strahlt in die Augen
ihres Liebhabers) das wahre Verlangen [nach Liebe]
[dessen] erfüllen, der nie davon abläßt, ihr zu gehorchen.   50

Herrin, Gott wird mir sagen: „Was hast du dir angemaßt?",
wenn meine Seele vor ihm steht.
„Du durchschrittst den Himmel und gelangtest zu mir
und zogst mich zum Vergleich heran zu [der Erklärung] einer eitlen Liebe;
[eine Anmaßung,] denn [nur] mir gebührt die Lobpreisung   55
und der Königin des würdigen [Himmel-]Reichs,
durch die alle Vergehen vergeben werden".
Ich werde ihm sagen können: „Sie hatte das Antlitz eines Engels,
als wäre sie aus Deinem Reich:
Es war keine Verfehlung, wenn ich mich in sie verliebte".   60

Fresca rosa novella,
piacente Primavera,
per prata e per rivera
gaiamente cantando,
vostro fin pregio mando – a la verdura.   5

Lo vostro pregio fino
in gio' si rinnovelli
da grandi e da zitelli
per ciascuno cammino;
e càntine gli augelli   10
ciascuno in suo latino
da sera e da matino
su li verdi arbuscelli.
Tutto lo mondo canti,
(poi che lo tempo vene)   15
sí come si convene,
vostr' altezza pregiata;
ché siete angelicata – crïatura.

Angelica sembianza
in voi, donna, riposa;   20
Dio, quanto aventurosa
fue la mia disianza!
Vostra cera gioiosa,
poi che passa e avanza
natura e costumanza,   25
ben è mirabil cosa.
Fra lor le donne dea
vi chiaman come siete:
tanto adorna parete
ch' eo non saccio contare;   30
e chi poria pensare – oltr' a natura?

Oltr' a natura umana
vostra fina piagenza
fece Dio, per essenza
che voi foste sovrana: 35

O frische, jüngsterblühte Rose,
anmutiger „Frühling",
indem ich auf Wiesenflur und an Bachesrain
fröhlich singe,
entsende ich [die Kunde von] Eure[r] edle[n] Vornehmheit in die grüne   5
  Natur.

Eure edle Vornehmheit
möge freudig aufs neue verkündet werden
von alt und jung
auf allen Wegen;
und mögen die Vögel davon singen,   10
jeder in seiner Sprache,
abends und morgens,
auf dem grünen Gesträuch.
Alle Welt besinge
(da die Zeit dazu nun kommt),   15
so wie es sich gebührt,
Eure preiswürdige Schönheit;
denn Ihr seid ein engelhaftes Geschöpf.

Ein engelhaftes Aussehen,
Herrin, ist an Euch;   20
Gott, wie glücklich
war mein Verlangen!
Euer freudespendendes Antlitz
ist ein gar wundervolles Ding,
da es [das von der] Natur [Geschaffene]   25
und [bisher] Gewohntes übertrifft.
Unter sich nennen Euch die Frauen „Göttin",
was Ihr ja auch seid:
so schön seid Ihr,
daß ich [es] nicht zu sagen vermag;   30
und wer vermöchte sich [auch] Übernatürliches vorzustellen?

Über die Grenzen der menschlichen Natur hinausgehend
schuf Gott Eure edle Schönheit,
damit Ihr Eurem Wesen nach
die erlauchteste wäret: 35

27

per che vostra parvenza
vêr me non sia lontana;
or non mi sia villana
la dolce provedenza.
E se vi pare oltraggio   40
ch' ad amarvi sia dato,
non sia da voi blasmato:
ché solo Amor mi sforza,
contra cui non val forza – né misura.

Deshalb möge Euer Erscheinen
mir gegenüber nicht fern sein;
möge nun die gütige Vorsehung
nicht hart zu mir sein.
Und wenn es Euch als eine Beleidigung erscheint,   40
daß ich mich der Liebe zu Euch hingegeben habe,
so möge ich deshalb nicht von Euch getadelt werden:
denn nur Amor zwingt mich dazu,
gegen den weder Gewalt noch Maß etwas vermögen.

Hieronymus Cock, *Sechs toskanische Dichter.*

Donna pietosa e di novella etate,
adorna assai di gentilezze umane,
ch' era là 'v' io chiamava spesso Morte,
veggendo li occhi miei pien di pietate,
e ascoltando le parole vane,   5
si mosse con paura a pianger forte.
E altre donne, che si fuoro accorte
di me per quella che meco piangìa,
fecer lei partir via,
e appressarsi per farmi sentire.   10
Qual dicea: «Non dormire»,
e qual dicea: «Perchè sì ti sconforte?»
Allor lassai la nova fantasia,
chiamando il nome de la donna mia.

Era la voce mia sì dolorosa   15
e rotta sì da l' angoscia del pianto,
ch' io solo intesi il nome nel mio core;
e con tutta la vista vergognosa
ch' era nel viso mio giunta cotanto,
mi fece verso lor volgere Amore.   20
Elli era tale a veder mio colore,
che facea ragionar di morte altrui:
«Deh, consoliam costui»
pregava l' una l' altra umilemente;
e dicevan sovente: 25
«Che vedestù, che tu non hai valore?»
E quando un poco confortato fui,
io dissi: «Donne, dicerollo a vui.

Mentr' io pensava la mia frale vita,
e vedea 'l suo durar com' è leggiero,   30
piansemi Amor nel core, ove dimora;
per che l' anima mia fu sì smarrita,
che sospirando dicea nel pensero:
‹Ben converrà che la mia donna mora.›

Eine mitfühlende junge Frau,
gar sehr versehen mit den dem Menschen wohl anstehenden edlen
   Eigenschaften,
welche dort war, wo ich oft nach dem Tod rief,
begann angsterfüllt heftig zu weinen,
als sie meine schmerzerfüllten Augen sah   5
und meine verworrenen Worte vernahm.
Und andere Frauen, die aufmerksam geworden waren
auf mich durch die, welche mit mir weinte,
führten jene fort
und traten dann zu mir, um mich [wieder] zu mir selbst zu bringen.   10
Die eine sprach: „Schlafe nicht",
die andre sagte: „Warum ängstigst du dich so?"
Da erwachte ich aus dem seltsamen Wahn,
wobei ich meine Herrin beim Namen rief.

Meine Stimme war so schmerzerfüllt   15
und so von der Beklemmung des Weines unterbrochen,
daß ich als einziger den Namen [, der] in meinem Herzen [war,] vernahm;
und Amor veranlaßte mich, mich zu ihnen hinzuwenden
trotz all des Ausdrucks der Beschämung,
der so [stark] mir ins Gesicht gestiegen war.   20
Meine [blasse] Farbe war so anzuschauen,
daß sie andere [schon] von [meinem möglichen] Tod reden ließ:
„Ach, trösten wir ihn [doch]",
ermunterten sie einander voller Güte;
und wiederholt sagten sie: 25
„Was hast du [denn] gesehen, daß du so verzagt bist?"
Und als ich mich etwas beruhigt hatte,
sprach ich: „Ihr Frauen, ich werde es euch sagen.

Während ich an die Ungewißheit meines Lebens dachte,
und sah, wie ungewichtig seine Dauer ist,   30
weinte Amor in meinem Herzen, wo er weilt;
darob ward meine Seele so bekümmert,
daß sie seufzend im Geiste sprach:
‚Es wird wohl so kommen müssen, daß meine Herrin stirbt.'

Io presi tanto smarrimento allora,   35
ch' io chiusi li occhi vilmente gravati,
e furon sì smagati
li spirti miei, che ciascun giva errando;
e poscia imaginando,
di caunoscenza e di verità fora,   40
visi di donne m' apparver crucciati,
che mi dicean pur: ‹Morra'ti, morra'ti.›

Poi vidi cose dubitose molte,
nel vano imaginare ov' io entrai;
ed esser mi parea non so in qual loco,   45
e veder donne andar per via disciolte,
qual lagrimando, e qual traendo guai,
che di tristizia saettavan foco.
Poi mi parve vedere a poco a poco
turbar lo sole e apparir la stella,   50
e pianger elli ed ella;
cader li augelli volando per l' âre,
e la terra tremare;
ed omo apparve scolorito e fioco,
dicendomi: ‹Che fai? non sai novella?   55
morta è la donna tua, ch' era sì bella.›

Levava li occhi miei bagnati in pianti,
e vedea, che parean pioggia di manna,
li angeli che tornavan suso in cielo,
e una nuvoletta avean davanti,   60
dopo la qual gridavan tutti: *Osanna*;
e s' altro avesser detto, a voi dire'lo.
Allor diceva Amor: ‹Più nol ti celo;
vieni a veder nostra donna che giace.›
Lo imaginar fallace   65
mi condusse a veder madonna morta;
e quand' io l' avea scorta,
vedea che donne la covrian d' un velo;
ed avea seco umilità verace,
che parea che dicesse: ‹Io sono in pace.›   70

32

Da ergriff mich solche Bestürzung,   35
daß ich die von Verzagtheit bedrückten Augenlider schloß,
und so aufgescheucht waren
meine Sinne, daß jeder für sich hierhin und dorthin irrte;
und als ich mich dann im [Fieber-]Wahn
bewußtlos und außerhalb der Wirklichkeit befand,   40
erschienen mir erzürnte Angesichter von Frauen,
die mir immerzu sagten: ,Auch du wirst sterben, auch du.'

Dann erblickte ich viele fürchterliche Dinge
im eitlen Wahn, dem ich verfiel;
es kam mir so vor, als wäre ich, ich weiß nicht wo,   45
und sähe Frauen mit aufgelöstem Haar des Weges gehen,
die eine weinend, die andere Weherufe ausstoßend,
die einen wie Feuerpfeile [im Herzen] schmerzten.
Darauf war es mir, als sähe ich, wie nach und nach
die Sonne sich verfinsterte und die Sterne erschienen   50
und die eine wie die andern weinten;
[dann war mir, als sähe ich] die in der Luft herumfliegenden Vögel
   herabfallen
und [als spürte ich] die Erde beben;
und ein bleicher Mensch erschien und sprach zu mir
mit schwacher Stimme: ,Was tust du [hier]? Weißt du das Neueste nicht? 55
Gestorben ist deine Herrin, die so schön war.'

Ich erhob meine tränennassen Augen
und sah, dicht gedrängt wie Mannaregen,
die Engel, die zurück zum Himmel emporschwebten;
und ein Wölkchen trugen sie vor sich her,   60
hinter welchem sie alle dreinriefen: *Hosianna*;
und wenn sie etwas anderes gesprochen hätten, würde ich es euch sagen.
Da sprach Amor: ,Ich will es dir nicht länger verhehlen;
komm, um unsere Herrin zu sehen, die [tot] daliegt.'
Der trügerische Wahn   65
verführte mich dazu, Madonna als eine Tote zu erblicken;
und als ich sie gewahrt hatte,
sah ich, wie Frauen sie mit einem Schleier bedeckten;
in ihrem Antlitz trug sie die wahre Demut,
so daß es schien, als spräche sie: ,Ich bin im Frieden'.   70

33

Io divenia nel dolor sì umìle,
veggendo in lei tanta umiltà formata,
ch' io dicea: ‹Morte, assai dolce ti tegno;
tu dei omai esser cosa gentile,
poi che tu se' ne la mia donna stata,   75
e dei aver pietate e non disdegno.
Vedi che sì desideroso vegno
d' esser de' tuoi, ch' io ti somiglio in fede.
Vieni, chè 'l cor te chiede.›
Poi mi partia, consumato ogne duolo;   80
e quand' io era solo,
dicea, guardando verso l' alto regno:
‹Beato, anima bella, chi te vede!›
Voi mi chiamaste allor, vostra merzede.»

Ich ward in meinem Schmerz so demutsvoll,
als ich in ihren Zügen so viel Demut ausgedrückt sah,
daß ich anhob: ‚O Tod, gar süß erscheinst du mir;
etwa Gütiges mußt du nunmehr sein,
seitdem dich meine Herrin barg,   75
und mußt Mitleid mit mir haben und mir nicht zürnen.
Du siehst [ja], daß ich so begierig werde,
einer der Deinen zu sein, daß ich dir getreulich gleiche [durch meine
    Blässe].
Komm, denn das Herz verlangt nach dir.‘
Dann ging ich fort [von Beatrices Totenbett], nachdem alle Totenklage 80
    vorüber war;
und als ich [wieder] allein war,
sprach ich, zum erhabenen Reiche [des Himmels] emporblickend:
‚Glücklich, wer dich, o schöne Seele, anschaut!‘
In jenem Augenblicke riefet ihr mich, euch sei Dank."

Luca Signorelli,
Kopf eines Mannes mit Kappe (Dante?).

35

Di pensier in pensier, di monte in monte
mi guida Amor; ch' ogni segnato calle
provo contrario a la tranquilla vita.
Se 'n solitaria piaggia, rivo o fonte,
se 'n fra duo poggi siede ombrosa valle,
ivi s' acqueta l' alma sbigottita;
e, com' Amor l' envita,
or ride or piange, or teme or s' assecura:
e 'l volto, che lei segue ov' ella il mena,
si turba e rasserena
et in un esser picciol tempo dura;
onde a la vista uom di tal vita esperto
diria: «Questi arde, e di suo stato è incerto».

Per alti monti e per selve aspre trovo
qualche riposo: ogni abitato loco
è nemico mortal de gli occhi miei.
A ciascun passo nasce un penser novo
de la mia donna, che sovente in gioco
gira 'l tormento ch' io porto per lei.
Et a pena vorrei
cangiar questo mio viver dolce amaro,
ch' i' dico: «Forse ancor ti serva Amore
ad un tempo migliore;
forse a te stesso vile, altrui se' caro».
Et in questa trapasso sospirando:
or potrebbe esser vero? or come? or quando?

Ove porge ombra un pino alto od un colle,
talor m' arresto, e pur nel primo sasso
disegno co la mente il suo bel viso.
Poi ch' a me torno, trovo il petto molle
de la pietate; et allor dico: «Ahi lasso,
dove se' giunto, et onde se' diviso!»
Ma, mentre tener fiso
posso al primo pensier la mente vaga
e mirar lei et obblïar me stesso,

FRANCESCO PETRARCA

Von Gedanken zu Gedanken, von Berg zu Berg
führt mich Amor; denn jeden begangenen Pfad
empfinde ich als der Seelenruhe hinderlich.
Wenn auf einsamer Feldflur ein Bach oder Quell [sich findet],
wenn zwischen zwei Hügeln ein schattiges Tal liegt,   5
dort beruhigt sich die aufgewühlte Seele;
und je nachdem, wie Amor es ihr eingibt,
lacht sie bald, bald weint sie, bald ist sie angsterfüllt, bald zuversichtlich;
und [meine] Miene, die ihr folgt, wohin sie sie führt,
verdüstert sich und hellt sich wieder auf   10
und verweilt nur kurze Zeit beim gleichen Ausdruck;
weswegen jemand, der einen solchen Gemütszustand aus
    eigener Erfahrung kennt, bei [meinem] Anblick
sagen würde: „Dieser hier ist liebentbrannt und im Ungewissen, wie es
    mit seiner Sache bestellt ist".

Auf hohen Bergen und in unwirtlichen Wäldern finde ich
etwas Ruhe: jeder bewohnte Ort   15
erscheint meinen Augen als ein Todfeind.
Bei jedem Schritt kommt mir ein neuer Gedanken
über meine Herrin in den Sinn, der oft in frohen Mut
die Qual verwandelt, die ich um ihretwillen leide.
Doch sobald ich   20
diese bitter-süße Stimmung [gegen eine andere] vertauschen möchte,
sage ich [mir]: „Vielleicht spart Amor dich
für eine bessere Zeit auf;
vielleicht bist du, der du dir selber gering [vorkommst], jemand anderem
    lieb."
Diesen Gedanken spinne ich weiter und seufzend [denke ich]:   25
Könnte das wirklich wahr sein? Wie denn und wann?

Wo eine hohe Fichte oder ein Hügel Schatten spendet,
halt ich zuweilen Rast und dem erstbesten Stein sogar
verleihe ich im Geiste ihre schönen Züge.
Wenn ich dann wieder zu mir komme, finde ich die Brust tränenfeucht 30
vor Rührung; und dann sage ich: „Ach, du Unglücklicher,
wie weit ist es mit dir gekommen und wovon bist du doch getrennt!"
Aber solange ich den unsteten Sinn
bei diesem ersten Bilde festhalten kann
und sie betrachten und mich selbst vergessen,   35

sento Amor sí da presso
che del suo proprio error l' alma s' appaga.
In tante parti e sí bella la veggio,
che, se l' error durasse, altro non cheggio.

I' l' ho piú volte (or chi fia che me 'l creda?)   40
ne l' acqua chiara e sopra l' erba verde
veduto viva, e nel troncon d' un faggio,
e 'n bianca nube, sí fatta che Leda
avria ben detto che sua figlia perde
come stella che 'l sol copre co 'l raggio;   45
e quanto in piú selvaggio
loco mi trovo e 'n piú deserto lido,
tanto piú bella il mio pensier l' adombra.
Poi, quando il vero sgombra
quel dolce error, pur lí medesmo assido   50
me freddo, pietra morta in pietra viva,
in guisa d' uom che pensi e pianga e scriva.

Ove d' altra montagna ombra non tocchi,
verso 'l maggiore e 'l piú espedito giogo
tirar mi suol un desiderio intenso: 55
Indi i miei danni a misurar con gli occhi
comincio, e 'n tanto lagrimando sfogo
di dolorosa nebbia il cor condenso,
allor ch' i' miro e penso
quanta aria dal bel viso mi diparte   60
che sempre m' è sí presso e sí lontano:
poscia fra me pian piano
«Che fai tu, lasso? forse in quella parte
or di tua lontananza si sospira».
Et in questo penser l' alma respira.   65

Canzone, oltra quell' alpe,
là dove il ciel è piú sereno e lieto,
mi rivedrai sovr' un ruscel corrente,
ove l' aura si sente
d' un fresco et odorifero laureto: 70
Ivi è 'l mio cor, e quella che 'l m' invola,
qui veder pôi l' imagine mia sola.

38

fühle ich, daß die Geliebte mir so nahe ist,
daß das Gemüt mit seinem eigenen Trugbild sich bescheidet.
An so vielen Stellen und so schön erscheint sie meinem Blick,
daß ich, wenn die Täuschung anhielte, – mehr verlange ich nicht.

Schon mehrmals habe ich sie – wen mag es geben, der mir 's glaubte? –   40
im klaren Wasser und auf grünem Rasen
leibhaftig erblickt, im Stamm einer Buche
und in einer weißen Wolke, [und zwar] so [wohl]geformt, daß Leda
sicherlich zugegeben hätte, ihre Tochter stehe ihr nach
[so] wie ein Stern, den die Sonne überstrahlt.   45
Und je unwirtlicher
der Ort, an dem ich weile, je verlassener das Gestade,
um so schöner läßt mein Sinn sie mir im Bild erscheinen.
Wenn dann die Wirklichkeit aufräumt
mit jener süßen Täuschung, lasse ich mich an eben jener Stelle nieder,   50
ganz erkaltet, als ein lebloser Stein auf einem lebenden,
nur dem äußeren Anschein nach [noch] ein Mensch, der denkt
    und weint und schreibt.

Dorthin, wo der Schatten eines andern Berges nicht hinreichen kann,
zum höchsten und freiest ragenden Gipfel,
pflegt mich ein ungeheures Verlangen hinzuziehen: 55
Dort schicke ich mich an, mein Leid mit meinen Blicken
zu ermessen, und unterdessen schaffe ich mit Tränen meinem Herzen
Luft, in dem der Schmerz, wie Nebel dicht, sich drängt,
wenn ich betrachte und bedenke,
welch weiter Luftraum mich vom schönen Angesichte trennt,   60
das stets so nah mir ist und doch so fern.
Dann [spreche ich] zu mir selbst ganz leise:
„Was weißt denn du, Unglücklicher? Vielleicht seufzt man dort
jetzt wegen deines Fernseins. "
Und bei diesem Gedanken atmet die Seele wieder auf.   65

Mein Lied, jenseits des Gebirges,
dort, wo der Himmel heiterer und freundlicher ist,
wirst du mich wiedersehen, an einem munteren Bächlein [sitzend],
wo man den Hauch verspürt
eines kühlen und wohlriechenden Lorbeerhaines: 70
Dort ist mein Herz und jene, die es mir raubt;
hier kannst du nur die Maske meiner selbst erblicken.

La vita fugge e non s' arresta un' ora,
e la morte vien dietro a gran giornate,
e le cose presenti e le passate
mi danno guerra, e le future ancora;

e 'l rimembrare e l' aspettar m' accora   5
or quinci or quindi sí, che 'n veritate,
Se non ch' i' ho di me stesso pietate,
i' sarei già di questi pensier fòra.

Tornami avanti s' alcun dolce mai
ebbe 'l cor tristo; e poi da l' altra parte   10
veggio al mio navigar turbati i venti:

Veggio fortuna in porto, e stanco omai
il mio nocchier, e rotte arbore e sarte,
e i lumi bei che mirar soglio spenti.

Das Leben enteilt und hält keinen Augenblick inne,
und der Tod kommt hinterdrein mit großen Schritten;
und die gegenwärtigen Dinge und die vergangenen
lassen mir keine Ruh, doch die zukünftigen erst recht nicht.

Und das Erinnern so wie das Erwarten macht mir Kummer   5
bald hier, bald dort, so daß wahrhaftig,
wenn ich nicht selber mich meiner erbarmte,
ich längst ihn überwunden hätte.

Vorher kommt mir in den Sinn, ob je das traurige Herz etwas
Süßeres erfuhr [als die Erinnerung]; doch anderseits   10
gewahre ich dann [beim Blick in die Zukunft], daß zu meiner Fahrt die
    Winde toben:

Ich sehe den Sturm im Hafen und müde nunmehr
meinen Steuermann, zerstört Masten und Taue
und erloschen die schönen Lichter, in die ich einst geschaut.

Il Burchiello

Sospiri azzurri di speranze bianche
mi vengon nella mente, e tornan fuori,
seggonsi a piè dell' uscio con dolori,
perché dentro non son deschetti o panche:

Così le mosche quando sono stanche   5
nelle selve de i Barbari, e de' Mori,
seguitate da fieri cacciatori
nelle gran nebbie par loro esser franche:

Quei nugoli, che dormon co i piè mezzi
fanno al liuto mio sì lunga guerra,   10
che corda non vi sta, che non si spezzi;

tanto fé Diomede in Inghilterra,
ch' arebbe fatto di lui cento pezzi,
se non ch' un Nibbio lo levò di terra:

Dice Cato, e non erra,   15
se la mosca cacasse quanto il bue,
le rotelle varrebbon molto piùe.

Il Burchiello

Blaue Seufzer weißer Hoffnungen
kommen mir in den Sinn und treten aus ihm heraus,
setzen sich schmerzerfüllt vor die Tür,
denn drinnen sind keine Hocker und Bänke:

So kommt es den Fliegen vor, wenn sie   5
in den Wäldern der Berber und Mohren,
von grimmigen Jägern verfolgt, ermüdet sind,
als seien sie in den großen Nebeln erlöst:

Jene Schwärme, die mit nassen Füßen schlafen,
setzen meiner Laute so lange zu,   10
daß keine Saite daran ist, die nicht zerplatzt;

so toll trieb es Diomedes in England,
daß es ihn in hundert Stücke zerhauen hätte,
wenn nicht ein Hühnergeier ihn von der Erde emporgehoben hätte.

Cato sagt, und er irrt sich nicht: 15
wenn die Fliege so viel kacken würde wie der Ochse,
würden die Rundschilde viel teurer sein.

43

Matteo Maria Boiardo

In prospectu Romae

Ecco l' alma città che fu regina
da l' unde caspe a la terra sabea,
la trïonfal città che impero avea
dove il sol se alza insin là dove inchina.

Or levo fàtto e sentenzia divina   5
sì l' han mutata a quel che esser solea
che, dove quasi al ciel equal surgea,
sua grande alteza copre ogni ruina.

Quando fia adunque più cosa terrena
stabile e ferma, poiché tanta altura   10
il Tempo e la Fortuna a terra mena?

Come posso io sperar giamai sicura
la mia promessa? Ché io non credo apena
che un giorno intiero amore in donna dura.

MATTEO MARIA BOIARDO

Beim Blick auf Rom

Sieh die segenspendende Stadt, die als Königin herrschte
von den Kaspischen Fluten bis zum Sabäischen Land,
die herrliche Stadt, deren Herrschaft reichte
von dort, wo die Sonne sich erhebt, bis dahin, wo sie untergeht.

Nun haben widriges Geschick und göttlicher Ratschluß 5
sie so verändert gegenüber dem, was sie früher stets war,
daß, wo sie fast gleich hoch emporragte wie der Himmel,
Trümmer jeder Art ihre stolze Höhe decken.

Wann wird denn also jemals irdisches Ding
beständig und fest sein, da solch stolze Größe 10
die Zeit und das Schicksal zu Boden werfen?

Wie darf ich [da] jemals hoffen, daß das mir gegebene
Versprechen sicher sei? Denn ich glaube nur schwerlich,
daß die Liebe bei einer Frau [auch nur] *einen* ganzen Tag anhält.

Art des Domenico Veneziano,
Profilbildnis einer Dame.

45

Alla morte

Qual peregrin nel vago errore stanco
de' longhi e faticosi soi viaggi
per lochi aspri e selvaggi,
fatto già da' pensier canuto e bianco,
al dolce patrio albergo   5
sospirando cammina, e si rimembra
le paterne ossa e sua novella etade;
di se stesso pietade
tenera 'l prende, e le affannate membra
posar desia nel loco ov' el già nacque   10
e 'l dì prima gli piacque;
tal io, ch' ai peggior anni oramai vèrgo,
in sogni, in fumi, in vanitade avvolto,
a te mie preci vòlto,
refugio singular che pace apporte   15
a l' umane fatiche, inclita Morte.

Qual navigante ne le torbid' onde,
tra l' ire di Nettuno e d' Eolo, aggiunto
quasi a l' estremo punto,
le care merci, per salvar sé, effonde,   20
e, il desiato porto
remirando, i pericoli raccoglie
scorsi e fatiche tra Caribdi e Scilla,
e vita più tranquilla
pensa, non tra pirati, venti e scoglie,   25
dappoi che 'l danno l' have fatto saggio
del marittimo oltraggio;
tal io che son di mia fortuna accorto,
macchiato e infetto in questa mortal pece,
a te vòlgo mie prece,   30
o porto salutar, che sol conforte
d' ogni naufragio il mal, splendida Morte.

PANDOLFO COLLENUCCIO

An den Tod

So wie der Pilger, der vom unsteten Irren
seiner langen und mühseligen Fahrten
durch rauhe und unwirtliche Gegenden ermüdet ist,
von Sorge ergraut und weiß geworden,
der süßen heimatlichen Wohnstatt   5
seufzend entgegenschreitet und sich erinnert
an der Vorväter Gebein und an seine Jugendzeit,
ihn zarte Rührung über sich selbst
ergreift und er die ermatteten Glieder
dort niederzulegen verlangt, wo er einst geboren ward   10
und das Licht [der Welt] zuerst ihm Freude machte:
so richte auch ich, der ich mich nun den schlimmeren Jahren zuwende,
in Träume, Wahn und Nichtigkeit gehüllt,
meine Gebete an dich,
[du] einzige Zuflucht, die du menschlichem Mühen   15
Ruhe schaffst, verehrungswürdiger Tod.

So wie der Seefahrer, von Neptun und Äolus umwütet
fast an sein letztes Stündlein angelangt,
in die schäumenden Wogen die ihm teuren Waren,
um sich selbst zu retten, versenkt   20
und zum ersehnten Hafen
blickend die überstandenen Gefahren
und Mühen zwischen Scylla und Charybdis überdenkt
und an ein ruhigeres Leben
denkt, nicht inmitten von Seeräubern, Winden und Klippen,   25
[freilich erst] nachdem der Schaden ihn klug gemacht hat
[hinsichtlich] der Unbill des Meeres:
so richte auch ich, jetzt [erst] meines Schicksals gewahr,
nachdem ich mit diesem Pech des sterblichen Daseins befleckt und
    verseucht bin,
an dich mein Gebet,   30
du rettender Hafen, der du allein stillst
das Leid jeglichen Schiffbruchs, herrlicher Tod.

Placidissimo sonno, alta quiete,
che Stige e l' infocato Flegetonte,
Cocito et Acheronte, 35
con le dolci onde del tuo ameno Lete,
non che tempre, ma estingue,
e levi d' ignoranza 'l scuro velo,
sciocco è chi 'l tuo soccorso non intende.
In tutto al ver contende, 40
né trae sua vista tenebrosa al cielo,
chi de la tua presenza il don non vede,
che il gran Fattor ne diede.
Tu se' quella possente che distingue
il ver dal falso, dal perpetuo il frale, 45
da l' eterno il mortale:
di magnanimi spiriti consorte,
a te mi volgo, generosa Morte.

Candido vien dal ciel, puro e divino
l' animo immortal nostro in questa spoglia, 50
ove in tutto si spoglia
del lume di sua gloria in suo cammino,
tra paura e desio,
dolor, vane letizie, sdegni et ire,
ove natura pugna e li elementi 55
tra li contrari venti.
Mirabil cosa fia se mai 'l ciel mire,
gravato dal terrestre infimo pondo
de l' orbo, ingrato mondo!
Il tuo breve soccorso onesto e pio 60
gli rende la sua pura libertade:
da te adunque pietade,
chiedendo, aspetto a la mia crudel sorte
per la tua dolce man, pietosa Morte.

Questa c' ha nome vita falso in terra, 65
ch' altro è che fatica, affanno e stento,
sospir, pianto e lamento,
dolore, infermità, terrore e guerra?

Sanftester Schlaf, tiefe Stille,
die du den Styx und den flammenden Phlegethon,
Kokytus und Acheron 35
mit den linden Fluten deiner lieblichen Lethe
nicht nur milderst, sondern gar auslöschst
und den dunklen Schleier der Unwissenheit lüftest,
töricht ist, wer deinen Beistand nicht anstrebt.
Ganz und gar der Wahrheit widerstrebt 40
und richtet seinen vernebelten Blick nicht zum Himmel,
wer die Gabe deiner Gegenwart nicht einsieht,
die der große Schöpfer uns geschenkt.
Du bist jene Macht, die
das Wahre vom Falschen scheidet, vom Dauernden das Hinfällige, 45
vom Ewigen das Sterbliche:
erlauchter Geister Gefährte,
an dich wende ich mich, edelmütiger Tod.

Makellos steigt vom Himmel, rein und göttlich,
unsere unsterbliche Seele in diese Hülle, 50
wo sie auf ihrem Erdenwege
sich gänzlich des Glanzes ihrer Seligkeit entledigt,
unter Angst und Verlangen,
Schmerz, eitlen Freuden, Zorn und Wut,
und wo sie gegen die Welt und die Elemente ankämpft 55
bei widrigen Winden.
Ein Wunder wird es sein, wenn sie je den Himmel erblickt,
beladen [wie sie ist] mit der nichtswürdigen irdischen Last
der blinden, undankbaren Welt!
[Doch] deine rasche aufrichtige und gütige Hilfe 60
gibt ihr die reine Freiheit wieder:
Von dir also erhoffe ich
auf mein Flehen hin Erbarmen mit meinem grausamen Geschick
durch deine süße Hand, mitleidiger Tod.

Dies, das auf Erden fälschlich den Namen Leben führt, 65
was ist es anderes als Mühsal, Plage und Not,
Seufzen, Weinen und Klage,
Schmerz, Krankheit, Schrecken und Kampf?

Questa acerba matrigna,
natura, in tanti mal questo sol bene 70
per pace dette, libertade e porto,
a' più savi diporto:
il fine attender de le mortal pene.
E dicon: «Non fia lunge chi ne spoglia
con generosa voglia!» 75
Tu sei quella, tu sei quella benigna
madre, che i vil pensier dai petti sgombri
e' nostri mali adombri
di lunga oblivion, d' immortal scorte:
soccormi adunque, o graziosa Morte. 80

Qual di famosi ingegni è maggior gloria,
ebrei, greci, latini, arabi e persi,
di lingue e stil diversi,
quanti l' antique carte fan memoria,
te han scritta e desiata. 85
Felice disse alcun chi more in fasce;
altri, quando la vita più diletta;
chi, quando men s' aspetta.
Molti beato disser chi non nasce:
molti con forte man t' han cerco e tolta, 90
grave turba e non stolta!
Tu breve, tu comune e iusta e grata,
tu facil, natural, pronta, che sèpre
il bel fior de la vepre:
nostre calamità prego che ammorte, 95
benigna e valorosa, optata Morte.

Ben prego prima Quel che sopra 'l ligno
la rabbia estinse de l' orribil angue,
che del suo chiaro sangue
me asperga e mondi, placido e benigno: 100
attenda sua pietade,
non del mio fragil stato il van discorso,
che sotto il peso de le colpe asconde
caduca, arida fronde.

Diese harte Stiefmutter
Natur hat gegen so vieles Leid nur dieses eine Gut 70
gegeben für Frieden, Freiheit und Zuflucht
und zum Ergötzen der Weisesten:
des Endes sterblicher Pein zu harren.
Und es heißt: „Nicht weit ist [mehr], wer uns [von irdischer Hülle] löst
mit edelmütigem Wollen!" 75
Und das bist du: Du bist jene gütige
Mutter, die das gemeine Denken aus dem Busen reißt
und unsere Leiden deckst mit dem Schatten
langen Vergessens und dem Geleit in die Ewigkeit:
steh mir also bei, gnadenreicher Tod. 80

Die ruhmreichsten der berühmten Geister,
der Juden, Griechen, Römer, Araber und Perser,
verschieden in Sprache und Ausdrucksweise,
diejenigen allesamt, von denen alte Schriften Kunde bergen,
haben dich besungen und begehrt. 85
Glücklich nannte mancher den, der in den Windeln stirbt;
andere [meinten, am schönsten sei der Tod], wenn das Leben am meisten
    Freude macht,
manche, wenn man am wenigsten darauf gefaßt ist.
Viele nannten den glücklich, der nicht geboren wird.
Viele haben dich mit starker Hand gesucht und ergriffen: 90
eine ernsthafte Schar und nicht [etwa] eine törichte!
Du Kurzwährender, du allen Gemeinsamer, Gerechter, Angenehmer,
du Leichter, Natürlicher und schnell Bereiter, der du trennst
die schöne Blume von den Dornen:
dich bitte ich, daß du unser Unheil tilgst, 95
du gütiger und köstlicher, erwünschter Tod.

Wohl bitte ich erst Den, der am [Kreuzes-]Holz
das Wüten der grausen Schlange [im Paradies] auslöschte,
daß er mit seinem erlauchten Blute
mich besprenge und reinige, der Friedfertige und Gütige: 100
Möge seine Barmherzigkeit nicht achten
auf die vergängliche Rede meines hinfälligen Seins,
das unter der Last der Sünden
hinfällige, dürre Blätter verbirgt.

51

Con amaro dolor chiedo soccorso;   105
sua infinita bontà mie' errori copra:
de le sue man son opra.
Fida ministra poi di sua bontade,
leva suavemente 'l fatal crine,
et al celeste fine   110
apri le sacrosante aurate porte,
cara, opportuna e desiata Morte.

Canzon, costante e altera, umìl ma forte,
col Tesbite n' andrai, con quel da Tarso:
quel Signor prega e adora,   115
che, per non esser di sua grazia scarso,
dolce e bella morendo fé la Morte.

Voll bitteren Schmerzes erflehe ich Hilfe; 105
möge seine unendliche Güte meine Fehler verdecken:
Ich bin ein Werk seiner Hände.
Als verlässige Dienerin seiner Güte
nimm dann lind das Haar, an dem mein Leben hängt, hinweg
und zum himmlischen Ziele 110
öffne die hochheiligen goldenen Pforten,
teurer, willkommener und begehrter Tod.

Kanzone, standhaft und stolz, demütig, aber stark,
wirst du mit dem Thisbiter hingehen und dem aus Tharsos:
Bitte und bete den Herrn an, 115
der, da er nicht mit Gnade kargte,
durch seinen [Opfer-]Tod das Sterben süß und schön gemacht.

O sonno placidissimo, omai vieni
all' affannato cor che ti disia:
serra il perenne fonte a' pianti mia,
o dolce oblivïon, che tanto peni.

Vieni, unica quiete, quale affreni   5
sola il corso al desire, e in compagnia
mena la donna mia benigna e pia
cogli occhi di pietà dolci e sereni.

Mostrami il lieto viso, ove già fêrno
le Grazie la lor sede, e il disio queti   10
un pio sembiante, una parola accorta.

Se così me la mostri, o sia eterno
il nostro sonno, o questi sonni lieti,
lasso, non passin per l' eburnea porta.

Lorenzo de' Medici

O sanftester Schlaf, komme nun endlich
zum gequälten Herzen, das nach dir begehrt:
Verschließe den immerfließenden Quell meiner Tränen,
o süßes Vergessen, das du so lange säumst.

Komm, du einzige Ruhe, die du allein   5
den Drang der Begierde zügelst, und führe mit dir
meine gütige und liebevolle Herrin
mit ihren vor Erbarmen sanften und heiteren Augen.

Zeige mir das frohe Lächeln , wo schon die Grazien
ihren Sitz genommen, und das Verlangen möge stillen   10
ein hold [dreinblickendes] Antlitz, ein kluges Wort.

Wenn du sie mir dergestalt zeigst, so mag entweder
unser Schlaf ewig währen oder mögen diese frohen Träume,
o ich Armer, nicht durch die elfenbeinerne Pforte ziehen.

Ghirlandaio, *Die Bestätigung der Franziskanerregel*
durch Honorius III.

I' mi trovai, fanciulle, un bel mattino
di mezo maggio in un verde giardino.

Eran d' intorno vïolette e gigli
fra l' erba verde, e vaghi fior novelli
azurri gialli candidi e vermigli: 5
ond' io porsi la mano a côr di quelli
per adornar e' mie' biondi capelli
e cinger di grillanda el vago crino.

Ma poi ch' i' ebbi pien di fiori un lembo,
vidi le rose e non pur d' un colore: 10
io corsi allor per empier tutto el grembo,
perch' era sí soave il loro odore
che tutto mi senti' destar el core
di dolce voglia e d' un piacer divino.

I' posi mente: quelle rose allora   15
mai non vi potre' dir quant' eran belle:
quale scoppiava della boccia ancora;
qual erano un po' passe e qual novelle.
Amor mi disse allor: «Va', cô' di quelle
che piú vedi fiorire in sullo spino.»   20

Quando la rosa ogni suo' foglia spande,
quando è piú bella, quando è piú gradita,
allora è buona a mettere in ghirlande,
prima che sua belleza sia fuggita:
sicché, fanciulle, mentre è piú fiorita,   25
cogliàn la bella rosa del giardino.

Ich fand mich, [ihr] Mädchen, eines schönen Morgens
mitten im Maien in einem grünen Garten.

Rundum waren Veilchen und Lilien
inmitten des grünen Grases und schöne frische Blumen,
blaue, gelbe, weiße und leuchtend rote,   5
weshalb ich die Hand ausstreckte, von ihnen [einige] zu pflücken,
um meine blonden Haare [damit] zu schmücken
und einen Kranz um mein schönes Haar zu legen.

Aber als ich einen Rockzipfel mit Blumen voll hatte,
erblickte ich die Rosen, und nicht nur von einer Farbe: 10
da lief ich schnell, um mir den ganzen Schoß zu füllen,
denn ihr Duft war so lieblich,
daß ich fühlte, wie mir das Herz ganz aufging
vor süßem Verlangen und einer himmlischen Wonne.

Ich versank in [ihren] Anblick; nie würde ich euch   15
sagen können, wie schön jene Rosen waren:
die eine brach gerade aus ihrer Knospe hervor,
andre waren ein wenig verwelkt und [wieder] andre frisch
[erblüht].
Amor sprach da zu mir: „Geh, brich dir von denen,
die du am schönsten blühen siehst am Strauche."   20

Wenn die Rose alle ihre Blätter entfaltet,
wenn sie am schönsten, wenn sie am gefälligsten ist,
dann ist sie gut, um in Kränze geflochten zu werden,
ehe ihre Schönheit entschwunden ist:
Also, [ihr] Mädchen, laßt uns die schöne Rose im Garten   25
pflücken, solange sie [noch] in vollster Blüte steht.

Jacopo Sannazaro

Alma beata e bella,
che da' legami sciolta
nuda salisti nei superni chiostri,
ove con la tua stella
ti godi inseme accolta,   5
e lieta ivi, schernendo i pensier nostri,
quasi un bel sol ti mostri
tra li più chiari spirti,
e coi vestigii santi
calchi le stelle erranti;   10
e tra pure fontane e sacri mirti
pasci celesti greggi,
e i tuoi cari pastori indi correggi;

altri monti, altri piani,
altri boschetti e rivi   15
vedi nel cielo, e più novelli fiori;
altri Fauni e Silvani
per luoghi dolci estivi
seguir le Ninfe in più felici amori.
Tal fra soavi odori   20
dolce cantando all' ombra
tra Dafni e Melibeo
siede il nostro Androgeo,
e di rara dolcezza il cielo ingombra,
temprando gli elementi   25
col suon de novi inusitati accenti.

Quale la vite a l' olmo,
et agli armenti il toro,
e l' ondeggianti biade ai lieti campi,
tale la gloria e 'l colmo   30
fostù del nostro coro.
Ahi cruda morte, e chi fia che ne scampi,
se con tue fiamme avampi
le più elevate cime?

JACOPO SANNAZARO

O selige und schöne Seele,
die du von den Fesseln gelöst
[und der Körperlichkeit] entkleidet zur himmlichen Veste aufgestiegen
bist,
wo du mit deinem Stern
aufgenommen dich glücklich fühlst;   5
und dort, unsere Sorgen geringachtend,
erscheinst du, eine schöne Sonne gleichsam,
inmitten der erlauchtesten Geister;
und mit deinen ehrwürdigen Füßen
trittst du auf die Planeten;   10
und bei reinen Quellen und unter heiligen Myrten
hütest du himmlische Herden
und von dort aus lenkst du deine teuren Hirten auf die rechte Bahn.

Andere Berge [freilich], andere Ebenen,
ganz andere Haine und Bäche   15
erblickst du im Himmel und eigenartigere Blumen;
andersartige Faune und Silvane
siehst du in linden sommerlichen Gefilden
die Nymphen verfolgen bei glücklicherem Liebesspiel.
Als solcher sitzt unser Androgeo   20
von zarten Düften umgeben
lieblich singend im Schatten
zwischen Daphnis und Meliböus;
und mit [Gesang von] ungewohnter Süße erfüllt er den Himmel,
die Elemente besänftigend   25
mit dem Klang der neuartigen, außergewöhnlichen Töne.

Wie die Rebe für die Ulme,
der Stier für die Herde
und die wogende Saat für die lachenden Fluren
so warst du unserer Schar   30
die Zierde und das Höchste.
Ach, grausamer Tod, wer könnte uns denn erretten,
wenn du mit deinen Flammen [sogar] die höchsten
Wipfel auflodern läßt?

Chi vedrà mai nel mondo   35
pastor tanto giocondo,
che cantando fra noi sì dolci rime
sparga il bosco di fronde
e di bei rami induca ombra su l' onde?

Pianser le sante Dive   40
la tua spietata morte;
i fiumi il sanno e le spelunche e i faggi;
pianser le verdi rive,
l' erbe pallide e smorte,
e 'l sol più giorni non mostrò suoi raggi;   45
né gli animai selvaggi
usciro in alcun prato,
né greggi andàr per monti
né gustaro erbe o fonti,
tanto dolse a ciascun l' acerbo fato;   50
tal che al chiaro et al fosco
«Androgeo Androgeo» sonava il bosco.

Dunque fresche corone
a la tua sacra tomba
e voti di bifolci ognor vedrai;   55
tal che in ogni stagione,
quasi nova colomba,
per bocche de' pastor volando andrai;
né verrà tempo mai
che 'l tuo bel nome estingua,   60
mentre serpenti in dumi
saranno, e pesci in fiumi.
Né sol vivrai ne la mia stanca lingua,
ma per pastor diversi
in mille altre sampogne e mille versi.   65

Se spirto alcun d' amor vive fra voi,
querce frondose e folte,
fate ombra a le quïete ossa sepolte.

Wer wird je auf dieser Welt   35
[wieder] einen so heiteren Hirten erblicken,
der in unserer Mitte ebenso anmutige Verse singend
den Wald[boden als Ruhelager] mit Laub bestreuen
und [zur Kühlung] den Schatten schönen Gezweiges auf die Fluten leiten
würde?

Es beweinten deinen erbarmungslosen Tod   40
die züchtigen Göttinnen;
die Flüsse wissen von ihm und die Höhlen und die Buchen;
es weinten die grünen Ufer
und die bleichen und welkenden Gräser;
und die Sonne zeigte mehrere Tage ihre Strahlen nicht;   45
auch die Tiere der Wildnis
traten auf keinen Weidegrund heraus
noch zogen die Herden übers Gebirge
und kosteten weder von Kräutern noch von Quellen.
So sehr schmerzte jeden das herbe Geschick: 50
so sehr, daß es bei Helligkeit und Dunkel
„Androgeo, Androgeo" im Walde erklang.

Drum wirst du frische Kränze
und Weihegeschenke des Landvolks jederzeit
an deinem heiligen Grabe sehen;   55
dergestalt, daß du zu jeder Jahreszeit,
gleichsam als Taube neubelebt,
bei unseren Hirten von Mund zu Munde fliegen wirst;
und nie wird die Zeit kommen,
die deinen Namen erlöschen lassen könnte,   60
solange es [noch] im Dornendickicht Schlangen
und Fische in den Flüssen geben wird.
Auch wirst du nicht allein durch mein müdes Gestammel weiterleben,
sondern durch [die Kunst] verschiedene[r] Hirten
in tausend anderen Schalmeien und abertausend Versen.   65

Wenn überhaupt ein Geist der Liebe in euch lebt,
ihr dichtbelaubten Eichen,
so spendet Schatten dem bestattet ruhenden Gebein.

Pietro Bembo

Questa del nostro lito antica sponda,
che te, Venezia mia, copre e difende,
e, mentre il corso al mar frena e suspende,
la fier mai sempre e la percote l' onda,

rassembra me, che se 'l dí breve sfronda   5
i boschi o se le piaggie il lungo accende,
mi bagna riva, che dagli occhi scende,
riva, ch' aperse Amor larga e profonda.

Ma non perviene a la mia donna il pianto,
che d' intorno al mio cor ferve e ristagna,   10
per non turbar la sua fronte serena.

La qual vedesse sol un giorno, quanto
per lei dolor dí e notte m' accompagna
assai fôra men grave ogni mia pena.

PIETRO BEMBO

Dies uralte Gestade unseres Lido,
das dich, du mein Venedig, deckt und schützt,
– und, während es den Ansturm des Meeres hemmt und aufhält,
trifft immerfort es und schlägt es die Welle –

gleicht mir, denn mag auch der kurze Tag die Wälder   5
entlauben und der lange [Tag] die Fluren erglühen lassen,
mich netzt ein Bach, der von den Augen niederrinnt,
ein Bach, den Amor breit und tief entströmen ließ.

Doch gelangt der Tränenstrom nicht zu meiner Herrin,
da er um mein Herz brandet und [dort] sich staut,   10
um ihre heitere Miene nicht zu trüben.

Wenn sie nur einen Tag lang sähe, wieviel
Schmerz um ihretwillen sich Tag und Nacht mir zugesellt,
wäre alle meine Pein weniger schwer.

MICHELANGELO BUONARROTI

Non ha l' ottimo artista alcun concetto,
ch' un marmo solo in sé non circoscriva
col suo soverchio, e solo a quello arriva
la man che ubbidisce all' intelletto.

Il mal ch' io fuggo, e 'l ben ch' io mi prometto,   5
in te, donna leggiadra, altera e diva,
tal si nasconde; e perch' io piú non viva,
contraria ho l' arte al disïato effetto.

Amor dunque non ha, né tua beltate,
o durezza, o fortuna, o gran disdegno,   10
del mio mal colpa, o mio destino o sorte,

se dentro del tuo cor morte e pietate
porti in un tempo, e che 'l mio basso ingegno
non sappia, ardendo, trarne altro che morte.

Auch der beste Künstler hat keine Idee,
die nicht ein einziger Marmorblock mit seinem Überfluß
in sich umschlösse, und nur *die* Hand gelangt zu ihr hin,
die dem Gedanken gehorsam folgt.

Das Böse, wovor ich fliehe, und das Gute, das ich mir zu erreichen   5
    vornehme,
liegen auf eben diese Weise in dir, liebliche, stolze und göttliche Frau,
verborgen; und damit mir länger zu leben nicht vergönnt sei,
zeigt sich meine Kunst dem ersehnten Ziele widerstrebend.

Nicht Amor also, auch nicht deine Schönheit
– ach Strenge, ach Geschick, ach großer Zorn [des Schicksals] –   10
hat Schuld an meinem Unglück, ach du mein Schicksal, ach [mein] Los,

da du im Herzen [ja] zu gleicher Zeit Tod und Erbarmen
birgst, wenn meine unzulängliche Geisteskraft
es nicht versteht, durch meine Liebe anderes aus ihm herauszuholen als
    den Tod.

Superbi colli, e voi sacre ruine,
che 'l nome sol di Roma ancor tenete,
ahi, che reliquie miserande avete
di tant' anime eccelse e pellegrine!

Colossi, archi, teatri, opre divine,   5
trionfal pompe gloriose e liete,
in poco cener pur converse siete
e fatte al vulgo vil favola al fine.

Così, se ben un tempo al tempo guerra
fanno l' opre famose, a passo lento   10
e l' opre e i nomi il tempo invido atterra.

Vivrò dunque fra' miei martir contento:
ché se 'l tempo dà fine a ciò ch' è in terra,
darà forse ancor fine al mio tormento.

Baldassare Castiglione

Ihr stolzen Hügel und ihr ehrwürdigen Ruinen,
die ihr nur noch den Namen Roms bewahrt,
ach, welch bejammernswerte Überreste
so vieler erhabener und vortrefflicher Geister bergt ihr!

Riesenstandbilder, Bögen, Theater, Heiligtümer,   5
ruhmreiche und festesfrohe Triumphzüge,
in wenig Asche seid ihr nun doch verwandelt
und schließlich das Gespött des gemeinen Volkes geworden.

Also, wenn auch eine Zeitlang die berühmten Bauwerke
der Zeit trotzen, wirft die mißgünstige Zeit   10
langsam voranschreitend sowohl Bauten wie Namen zu Boden.

So will ich denn mich mit meinen [Liebes-]Martern abfinden:
Denn wenn die Zeit dem Irdischen ein Ende setzt,
so wird sie wohl auch noch meiner Qual ein Ende machen.

Francesco La Bega, Architekturcapriccio
Prediger zwischen römischen Ruinen.

VITTORIA COLONNA

A che sempre chiamar la sorda morte,
e far pietoso il ciel col pianger mio,
se troncar l' ali io stessa al gran desio
posso, e sgombrare il duol dal petto forte?

Meglio assai fôra che alle chiuse porte   5
chieder mercede, aprirne una all' oblio,
chiuder l' altra al pensier: cosí poss' io
vincer me insieme e la nimica sorte.

Gli schermi tutti e quante vie discopre
l' anima, per uscir dal carcer cieco   10
di sí grave dolor, tentato ho invano.

Riman solo a provar, se vive meco
tanta ragion, ch' io volga questo insano
desir fuor di speranza a miglior opre.

VITTORIA COLONNA

Wozu immer den tauben Tod anrufen
und mit meinen Tränen den Himmel mitleidig stimmen,
wenn ich selber meiner großen Sehnsucht die Flügel zu stutzen
und den tiefen Schmerz aus der Brust zu vertreiben vermag?

Viel besser wäre es, statt die verschlossenen Pforten [des Todes]   5
um Erbarmen anzuflehen, dem Vergessen eine zu öffnen,
dem [kummervollen] Denken die andre zu verschließen: So kann ich
mich selbst und das feindselige Schicksal bezwingen.

Alle Abwehrmittel und alle Wege, die die Seele aufspürt, um
aus dem finstren Kerker eines so heftigen Schmerzes   10
zu entkommen, habe ich vergeblich versucht.

Es bleibt nur zu erproben, ob in mir [noch]
so viel Vernunft lebendig ist, daß ich dieses unsinnige,
aller Hoffnung entrückte Verlangen auf würdigere Werke lenken kann.

Francesco Berni

Chiome d' argento fino, irte e attorte
senz' arte intorno ad un bel viso d' oro;
fronte crespa, u' mirando io mi scoloro,
dove spunta i suoi strali Amor e Morte;

occhi di perle vaghi, luci torte   5
da ogni obietto diseguale a loro;
ciglie di neve e quelle, ond' io m' accoro,
dita e man dolcemente grosse e corte;

labra di latte, bocca ampia celeste;
denti d' ebeno rari e pellegrini;   10
inaudita ineffabile armonia;

costumi alteri e gravi: a voi, divini
servi d' Amor, palese fo che queste
son le bellezze della donna mia.

Francesco Berni

Haare aus feinem Silber, struppig und kunstlos
kraus um ein schönes goldgelbes Gesicht herum;
die Stirne runzlig, worüber ich, hinschauend, erbleiche,
und wo Amors Pfeile stumpf werden und der Tod einen ankommt;

Augen wie Perlen [stumpf], unstet, Blicke schielend   5
abgewandt von jedem Gegenstand, da er ihnen in ungleichmäßiger Weise
erscheint;
schneeige Brauen, und jene Finger und Hände – worüber
ich betrübt bin – lieblich dick und kurz;

milchige Lippen, ein breiter himmelblauer Mund,
Zähne wie Ebenholz, vereinzelt und wackelig;   10
unerhörter, unaussprechlicher Wohllaut;

hochnäsiges und fades Wesen: Euch göttlichen
Dienern Amors tue ich kund, daß dies
die Reize meiner Herrin sind.

LUIGI TANSILLO

Passano i lieti dí come baleni,
e da mane precipitano a sera;
e tanto l' alma amareggiata e nera
lascian, quanto elli fûr dolci e sereni.

I tristi muovon lenti, e mille freni   5
han l' ore, che l' adducon dove assera:
par che il motor della seconda sfera
sproni quelli, e Saturno questi affreni.

Mentre i begli occhi, ove t' annidi e voli,
Amor, sin qui godea da presso, lievi   10
correano, quasi a gara, il dí e la notte;

or, ch' io piango lontan, le rote rotte
son d' ambo i carri; né la state brevi
fa le sue lune, né la bruma i soli.

Luigi Tansillo

Blitzschnell vergehen die frohen Tage
und vom Morgen hasten sie zum Abend
und sie lassen die Seele so verdrossen und verdüstert
zurück wie sie [selbst] angenehm und heiter waren.

Die freudlosen [Tage] rücken langsam vor und tausend Hemmnisse   5
haben die Stunden, die sie [dahin] führen, wo es Abend wird:
Es ist, als ob der Beweger des zweiten Himmelskreises
jene ansporne und Saturn diese zügle.

Solange ich an den schönen Augen, in denen du nistest und [von denen]
    du ausfliegts,
Amor, mich aus der Nähe freuen konnte, eilten   10
behende, gleichsam um die Wette, Tag und Nacht;

nun, da ich in der Ferne klage, sind die Räder
beider Wagen zerbrochen; weder läßt der Sommer seine Nächte
kürzer werden noch der Winter seine Tage.

Deh foss' io almen sicura che lo stato,
dov' or mi trovo, non mancasse presto,
perché, sì come or è lieto ed or mesto,
sarebbe il più felice che sia stato.

I' ho Amore e 'l mio signor a lato,   5
e mi consolo or con quello, or con questo;
e, sempre che di loro un m' è molesto,
ricorro a l' altro, che m' è poi pacato.

S' Amor m' assale con la gelosia,
mi volgo al viso, che 'n sé dentro serra   10
virtù ch' ogni tormento scaccia via:

se 'l mio signor mi fa con ira guerra,
vien Amor poi con l' altra compagnia,
vera umiltà ch' ogni alto sdegno atterra.

Ach, wäre ich doch wenigstens sicher, daß der Zustand,
in dem ich mich befinde, nicht bald zu Ende ginge,
denn [dann] wäre er, so wie er [jetzt] bald froh, bald traurig ist,
der glücklichste, den es je gegeben hat.

Ich habe Amor und meinen Gebieter zur Seite   5
und tröste mich bald mit dem einen, bald mit dem andern;
und immer, wenn einer von beiden mir Kummer macht,
suche ich beim andern Zuflucht, der mich dann besänftigt.

Wenn Amor mir mit Eifersucht zusetzt,
wende ich mich an das Antlitz [des Geliebten], das eine Kraft   10
in sich beschließt, die jede Pein verscheucht;

wenn mein Gebieter mich mit seinem Zürnen quält,
kommt Amor dann mit anderer Begleitung,
[nämlich] der wahren Demut, die jeden heftigen Unmut niederschlägt.

Ecco mormorar l' onde
e tremolar le fronde
a l' aura mattutina e gli arboscelli,
e sovra i verdi rami i vaghi augelli
cantar soavemente   5
e rider l' oriente;
ecco già l' alba appare
e si specchia nel mare,
e rasserena il cielo
e le campagne imperla il dolce gelo,   10
e gli alti monti indora.
O bella e vaga Aurora,
l' aura è tua messaggera, e tu de l' aura
ch' ogni arso cor ristaura.

Torquato Tasso

Siehe, es plätschern die Wellen
und zittern die Blätter
im Morgenwind und die Bäumchen,
und im grünen Gezweig singen lieblich
die reizenden Vöglein   5
und im Osten lacht schon der Tag;
siehe, schon naht das Frühlicht
und spiegelt sich im Meer
und hellt den Himmel auf,
und die Fluren besprengt mit Perlen die süße Kühlung,   10
und es vergoldet das hohe Gebirge.
O schönes und anmutiges Morgenrot,
die Brise ist deine Botin und du bist die der Brise,
die jedem glutverzehrten Herzen Linderung bringt.

TORQUATO TASSO

Vecchio ed alato dio, nato col sole
ad un parto medesmo e con le stelle,
che distruggi le cose e rinnovelle
mentre per torte vie vole e rivole,

il mio cor, che languendo egro si duole   5
e de le cure sue spinose e felle
dopo mille argomenti una non svelle,
non ha, se non sei tu, chi più 'l console.

Tu ne sterpa i pensieri e di giocondo
oblio spargi le piaghe, e tu disgombra   10
la frode onde son pieni i regi chiostri;

e tu la verità traggi dal fondo
dov' è sommersa e, senza velo od ombra,
ignuda e bella a gli occhi altrui si mostri.

TORQUATO TASSO

Alter und geflügelter, mit der Sonne
und zugleich mit den Sternen geborener Gott,
der du die Dinge zerstörst und erneuerst,
während du auf verschlungenen Wegen hin und her fliegst,

mein Herz, das schmachtend bitter sich beklagt   5
und von seinen dornigen und schlimmen Sorgen
trotz tausend Anlässen nicht *eine* herausreißt,
hat niemanden, es sei denn dich, der es am besten tröstet.

Rotte du die [kummervollen] Gedanken aus und bestreue
die Wunden mit erheiterndem Vergessen und vertreibe du   10
den Trug, wovon die königlichen Hallen voll sind;

und hole du die Wahrheit aus der Tiefe herauf,
wo sie versunken ist, und ohne Schleier oder Schatten
möge sie nackt und schön den Augen anderer sich zeigen.

Androuet de Cerceau,
Allegorie der Zeit.

79

Pon mente al mar, Cratone, or che 'n ciascuna
riva sua dorme l' onda e tace il vento,
e Notte in ciel di cento gemme e cento
ricca spiega la vesta azzurra e bruna.

Rimira ignuda e senza nube alcuna,   5
nuotando per lo mobile elemento,
misto e confuso l' un con l' altro argento,
tra le ninfe del ciel danzar la Luna.

Ve' come van per queste piagge e quelle
con scintille scherzando ardenti e chiare,   10
volte in pesci le stelle, i pesci in stelle.

Sì puro il vago fondo a noi traspare,
che fra tanti dirai lampi e facelle:
«Ecco in ciel cristallin cangiato il mare».

Betrachte das Meer, Craton, nun da an jedem
seiner Ufer die Welle schläft und der Wind schweigt
und die Nacht am Himmel ihr mit hundert und aberhundert Edelsteinen
reichbesetztes, azurblaues und dunkles Gewand entbreitet.

Schau, wie Luna, entblößt und ohne jede Wolke   5
im unsteten Element schwimmend,
wo das eine Silber mit dem anderen gemischt und untermengt,
inmitten der Himmelsnymphen tanzt.

Sieh, wie an diesem Ufer hier und jenem
mit sprühenden und hellen Funken scherzend ziehen   10
die Sterne, in Fische verwandelt, und die Fische in Sterne.

So rein und durchsichtig erscheint uns die liebliche Tiefe,
daß du bei so vielen Blitzen und Fackeln wohl sagen magst:
„Da, das Meer ist in einen Kristallhimmel verwandelt".

Agostino Carraci, *Rinaldo und Armida.*

81

GIOVANNI BATTISTA MARINO

Gerusalemme del Tasso
istoriata da Bernardo Castello

Movon qui duo gran fabri arte contr' arte
emule a lite, ove l' un l' altro agguaglia,
sì che di lor qual perda o qual più vaglia
pende incerto il giudicio in doppia parte.

L' un cantando d' Amor l' armi e di Marte   5
l' orecchio appaga e gli intelletti abbaglia,
l' altro, mentre del canto i sensi intaglia,
sa schernir gli occhi e fa spirar le carte.

Scerner non ben si può, qual più vivace
esprima, imprima illustre forme e belle,   10
o la muta pittura o la loquace.

Intento a queste meraviglie e quelle,
dubbioso arbitro il mondo ammira e tace
là le glorie d' Apollo e qui d' Apelle.

Giovanni Battista Marino

Tassos „Jerusalem",
illustriert von Bernardo Castello

Es setzen hier zwei große Schöpfer eine Kunst gegen eine andere in
  Bewegung
in wetteiferndem Widerstreit, wo jede der anderen gleichkommt,
so daß das Urteil ungewiß schwankt zwischen zwei Parteien,
welche die Verliererin sei oder welche mehr wert.

Der eine [Künstler], die Waffen Amors und die des Mars besingend,   5
befriedigt das Ohr und blendet den Geist,
während der andere, den Sinn des Gesangs gestaltend,
die Augen irrezuführen weiß und die Buchseiten atmen läßt.

Unterscheiden kann man nicht gut, wer am lebhaftesten
die erhabenen und schönen Formen ausdrückt oder darstellt: 10
die stumme Malerei oder die wortreiche.

Sowohl auf diese Wunder und jene blickend,
bewundert die Welt als zweifelnder Schiedsrichter schweigend
dort die Prachtwerke Apolls und hier [diejenigen des] Apelles.

Loda il gran Luigi, Re di Francia, che dopo la famosa conquista
della Roccella venne a Susa e liberò Casale

Sudate, o fochi, a preparar metalli,
e voi, ferri vitali, itene pronti,
ite di Paro a sviscerare i monti
per innalzar colossi al Re de' Galli.

Vinse l' invitta rocca e de' vassalli   5
spezzò gli orgogli a le rubelle fronti,
e machinando inusitati ponti
diè fuga ai mari e gli converse in valli.

Volò quindi su l' Alpi e il ferro strinse,
e con mano d' Astrea gli alti litigi,   10
temuto solo e non veduto, estinse.

Ceda le palme pur Roma a Parigi:
ché se Cesare venne e vide e vinse,
venne, vinse e non vide il gran Luigi.

CLAUDIO ACHILLINI

[Das Sonett] Preist den großen Ludwig, König von Frankreich,
der nach der berühmten Eroberung von La Rochelle nach Susa kam
und Casale befreite

Schwitzet, o Feuer, um Metall zuzubereiten,
und ihr, lebenspendende Eisen, eilet,
geht die Berge von Paros auszuweiden,
um dem König der Gallier riesige Standbilder zu errichten.

Er bezwang die unbezwingliche Veste und zerschmetterte   5
den Hochmut an den aufsässigen Stirnen der Vasallen,
und ungewohnte Brücken bauend,
schlug er die Meere in die Flucht und verwandelte sie in Täler.

Alsdann flog er zu den Alpen und ergriff das Schwert
und schlichtete, gefürchtet nur und ungesehen, mit   10
asträischer Hand die großen Zwistigkeiten.

An Paris trete Rom getrost die Palme ab,
denn wenn auch Caesar kam, sah und siegte,
so kam doch der große Ludwig und siegte, ohne erst zu sehen.

85

FULVIO TESTI

All' altezza del Duca di Savoia

Carlo, quel generoso invitto core,
da cui spera soccorso Italia oppressa,
a che bada? a che tarda? a che più cessa?
Nostre perdite son le tue dimore.

Spiega l' insegne omai, le schiere aduna,   5
fa che le tue vittorie il mondo veggia;
per te milita il Ciel, per te guerreggia,
fatta del tuo valor serva, Fortuna.

La Reina del mar riposi il fianco,
si lisci il volto e s' inanelli il crine;   10
e mirando le guerre a sé vicine
seggia ozioso infra le mense il Franco.

Se ne' perigli de l' incerto Marte
non hai compagno e la tua spada è sola,
non ten caglia, Signor, e ti consola   15
ch' altri non fia de le tue glorie a parte.

Gran cose ardisce, è ver, gran prove tenta
tuo magnanimo cor, tua destra forte,
ma non inalza i timidi la sorte,
e non trionfa mai uom che paventa.   20

Per dirupate vie vassi a la gloria,
e la strada d' onor di sterpi è piena;
non vinse alcun senza fatica e pena,
ché compagna del rischio è la vittoria.

Chi fia, se tu non se', che rompa il laccio   25
onde tant' anni avvinta Esperia giace?
Posta ne la tua spada è la sua pace,
e la sua libertà sta nel tuo braccio.

FULVIO TESTI

An Seine Hoheit, den Herzog von Savoyen

Karl, jenes edelmütige unbesiegliche Herz,
von dem das unterdrückte Italien Beistand erhofft,
warum harrt es? warum zögert es? warum hält es länger sich zurück?
Verlust bedeutet uns dein Zaudern.

Laß nunmehr das Banner wehen, sammle die Scharen,   5
laß die Welt deine Siege sehen;
für dich zieht der Himmel zu Felde, für dich kämpft
des Glückes Göttin, zur Dienerin deines Muts geworden.

Die Königin des Meeres ruhe ihren Leib,
glätte sich das Antlitz und locke sich das Haar;   10
und, den Kriegen in seiner Nähe zuschauend,
möge der Franzose müßig beim Gelage sitzen.

Wenn du in den Gefahren der Ungewißheit des Krieges
keinen Gefährten hast und dein Schwert allein ist,
so laß dich das nicht anfechten, Herr, und tröste dich damit,   15
daß kein anderer an deinem Ruhm teilhaben wird.

Großes wagt zwar, Großes versucht
dein mutiges Herz, deine starke Rechte,
aber die Furchtsamen trägt das Schicksal nicht in die Höhe
und der Verzagte trägt nie den Sieg davon.   20

Auf steilen Pfaden geht es zum Ruhm hinan,
und der Weg der Ehren ist voller Dornensträucher;
noch keiner siegte ohne Mühe und Plage,
denn der Sieg ist Gefährte des Wagnisses.

Wer denn, wenn nicht du, wird die Bande brechen,   25
in denen seit so vielen Jahren Hesperien gefesselt liegt?
An deinem Schwerte hängt sein Friede
und seine Freiheit hängt an deinem Arm.

Carlo, se 'l tuo valor quest' Idra ancide
che fa con tanti capi al mondo guerra,   30
se questo Gerion da te s' atterra,
ch' Italia opprime, i' vo' chiamarti Alcide.

Non isdegnar frattanto i prieghi e i carmi
che ti porgiamo, e tua bontà n' ascolti,
fin che di servitù liberi e sciolti   35
t' alziamo i bronzi e ti sacriamo i marmi.

Karl, wenn deine Tapferkeit diese Hydra tötet,
die mit so vielen Häuptern die Welt bekriegt,   30
wenn dieser Geryon, der Italien bedrückt,
von dir zu Boden geworfen wird, will ich dich Alcides nennen.

Verschmähe indessen nicht die Bitten und Lieder,
die wir dir darbringen, und deine Güte erhöre uns,
bis daß wir, frei und gelöst von Knechtschaft,   35
Bronzebilder dir errichten und Marmorsteine weihen.

PIETRO ANTONIO METASTASIO

La partenza

Ecco quel fiero istante:
Nice, mia Nice, addio.
Come vivrò, ben mio,
così lontan da te?
Io vivrò sempre in pene,   5
io non avrò più bene;
e tu chi sa se mai
ti sovverrai di me!

Soffri che in traccia almeno
di mia perduta pace   10
venga il pensier seguace
su l' orme del tuo piè.
Sempre nel tuo cammino,
sempre m' avrai vicino;
e tu chi sa se mai   15
ti sovverai di me!

Io fra remote sponde
mesto volgendo i passi
andrò chiedendo ai sassi:
«La Ninfa mia dov' è?»   20
Dall' una all' altra aurora
te andrò chiamando ognora;
e tu chi sa se mai
ti sovverai di me!

Io rivedrò sovente   25
le amene piagge, o Nice,
dove vivea felice
quando vivea con te.
A me saran tormento
cento memorie e cento;   30
e tu chi sa se mai
ti sovverai di me!

PIETRO ANTONIO METASTASIO

Der Abschied

Da ist er, der schreckliche Augenblick:
Nike, meine Nike, leb wohl!
Wie werde ich leben [können], mein Lieb,
so fern von dir?
Immerfort in Qualen werde ich leben,   5
kein Glück werd' ich mehr kennen.
Und du – wer weiß, ob je
du dich meiner erinnern wirst!

Dulde, daß der nacheilende
Gedanke wenigstens   10
auf den Spuren deiner Schritte
meinem entschwundenen Seelenfrieden nachspürt.
Immer wirst du mich auf deinen Wegen,
immer mich in deiner Nähe haben.
Und du – wer weiß, ob je   15
du dich meiner erinnern wirst!

Zu entlegenen Gestaden
traurig meine Schritte lenkend,
werde ich dauernd die Steine fragen:
„Wo ist meine Nymphe geblieben?"   20
Von Morgenrot zu Morgenrot
werde ich ständig nach dir rufen.
Und du – wer weiß, ob je
du dich meiner erinnern wirst!

Oft werde ich die lachenden Fluren   25
sehen, o Nike,
wo ich glücklich lebte,
wenn ich bei dir war.
Mich werden hundert und aberhundert
Erinnerungen quälen.   30
Und du – wer weiß, ob je
du dich meiner erinnern wirst!

«Ecco», dirò, «quel fonte
dove avvampò di sdegno,
ma poi di pace in pegno 35
la bella man mi diè.
Qui si vivea di speme;
là si languiva insieme»;
e tu chi sa se mai
ti sovverai di me! 40

Quanti vedrai, giungendo
al nuovo tuo soggiorno,
quanti venirti intorno
a offrirti amore e fé!
Oh Dio! chi sa, fra tanti 45
teneri omaggi e pianti,
oh Dio! chi sa se mai
ti sovverai di me!

Pensa qual dolce strale,
cara, mi lasci in seno: 50
pensa che amò Fileno
senza sperar mercé:
Pensa, mia vita, a questo
barbaro addio funesto:
Pensa ... Ah chi sa se mai 55
ti sovverai di me!

„Da", werde ich sagen, „ist jener Quell,
wo von Zornesröte sie entflammte,
doch dann, als Unterpfand des Friedens,   35
reichte sie mir die schöne Hand.
Hier war ich voller Hoffnung;
dort schmachtete man gemeinsam."
Und du – wer weiß, ob je
du dich meiner erinnern wirst!   40

Wie viele [neue Anbeter] wirst du sehen,
in deiner neuen Heimat angelangt,
die sich um dich scharen,
um dir Liebe und Treue anzutragen!
O Gott, wer weiß, inmitten so vieler   45
zärtlicher Huldigungen und Tränen [der Liebhaber],
o Gott, wer weiß, ob je
du dich meiner erinnern wirst!

Denk daran, welch süßen Pfeil,
Teure, du in meinem Busen läßt.   50
Denk daran, daß Philen [dich] liebte,
ohne Lohn zu erwarten.
Denk, mein Leben, an diesen
unmenschlichen, grausamen Abschied.
Denke ... Ach, wer weiß, ob je   55
du dich meiner erinnern wirst!

Giuseppe Parini

Il messaggio

Quando novelle a chiedere
manda l' inclita Nice
del piè che me costringere
suole al letto infelice,
sento repente l' intimo   5
petto agitarsi del bel nome al suon.

Rapido il sangue fluttua
Ne le mie vene: invade
acre calor le trepide
fibre: m' arrosso: cade   10
la voce; ed al rispondere
util pensiero in van cerco e sermon.

Ride, cred' io, partendosi
il messo. E allor soletto
tutta vegg' io con l' animo   15
pien di novo diletto
tutta di lei la immagine
dentro a la calda fantasia venir.

Ed ecco ed ecco sorgere
le delicate forme   20
sovra il bel fianco; e mobili
scender con lucid' orme
che mal può la dovizia
de l' ondeggiante al piè veste coprir.

Ecco spiegarsi e l' omero   25
e le braccia orgogliose
cui di rugiada nudrono
freschi ligustri e rose,
e il bruno sottilissimo
crine che sovra lor volando va: 30

GIUSEPPE PARINI

Die Botschaft

Wenn nachfragen läßt
die erlauchte Nike
nach dem Fuß, der mich
ans leidige Bett fesselt,
fühle ich, wie plötzlich mein Innerstes   5
in Aufruhr gerät beim Klang ihres schönen Namens.

Rasch kreist das Blut
in meinen Adern; es ergießt sich
heftige Hitze in die erregten
Fibern: Ich erröte; schwach wird   10
die Stimme und vergeblich
ringe ich um Gedanken und Wort, die der Antwort frommen.

Es lacht, glaube ich, im Fortgehen
der Bote. Allein gelassen dann
sehe ich im Geiste,   15
erfüllt von seltsamem Entzücken,
ihr Bild, in ihrer Gänze,
in die erhitzte Phantasie eintreten.

Und sieh und sieh, es erheben sich
die zarten Formen   20
über der schönen Hüfte und bewegt
steigen sie nieder mit glänzender Spur,
die der Reichtum
des zum Fuße niederwallenden Gewandes nicht verdecken kann.

Sieh, es entbreiten sich Schulter   25
und üppige Arme,
die frische Ligustern und Rosen
mit ihrem Tau erquicken,
und [es entbreitet sich] das allerfeinste braune
Haar, das über jene hinflattert;   30

E quasi molle cumulo
crescer di neve alpina
la man che ne le floride
dita lieve declina,
cara de' baci invidia   35
che riverenza contener poi sa.

Ben può ben può sollecito
d' almo pudor costume
che vano ama de l' avide
luci render l' acume   40
altre involar delizie,
immenso intorno a lor volgendo vel:

Ma non celar la grazia
né il vezzo che circonda
il volto affatto simile   45
a quel de la gioconda
Ebe, che nobil premio
al magnanimo Alcide è data in ciel;

né il guardo che dissimula
quanto in altrui prevale,   50
e volto poi con subito
impeto i cori assale,
qual Parto sagittario
che piú certi fuggendo i colpi ottien;

né i labbri or dolce tumidi,   55
or dolce in sé ristretti,
a cui gelosi temono
gli Amori pargoletti
non omai tutto a suggere
doni Venere madre il suo bel sen;   60

und [sieh], vergleichbar einem weichen Haufen Schnees
von den Bergen, die schwellende
Hand, die sanft ausläuft
in die blühenden Finger,
teurer Gegenstand, wonach den Küssen verlangt,   35
die dann doch die Ehrfurcht im Zaume zu halten weiß.

Wohl vermag, wohl vermag die wachsame
Sitte keuscher Scheu,
die gern die Scharfsicht verlangender
Blicke vereitelt,   40
andere Reize [ihnen] entziehen,
indem sie mit einem gewaltigen Schleier sie umhüllt:

Doch vermag sie nicht zu verbergen die Grazie
und nicht die Anmut, die das Antlitz
umspielen, das durchaus dem   45
der heiteren Hebe
gleicht, welche als edler Preis
im Himmel dem mutigen Alkides gegeben wurde;

noch auch [vermag sie] den Blick [zu verbergen], der sich's nicht
    anmerken läßt,
welche Macht er über andere ausübt,   50
um dann, wenn er sich hinwendet mit plötzlichem
Ungestüm, die Herzen anzufallen
so wie der parthische Bogenschütze,
der am sichersten trifft, wenn er flieht;

noch auch [vermag sie] die Lippen [zu verbergen], die bald sanft 55
    anschwellen,
bald sanft in sich zurückgezogen sind
und von denen die eifersüchtigen
kleinen Liebesgötter fürchten,
Mutter Venus werde ihnen nunmehr
ihren schönen Busen ganz zum Saugen überlassen;   60

i labbri onde il sorridere
gratissimo balena,
onde l' eletto e nitido
parlar che l' alme affrena
cade, come di limpide   65
acque lungo il pendio lene rumor:

seco portando e i fulgidi
sensi ora lieti or gravi,
e i genïali studii,
e i costumi soavi,   70
onde salir può nobile
chi ben d' ampia fortuna usa il favor.

Ahi, la vivace immagine
tanto pareggia il vero,
che, del piè leso immemore,   75
l' opra del mio pensiero
seguir già tento; e l' aria
con la delusa man cercando vo.

Sciocco vulgo, a che mormori,
a che su per le infeste   80
dita ridendo noveri
quante volte il celeste
a visitare arïete
dopo il natal mio dí Febo tornò?

A me disse il mio Genio   85
allor ch' io nacqui: «L' oro
non fia che te solleciti.
Né l' inane decoro
de' titoli, né il perfido
desio di superare altri in poter: 90

Ma di natura i liberi
doni ed affetti, e il grato
de la beltà spettacolo
te renderan beato,
te di vagare indocile   95
per lungo di speranze arduo sentier.»

die Lippen, von denen das Lächeln
allerliebst aufblitzt,
von denen die erlesene und gepflegte
Rede, welche die Gemüter gebannt hält,
strömt wie das sanfte   65
Rauschen klarer Gewässer am Hang

und sowohl ihre leuchtend reinen,
bald heiteren, bald ernsten Empfindungen
und ihre angenehme Bildung
und ihr mildes Wesen in sich birgt,   70
woraus derjenige veredelt hervorgehen kann,
der die Gunst eines großzügigen Geschickes gut zu nutzen versteht.

Ach, die lebhafte Vorstellung
gleicht so sehr der Wirklichkeit,
daß ich, uneingedenk des verletzten Fußes,   75
schon versuche, dem Geschöpf meiner Denkkraft
nachzugehen; und mit enttäuschter
Hand taste ich die Luft ab.

Törichter Pöbel, was murrst du,
warum zählst du an deinen frechen   80
Fingern lachend ab,
wie oft Phöbus
seit dem Tag meiner Geburt wiederkehrte,
um den himmlischen Widder zu besuchen?

Als ich geboren ward, sagte mir   85
mein Genius: „Nicht das Gold
wird dich locken
noch der leere Prunk
der Titel, noch das trügerische
Verlangen, andere an Macht zu überbieten: 90

Sondern es werden die fessellosen
natürlichen [Geistes-]Gaben und Empfindungen und der gefällige
Anblick der Schönheit
dich beglücken;
dich wird es glücklich machen, ohne Lehrmeister   95
auf dem mühevollen Pfade langwieriger Hoffnungen dahinzuwandeln."

99

Inclita Nice, il secolo
che di te s' orna e splende
arde già gli assi; l' ultimo
lustro già tocca, e scende   100
ad incontrar le tenebre,
onde una volta pargoletto uscí.

E già vicino a i limiti
del tempo i piedi e l' ali
provan tra lor le vergini   105
Ore, che a noi mortali
già di guidar sospirano
del secol che matura il primo dí.

Ei te vedrà nel nascere
fresca e leggiadra ancora   110
pur di recenti grazie
gareggiar con l' aurora;
e di mirarti cupido
de' tuoi begli anni farà lento il vol.

Ma io, forse già polvere   115
che senso altro non serba
fuor che di te, giacendomi
fra le pie zolle e l' erba,
attenderò chi dicami:
«Vale», passando, «e ti sia lieve il suol.»   120

Deh alcun, che te ne l' aureo
cocchio trascorrer veggia
su la via, che fra gli alberi
suburbana verdeggia,
faccia a me intorno l' aere   125
modulato del tuo nome volar!

Colpito allor da brivido
religïoso il core,
fermerà il passo; e attonito
udrà del tuo cantore   130
le commosse reliquie
sotto la terra argute sibilar.

Erlauchte Nike, dem Jahrhundert,
das mit dir sich schmückt und durch dich Glanz erhält,
brennen schon die Achsen; es erreicht schon
das letzte Jahrfünft und steigt hinab   100
in die Finsternis,
aus der es einst als Knäblein hervorging.

Und schon nahe an der Schwelle
der Zeit probieren, noch unter sich,
die Horen Füße und Flügel aus,   105
[die Horen,] die sich schon danach sehnen,
uns Sterblichen
den ersten Tag des heranreifenden Jahrhunderts zuzuführen.

Bei seiner Geburt wird es dich
frisch und anmutig   110
bei noch unverbrauchten Reizen
mit der Morgenröte wetteifern sehen;
und begierig, dich zu betrachten,
wird es den Flug deiner schönen Jahre verlangsamen.

Doch ich, der ich vielleicht schon Staub sein werde,   115
der keine Erinnerung mehr hat
außer an dich, werde in frommer
Scholle und unter dem Grase liegend,
auf jemanden warten, der mir im Vorübergehen
sagen mag: „Leb wohl! Die Erde sei dir leicht!"   120

Ach möge doch einer, der dich in goldener
Kutsche etwa des Wegs
fahren sähe, der in der Vorstadt
zwischen grünen Bäumen sich hinzieht,
die Luft um mich herum   125
vom Klang deines Namens bewegt säuseln lassen!

Dann wird er, das Herz getroffen
von ehrfürchtigem Schauer,
den Schritt hemmen; und erstaunt
wird er die [vom Klang des Namens] ergriffenen sterblichen Reste 130
deines Sängers
unter der Erde vernehmlich seufzen hören.

Qui Michelangiol nacque? e qui il sublime
dolce testor degli amorosi detti?
qui il gran poeta, che in sì forti rime
scolpì d' inferno i pianti maladetti?

Qui il celeste inventor, ch' ebbe dall' ime   5
valli nostre i pianeti a noi soggetti?
e qui il sovrano pensator, ch' esprime
sì ben del prence i dolorosi effetti?

Qui nacquer, quando non venìa proscritto
il dir, leggere, udir, scriver, pensare;   10
cose, ch' or tutte appongonsi a delitto.

Non v' era scuola allor del rio tremare;
nè si vedeva a libro d' oro inscritto
uom, per saper gli altrui pensier spiare.

Wurde hier Michelangelo geboren? Und hier der hehre
köstliche Weber der Liebesworte?
Hier der große Dichter, der in so kraftvollen Reimen
das flucherfüllte Geheul [der Verdammten in] der Hölle meißelte?

Hier der Erforscher des Himmels, der aus der Tiefe   5
unserer Erdenschlucht die Planeten uns unterwürfig machte?
Und hier der überlegene Denker, der so treffend
die schmerzhaften Wirkungen des *Fürsten* ausdrückt?

Hier wurden sie geboren, als das Sagen, Lesen,
Hören, Schreiben, Denken [noch] nicht verwehrt war: 10
Dinge, die heute alle dem Verbrechen zugerechnet werden.

Da gab es noch keine Schule des schuldigen Zitterns;
man sah auch nicht, daß jemand ins Goldene Buch eingetragen wurde,
weil er das Denken anderer auszukundschaften verstand.

Sperar, temere, rimembrar, dolersi;
sempre bramar, non appagarsi mai;
dietro al ben falso sospirare assai,
né il ver (che ognun l' ha in sé) giammai godersi:

spesso da più, talor da men tenersi, 5
né appien conoscer sé, che in braccio a' guai:
e, giunto all' orlo del sepolcro omai,
della mal spesa vita ravvedersi:

Tal credo è l' uomo; o tale almen son io:
benché il core in ricchezze, o in vili onori, 10
non ponga; e Gloria e Amore a me sien Dio.

L' un mi fa di me stesso viver fuori;
dell' altra in me ritrammi il bel desio:
nulla ho d' ambi finor, che i lor furori.

Hoffen, Fürchten, Erinnerung, Klage;
immer sich sehnen, nie sich begnügen;
stets nach dem falschen Glücke trachten
und das wahre [Glück], das jeder in sich selber birgt, niemals genießen:

oft mehr sich dünken, manchmal geringer   5
und nie voll und ganz sich selbst erkennen, es sei denn, wenn vom Leid
    umfangen;
und, nunmehr am Rand des Grabes angelangt,
bei sich Einkehr halten ob des falsch verbrachten Lebens:

So, glaube ich, ist der Mensch; oder wenigstens bin ich,
wiewohl ich meinen Sinn nicht auf Reichtümer und wohlfeile Ehren   10
richte und Ruhm und Liebe meine Gottheit sind.

Das eine läßt ein Leben außer meiner selbst mich führen,
das schöne Verlangen nach dem andern lenkt
    mich auf mich selbst zurück:
Nichts hab' ich von beiden bisher als ihr Stürmen.

UGO FOSCOLO

Forse perché della fatal quiete
tu sei l' immago a me sì cara vieni
o sera! E quando ti corteggian liete
le nubi estive e i zeffiri sereni,

e quando dal nevoso aere inquiete   5
tenebre e lunghe all' universo meni
sempre scendi invocata, e le secrete
vie del mio cor soavemente tieni.

Vagar mi fai co' miei pensier su l' orme
che vanno al nulla eterno; e intanto fugge   10
questo reo tempo, e van con lui le torme

delle cure onde meco egli si strugge;
e mentre io guardo la tua pace, dorme
quello spirto guerrier ch' entro mi rugge.

UGO FOSCOLO

Vielleicht weil du der Todesruhe
Abbild bist, kommst du mir so willkommen,
Abend! Sei's, wenn dich froh umspielen
die Sommerwolken und heiteren Zephyre,

sei's, wenn du aus schneeigen Lüften unruhige   5
und lange Finsternis dem All zuführst,
immer steigst du erwünscht hernieder und hältst sanft
die geheimen Pfade meines Herzens [in deinem Bann].

Mit meinen Gedanken läßt du mich auf den Spuren [früherer
   Sterblicher] wandeln,
die zum ewigen Nichts hinführen; und unterdessen entflieht   10
die böse Zeitlichkeit und mit ihr ziehen die Scharen

der Sorgen, mit denen zugleich mit mir sie sich verzehrt.
Und während ich deinen Frieden so betrachte, schläft
jener ungestüme Geist, der in mir tobt.

Ugo Foscolo

Solcata ho fronte, occhi incavati intenti;
crin fulvo, emunte guance, ardito aspetto;
labbri tumidi arguti, al riso lenti;
capo chino, bel collo, irsuto petto:

membra esatte; vestir semplice eletto;   5
ratti i passi, il pensier, gli atti, gli accenti:
prodigo, sobrio; umano, ispido, schietto;
avverso al mondo, avversi a me gli eventi;

mesto i più giorni e solo; ognor pensoso;
alle speranze incredulo e al timore;   10
il pudor mi fa vile; e prode l' ira:

cauta mi parla la ragion; ma il core,
ricco di vizi e di vertù, delira –
Morte, tu mi darai fama e riposo.

Teotochi Albrizzi
Ugo Foscolo.

UGO FOSCOLO

Eine gefurchte Stirn habe ich, tiefliegende, scharf blickende Augen,
rotblondes Haar, hohle Wangen, kühnes Aussehen;
aufgeworfene, scharf gezeichnete Lippen, die [nur] langsam lachen,
gebeugtes Haupt, schönen Hals; stark behaarte Brust;

gut proportionierte Gliedmaße, schlichte, ausgesuchte Kleidung.   5
Rasch [sind] die Schritte, der Gedanke, die Handlungen, die Worte:
[Ich bin] verschwenderisch, anspruchslos; menschlich, schwierig,
    ehrlich;
der Welt abhold, und die Ereignisse [sind] mir abhold;

traurig die meisten Tage und einsam; allzeit sorgenvoll;
mißtrauisch gegen Hoffnungen und Furcht;   10
die Scheu macht mich feige und tapfer der Zorn.

Bedacht spricht zu mir die Vernunft; aber das Herz,
reich an Fehlern und Tugenden, ist unstet:
Tod, du wirst mir Ruhm und Ruhe schenken.

Su, Italia! su, in armi! Venuto è il tuo dí!
dei re congiurati la tresca finí!
Su, figli d' Italia! su, in armi! coraggio!
Il suolo qui è nostro: del nostro retaggio
il turpe mercato finisce pei re.   5
Un popol diviso per sette destini,
in sette spezzato da sette confini,
si fonde in un solo, piú servo non è.

Dall' Alpi allo Stretto fratelli siam tutti!
Su i limiti schiusi, su i troni distrutti   10
piantiamo i comuni tre nostri color!
il *verde*, la speme tant' anni pasciuta;
il *rosso*, la gioia d' averla compiuta;
il *bianco*, la fede fraterna d' amor.

Gli orgogli minuti via tutti all' obblio!   15
La gloria è de' forti. Su, forti, per Dio!
dall' Alpi allo Stretto, da questo a quel mar!
Deposte le gare d' un secol disfatto,
confusi in un nome, legati a un sol patto,
sommessi a noi soli giuriam di restar.   20

Su Italia, novella! su, libera ed una!
Mal abbia chi a vasta, secura fortuna
l' angustia prepone d' anguste cittá!
Sien tutte le fide d' un solo stendardo!
Su, tutti da tutte! Mal abbia il codardo,   25
l' inetto che sogna parzial libertá!

Voi chiusi ne' borghi, voi sparsi alla villa,
udite le trombe, sentite la squilla
che all' armi vi chiama dal vostro comun!
Fratelli, a' fratelli correte in aiuto!   30
gridate al Tedesco che guarda sparuto:
L' Italia è concorde: non serve a nessun!

Giovanni Berchet

Auf, Italien! Auf, zu den Waffen! Dein Tag ist gekommen!
Die Buhlschaft der miteinander verschworenen Könige ist zu Ende!

Auf, Söhne Italiens! Auf zu den Waffen! Nur Mut!
Der Boden hier ist unser: Für die Könige ist der
schändliche Handel mit unserem Erbe zu Ende.   5
Ein Volk, durch sieben Schicksale geteilt,
von sieben Grenzen in sieben Stücke zertrennt,
verschmilzt zu einem einzigen, ist nicht mehr Knecht.

Von den Alpen bis zur Meerenge sind wir alle Brüder!
Auf den geöffneten Grenzen, auf den zerstörten Thronen   10
wollen wir unsere drei gemeinsamen Farben aufpflanzen:
das *Grün*, die so viele Jahre hindurch genährte Hoffnung;
das *Rot*, die Freude, sie nun erfüllt zu sehen;
das *Weiß*, die Treue der brüderlichen Liebe.

Kleinliche Überheblichkeiten – fort mit ihnen, in die Vergessenheit!   15
Der Ruhm gehört den Starken. Auf, ihr Starken, bei Gott!,
von den Alpen bis zur Meerenge, vom einen zum anderen Meer!
Schluß mit dem Streit eines zerrütteten Jahrhunderts:
In *einem* Namen verschmolzen, gebunden an ein einziges Abkommen,
untertan nur uns selbt – [*so*] wollen wir schwören zu bleiben.   20

Auf, Italien, du neues! Auf, du freies und geeintes!
Verwünscht sei, wer einem weiten, sicheren Glück
die Bedrängnis enger Städte vorzieht!
Es seien alle die Getreuen eines einzigen Banners!
Auf, alle miteinander! Verwünscht sei der Feigling,   25
der Stümper, der von einer teilweisen Freiheit träumt!

Ihr, die ihr in den Städten eingeengt seid, ihr, die ihr in den Dörfern
    verstreut wohnt,
hört die Trompeten, horcht auf das Geläute,
das euch zu den Waffen ruft aus eurer Heimatgemeinde!
Ihr Brüder, eilt den Brüdern zu Hilfe!   30
Ruft es dem Deutschen zu, der verängstigt schaut:
Italien ist einig, dient niemandem [mehr]!

ALESSANDRO MANZONI

Il cinque maggio

Ei fu. Siccome immobile,
dato il mortal sospiro,
stette la spoglia immemore
orba di tanto spiro,
così percossa, attonita   5
la terra al nunzio sta,

muta pensando all' ultima
ora dell' uom fatale;
né sa quando una simile
orma di pié mortale   10
la sua cruenta polvere
a calpestar verrà.

Lui folgorante in solio
vide il mio genio e tacque;
quando, con vece assidua,   15
cadde, risorse e giacque,
di mille voci al sonito
mista la sua non ha:

vergin di servo encomio
e di codardo oltraggio,   20
sorge or commosso al subito
sparir di tanto raggio;
e scioglie all' urna un cantico
che forse non morrà.

Dall' Alpi alle Piramidi,   25
dal Manzanarre al Reno,
di quel securo il fulmine
tenea dietro al baleno;
scoppiò da Scilla al Tanai,
dall' uno all' altro mar.   30

Alessandro Manzoni

Der fünfte Mai

Er ist gewesen. So wie die erinnerungslose,
eines so großen Geistes beraubte Hülle,
nachdem sie den Todesseufzer ausgehaucht,
reglos liegen blieb,
so steht die Erde von der Botschaft betroffen   5
erschüttert still

und denkt schweigend an die letzte
Stunde des Schicksalsmannes;
und sie weiß nicht, wann [wieder einmal] eine vergleichbare
Stapfe sterblichen Fußes   10
kommen wird,
ihren blutigen Staub zu treten.

Ihn sah strahlend auf dem Throne
meine [dichterische] Kraft – und schwieg;
als er in wiederkehrendem Wechsel   15
stürzte, sich wieder erhob und [ganz] liegen blieb,
mischte sie unter das Getöse Tausender von Stimmen
die ihre nicht:

unbefleckt von knechtischer Lobrede
und feiger Schmähung   20
tritt sie jetzt hervor, ergriffen vom plötzlichen
Erlöschen einer so strahlenden Erscheinung;
und sie erhebt an der Urne einen Gesang,
der vielleicht nicht vergehen wird.

Von den Alpen bis zu den Pyramiden,   25
vom Manzanares bis zum Rhein
folgte der Donnerkeil jenes Furchtlosen
auf das Wetterleuchten,
schlug ein von Skylla bis zum Tanais,
vom einen zum anderen Meer.   30

Fu vera gloria? Ai posteri
l' ardua sentenza; nui
chiniam la fronte al Massimo
Fattor, che volle in lui
del creator suo spirito   35
più vasta orma stampar.

La procellosa e trepida
gioia d' un gran disegno,
l' ansia d' un cor che indocile
serve, pensando al regno;   40
e il giunge, e tiene un premio
ch' era follia sperar;

tutto ei provò: la gloria
maggior dopo il periglio,
la fuga e la vittoria,   45
la reggia e il tristo esiglio:
due volte nella polvere,
due volte sull' altar.

Ei si nomò: due secoli,
l' un contro l' altro armato,   50
sommessi a lui si volsero,
come aspettando il fato;
ei fe' silenzio, ed arbitro
s' assise in mezzo a lor.

E sparve, e i dì nell' ozio   55
chiuse in sì breve sponda,
segno d' immensa invidia
e di pietà profonda,
d' inestinguibil odio
e d' indomato amor.   60

Come sul capo al naufrago
l' onda s' avvolve e pesa,
l' onda su cui del misero,
alta pur dianzi e tesa,
scorrea la vista a scernere   65
prode remote invan;

114

War's echter Ruhm? Der Nachwelt [sei]
die schwierige Entscheidung [überlassen]: Wir
beugen das Haupt vor dem Höchsten
Schöpfer, dessen Wille es war, ihn zu
einem größer angelegten Zeugnis   35
seines schöpferischen Geistes auszuprägen.

Die stürmische und doch bangende
Freude an einem großen Plan,
die Besorgnis eines Herzens, das widerstrebend
dient, aber dabei die Herrschaft im Sinn hat: 40
Und er erlangt sie und hat einen Preis inne,
den zu erhoffen Torheit war.

All das hat er erlebt: den Ruhm,
der nach der Gefahr um so größer war,
die Flucht und den Sieg,   45
das Königsschloß und die klägliche Verbannung:
Zweimal im Staube,
zweimal auf dem Altar.

Er trat auf: zwei Zeitalter,
zum Kampf gegeneinander gerüstet,   50
wandten sich ergeben an ihn,
als erwarteten sie die Bestimmung ihres Schicksals;
er gebot Stille und als Schiedsrichter
nahm er unter ihnen Platz.

Und dann war er verschwunden; und seine müßigen Tage 55
verbrachte er von ach so engem Ufersaum umschlossen,
ein Gegenstand unermeßlichen Neides
und tiefen Mitleids,
unauslöschlichen Hasses
und ungestümer Liebe.   60

Wie um das Haupt des Schiffbrüchigen
sich die Welle schließt und es niederdrückt,
die Welle, über die der Unglückliche
gerade noch zuvor emporgetragen
den Blick angespannt schweifen ließ, um   65
vergeblich entfernte Gestade zu erspähen,

tal su quell' alma il cumulo
delle memorie scese!
oh quante volte ai posteri
narrar sé stesso imprese,   70
e sull' eterne pagine
cadde la stanca man!

oh quante volte, al tacito
morir d' un giorno inerte,
chinati i rai fulminei,   75
le braccia al sen conserte,
stette, e dei dì che furono
l' assalse il sovvenir!

e ripensò le mobili
tende, e i percossi valli,   80
e il lampo de' manipoli,
e l' onda dei cavalli,
e il concitato imperio,
e il celere ubbidir.

Ahi! forse a tanto strazio   85
cadde lo spirto anelo,
e disperò; ma valida
venne una man dal cielo,
e in più spirabil aere
pietosa il trasportò;   90

e l' avviò, pei floridi
sentier della speranza,
ai campi eterni, al premio
che i desidéri avanza,
dov' è silenzio e tenebre   95
la gloria che passò.

Bella Immortal! benefica
fede ai trionfi avvezza!
scrivi ancor questo, allegrati;
ché più superba altezza   100
al disonor del Golgota
giammai non si chinò.

so senkte sich auf jenes Gemüt
der Schwall der Erinnerungen!
Ach, wie oft unternahm er es,
der Nachwelt sich selber darzulegen, 70
und [wie oft] blieb auf den ewigen Blättern
die Hand ermattet liegen!

Ach, wie oft stand er da beim schweigsamen
Hinscheiden eines tatenlosen Tages,
die blitzenden Augen zu Boden gesenkt, 75
die Arme auf der Brust verschränkt,
und [wie oft] überfiel ihn dann
die Erinnerung vergangener Tage!

Und er dachte wieder an die beweglichen
Zelte, an die durchstoßenen Befestigungen, 80
an das Aufblitzen [der Waffen] des Fußvolks,
an die Woge der Reiterei,
den hastigen Befehl,
das schnelle Gehorchen.

Ach! Vielleicht erlag der lechzende Geist 85
einer solchen Qual
und verzweifelte; aber eine mächtige
Hand kam da vom Himmel herab
und trug ihn erbarmungsvoll
hinfort in atembarere Lüfte; 90

und lenkte seine Schritte auf die blühenden
Pfade der Hoffnung,
zu den ewigen Gefilden, zum Lohn,
der alle Wünsche übertrifft,
wo der Ruhm, der für ihn etwas Vergängliches, 95
Schweigen und Finsternis ist.

Schöne Unsterbliche, wohltätige,
siegesgewohnte Glaubenskraft!
Verzeichne auch diesen [Sieg] noch, frohlocke!
Denn noch nie mußte sich eine stolzere Hoheit 100
der Schmach des Golgatha
beugen.

Tu dalle stanche ceneri
sperdi ogni ria parola:
il Dio che atterra e suscita,
che affanna e che consola,
sulla deserta coltrice
accanto a lui posò.

105

Du verscheuche von der müden Asche
jedes böse Wort:
Der Gott, der zu Boden drückt und wieder aufrichtet,   105
der Leid sendet und Tröstung spendet,
ließ sich auf dem [von der Welt] verlassenen Lager
[in Gestalt des Kruzifix] bei ihm nieder.

GIACOMO LEOPARDI

L' infinito

Sempre caro mi fu quest' ermo colle,
e questa siepe, che da tanta parte
dell' ultimo orizzonte il guardo esclude.
Ma sedendo e mirando, interminati
spazi di là da quella, e sovrumani   5
silenzi, e profondissima quiete
io nel pensier mi fingo; ove per poco
il cor non si spaura. E come il vento
odo stormir tra queste piante, io quello
infinito silenzio a questa voce   10
vo comparando: e mi sovvien l' eterno,
e le morte stagioni, e la presente
e viva, e il suon di lei. Così tra questa
immensità s' annega il pensier mio:
e il naufragar m' è dolce in questo mare.   15

Giacomo Leopardi

Das Unendliche

Stets lieb war mir dieser verlassene Hügel,
und diese Hecke, die nach so vielen Seiten
den Blick zum äußersten Horizont ausschließt.
Aber indem ich so sitze und schaue, stelle ich mir
im Geiste grenzenlose Räume vor und übermenschliches   5
Schweigen und tiefste Stille
jenseits jener Hecke, wo beinahe
mein Herz erschrickt. Und wenn den Wind
ich in diesen Büschen rauschen höre, ziehe ich
zwischen jener unendlichen Stille und dieser Stimme stets   10
einen Vergleich: Und in den Sinn kommt mir die Ewigkeit,
und die verflossenen Jahreszeiten, und [anderseits] die Gegenwart
der Lebenden, und ihre Geräusche. So versinkt
mein Geist in dieser Unendlichkeit –
und süß ist mir der Schiffbruch auf diesem Meer.   15

A se stesso

Or poserai per sempre,
stanco mio cor. Perì l' inganno estremo,
ch' eterno io mi credei. Perì. Ben sento,
in noi di cari inganni,
non che la speme, il desiderio è spento.   5
Posa per sempre. Assai
palpitasti. Non val cosa nessuna
i moti tuoi, né di sospiri è degna
la terra. Amaro e noia
la vita, altro mai nulla; e fango è il mondo.   10
T' acqueta omai. Dispera
l' ultima volta. Al gener nostro il fato
non donò che il morire. Omai disprezza
te, la natura, il brutto
poter che, ascoso, a comun danno impera,   15
e l' infinita vanità del tutto.

Giacomo Leopardi

Zu sich selbst

Nun wirst du ruhn auf immer,
mein müdes Herz. Es schwand die letzte Täuschung,
die ich für ewig hielt. Sie schwand. Wohl spür ich's,
in mir ist auf teure Täuschungen
nicht nur die Hoffnung, [sondern auch] das Verlangen [nach ihnen] gar   5
erloschen.
Ruhe auf immer. Genug
hast du gepocht. Keinerlei Ding ist wert
deiner Regung, und keines [Sehnsuchts-]Seufzers würdig ist
die Erde. Bitternis und Überdruß
das Leben, anderes nicht; und schmutziger Sumpf ist die Welt.   10
Komm nun zur Ruhe. Verzweifle
zum letzten Mal. Unserem Geschlecht gab das
Schicksal nur das Sterben. Nunmehr verschmähe
dich selber, die Natur, die häßliche
Gewalt, die im verborgenen zu unser aller Schaden herrscht,   15
und die grenzenlose Nichtigkeit des Alls.

Giacomo Zanella

Sopra una conchiglia fossile nel mio studio

Sul chiuso quaderno
di vati famosi
dal musco materno
lontana riposi,
riposi marmorea,   5
dell' onde già figlia,
ritorta conchiglia.

Occulta nel fondo
d' un antro marino
del giovane mondo   10
vedesti il mattino;
vagavi co' nautili,
co' murici a schiera:
e l' uomo non era.

Per quanta vicenda   15
di lente stagioni,
arcana leggenda
d' immani tenzioni
impresse volubile
sul niveo tuo dorso   20
de' secoli il corso!

Noi siamo di ieri:
dell' Indo pur ora
sui taciti imperi
splendeva l' aurora;   25
pur ora del Tevere
a' lidi tendea
la vela di Enea.

Giacomo Zanella

Auf eine versteinerte Muschel in meinem Studierzimmer

Auf dem verschlossenen Band
[mit Dichtungen] berühmter Sänger
ruhst du fern
dem mütterlichen Moose,
ruhst du, nun Marmor,   5
einst Tochter der Wogen,
gewundene Muschel.

Verborgen am Grunde
einer Meereshöhle
sahst du die Frühe   10
der jungen Welt;
du schweiftest mit den Ammonshörnern,
den Stachelschnecken geschart:
Und den Menschen gab es [noch] nicht.

Wie viele langsam vergehende   15
Zeiten einander auch ablösten,
der flüchtige Lauf der Jahrhunderte
drückte
deinem schneeweißen Rücken
die geheimnisvolle Kunde   20
ungeheurer Umwälzungen auf!

Wir sind [erst] von gestern;
eben erst leuchtete noch das Morgenrot
über den [nun] schweigenden Reichen
am Indus;   25
eben erst strebte
noch das Segel des Äneas
den Ufern des Tiber zu.

È fresca la polve
che il fasto caduto
de' Cesari involve.
Si crede canuto
appena all' Artefice
uscito di mano
il genere umano!

Tu, prima che desta
all' aure feconde
Italia la testa
levasse dall' onde,
tu suora de' polipi
de' rosei coralli
pascevi le valli.

Riflesso nel seno
de' ceruli piani
ardeva il baleno
di cento vulcani:
le dighe squarciavano
di pelaghi ignoti
rubesti tremoti.

Nell' imo de' laghi
le palme sepolte:
nel sasso de' draghi
le spire rinvolte,
e l' orme ne parlano
de' profughi cigni
sugli ardui macigni.

Pur baldo di speme
l' uom, ultimo giunto,
le ceneri preme
d' un mondo defunto;
incalza di secoli
non anco maturi
i fulgidi auguri.

Frisch ist noch der Staub,
der die gefallene Pracht   30
der Caesaren einhüllt.
Kaum [erst] aus der Hand
des Schöpfers hervorgegangen,
hält sich [schon] für alt
das Menschengeschlecht!   35

Ehe Italien,
für die befruchtenden Winde erwacht,
sein Haupt
aus den Wogen emporhob,
weidetest du,   40
Schwester der Polypen, in den Tälern
der rosigen Korallen.

Widergespiegelt in der Bucht
der blauen Fluren,
brannte das Wetterleuchten   45
von hundert Vulkanen;
es zerrissen die Deiche
unbekannter Meere
heftige Erdbeben.

Die auf dem Grunde der Seen   50
begrabenen Palmen,
die in den Stein geringelten Windungen
der Drachen[schwänze]
und die Fußspuren
der ziehenden Schwäne auf steilem Felsengrat   55
zeugen davon.

Doch vor Hoffnung kühn
setzt der Letztgekommene, der Mensch,
den Fuß auf die Reste
einer abgestorbenen Welt;   60
er drängt den leuchtenden Verheißungen
noch nicht herangereifter
Jahrhunderte entgegen.

Sui tumuli il piede,
ne' cieli lo sguardo 65
all' ombra procede
di santo stendardo:
per golfi reconditi,
per vergini lande
ardente si spande. 70

T' avanza, t' avanza,
divino straniero;
conosci la stanza
che i fati ti diero:
se schiavi, se lagrime 75
ancora rinserra
è giovin la terra.

Eccelsa, segreta
nel buio degli anni
Dio pose la meta 80
de' nobili affanni.
Con brando e con fiaccola
sull' erta fatale
ascendi, mortale!

Poi quando disceso 85
sui mari redenti
lo Spirito atteso
ripurghi le genti,
e splenda de' liberi
un solo vessillo 90
sul mondo tranquillo:

compiute le sorti
allora de' cieli
ne' lucidi porti
la terra si celi: 95
attenda sull' ancora
il cenno divino
per novo cammino.

Auf Gräbern den Fuß,
den Blick zum Himmel gewandt,   65
schreitet er im Schatten
eines heiligen Banners voran;
über entlegene Meere,
noch unbetrete Ebenen
breitet mutig er sich aus.   70

Voran, voran,
von Gott geschaffener Fremdling!
Erforsche die Wohnstatt,
welche die Geschicke dir gaben:
Wenn Sklaven, wenn Tränen   75
auch noch sie birgt,
noch ist die Erde jung.

Auf die Höhe, ins geheimnisvolle
Dunkel der Zukunft
gehüllt, stellte Gott das Ziel   80
edler Mühen.
Mit dem Schwert und mit der Fackel
steige auf dem schicksalsbestimmten Hang
empor, o Sterblicher!

Wenn dann   85
auf die erlösten Meere
der erwartete Geist
niedersteigt und die Menschengeschlechter reinigt
und über der friedlichen Welt
ein einziges Banner,   90
das der Freien, weht:

Dann möge, nachdem das Geschick
in Erfüllung gegangen,
die Erde sich bergen
in den strahlenden Häfen des Himmels;   95
sie warte vor Anker
auf den göttlichen Wink
zu neuer Fahrt.

GOFFREDO MAMÈLI

Stringiamci a coorte,
siam pronti alla morte
l' Italia chiamò.

Fratelli d' Italia,
l' Italia s' è desta;   5
dell ' elmo di Scipio
s' è cinta la testa.
Dov' è la vittoria?!
Le porga la chioma,
chè schiava di Roma   10
Iddio la creò.

Noi siamo da secoli
calpesti, derisi,
perchè non siam Popolo,
perchè siam divisi: 15
Raccolgaci un' Unica
bandiera, Una speme:
Di fonderci insieme
già l' ora suonò.

Uniamoci, amiamoci,   20
l' unione e l' amore
rivelano ai Popoli
le vie del Signore;
giuriamo far libero
il suolo natio: 25
Uniti per Dio,
chi vincer ci può!?

Dall' Alpi a Sicilia,
dovunque è Legnano,
ogn' uom di Ferruccio   30
ha il core, la mano;
i bimbi d' Italia
si chiaman Balilla;
il suon d' ogni squilla
i Vespri suonò.   35

130

GOFFREDO MAMÈLI

Schließen wir uns zu Kohorten zusammen,
zum Sterben sind wir bereit,
Italien rief [uns].

Brüder Italiens,
Italien ist erwacht;   5
mit dem Helm des Scipio
wappnete es sein Haupt.
Wo ist der Sieg?
Möge es ihm sein Haar reichen,
denn Gott erschuf ihn   10
als Sklaven Roms.

Seit Jahrhunderten sind wir
getreten und verlacht,
da wir nicht [ein] Volk sind,
da wir uneins sind: 15
Es schließe uns zusammen eine einzige
Fahne, eine [gemeinsame] Hoffnung:
Schon schlug die Stunde
unserer Verschmelzung.

Vereinigen wir uns, lieben wir uns: 20
Einheit und Liebe
offenbaren den Völkern
die Wege des Herrn.
Schwören wir, unseren heimatlichen
Boden zu befreien: 25
Einig in Gott,
Wer kann uns [da noch] besiegen?

Von den Alpen bis Sizilien
ist überall Legnano;
jeder Mann besitzt   30
das Herz, die Hand eines Ferruccio;
die Kinder Italiens
heißen Balilla;
der Klang jeder Glocke
hat zur Vesper gerufen.   35

131

Son giunchi che piegano
le spade vendute:
già l' aquila d' Austria
le penne ha perdute –
il sangue d' Italia   40
bevè , col Cosacco
il sangue Polacco:
ma il cuor le bruciò!

Biegsames Rohr
sind die käuflichen Schwerter:
schon hat Österreichs Adler
die Federn verloren;
Italiens Blut   40
trank er, [und] mit dem Kosaken
das polnische Blut:
Doch das Herz verbrannte es ihm.

Giosuè Carducci

Alle fonti del Clitumno

Ancor dal monte, che di foschi ondeggia
frassini al vento mormoranti e lunge
per l' aure odora fresco di silvestri
salvie e di timi,

scendon nel vespero umido, o Clitumno,   5
a te le greggi: a te l' umbro fanciullo
la riluttante pecora ne l' onda
immerge, mentre

vèr lui dal seno de la madre adusta,
che scalza siede al casolare e canta,   10
una poppante volgesi e dal viso
tondo sorride:

pensoso il padre, di caprine pelli
l' anche ravvolto come i fauni antichi,
regge il dipinto plaustro e la forza   15
de' bei giovenchi,

de' bei giovenchi dal quadrato petto,
erti su 'l capo le lunate corna,
dolci ne gli occhi, nivëi, che il mite
Virgilio amava.   20

Oscure intanto fumano le nubi
su l' Apennino: grande, austera, verde
da le montagne digradanti in cerchio
l' Umbria guarda.

Salve, Umbria verde, e tu del puro fonte   25
nume Clitumno! Sento in cuor l' antica
patria e aleggiarmi su l' accesa fronte
gl' itali iddii.

GIOSUÈ CARDUCCI

An der Quelle des Clitumnus

Noch steigen vom Gebirge, das von dunklen,
im Winde säuselnden Eschen wogt und weithin
durch die Lüfte den frischen Duft von
Waldsalbei und Thymian entsendet,

im [nebel]feuchten Abend, o Clitumnus,   5
zu dir die Herden nieder; in deine Wellen
taucht der Umbrerknabe das widerstrebende
Schaf, während

zu ihm vom Busen der sonnengebräunten Mutter weg,
die barfüßig vor ihrer Behausung sitzt und singt,   10
sich der Säugling wendet und über sein rundes
Gesicht lacht;

nachdenklich lenkt der Vater, mit Ziegenfellen
die Hüften umgürtet wie die Faune der Vorzeit,
den bemalten Karren und die Kraft   15
der schönen Jungstiere,

der schönen Jungstiere mit der eckig-stämmigen Brust,
aufragend auf dem Kopf die mondsichelförmigen Hörner,
die mildäugigen, schneeweißen [Tiere], die der sanfte
Vergil [so] liebte.   20

Dunkel indes dampft das Gewölk
auf dem Apennin: Hehr und ernst, grünend
schaut von den ringsum abfallenden Bergeshöhen
Umbrien hernieder.

Heil dir, grünes Umbrien, und dir, Clitumnus, Gott   25
des reinen Quells! Im Herzen spüre ich [, es ist] der Urväter
Heimat[,] und um die [vor Begeisterung] glühende Stirn [fühle ich]
die italischen Götter schweben.

Chi l' ombre indusse del piangente salcio
su' rivi sacri? ti rapisca il vento   30
de l' Apennino, o molle pianta, amore
d' umili tempi!

Qui pugni a' verni e arcane istorie frema
co 'l palpitante maggio ilice nera,
a cui d' allegra giovinezza il tronco   35
l' edera veste:

qui folti a torno l' emergente nume
stieno, giganti vigili, i cipressi;
e tu fra l' ombre, tu fatali canta
carmi, o Clitumno.   40

O testimone di tre imperi, dinne
come il grave umbro ne' duelli atroce
cesse a l' astato velite e la forte
Etruria crebbe:

di' come sovra le congiunte ville   45
dal superato Címino a gran passi
calò Gradivo poi, piantando i segni
fieri di Roma.

Ma tu placavi, indigete comune
italo nume, i vincitori a i vinti,   50
e, quando tonò il punico furore
dal Trasimeno,

per gli antri tuoi salí grido, e la torta
lo ripercosse buccina da i monti:
«O tu che pasci i buoi presso Mevania   55
caliginosa,

e tu che i proni colli ari a la sponda
del Nar sinistra, e tu che i boschi abbatti
sovra Spoleto verdi o ne la marzia
Todi fai nozze,   60

Wer brachte den Schatten der Trauerweide
an diese geweihten Ufer? Fort reiße dich der Wind   30
des Apennin, du weichliches Gewächs, Liebling
unwürdiger Zeiten [der Gegenwart]!

Hier stelle sich den Winter[stürmen], hier raune von heimlicher Sage
beim Kommen des lebensprühenden Mais die schwarze Steineiche,
deren Stamm mit fröhlicher Jugend   35
der Efeu umkleidet;

hier mögen dicht um den emportauchenden Gott,
wachsame Riesen gleichsam, die Zypressen stehen [wie einst];
und in ihrem Schatten singe du schicksalskündende
Gesänge, Clitumnus.   40

Du Zeuge dreier Reiche, künde uns,
wie der ernste Umbrer, im Streite furchtbar,
dem speertragenden Veliten wich und das starke
Etrurien wuchs:

Künde, wie Gradivus die vereinten Städte   45
des bezwungenen Ciminus mit Riesenschritten
hinter sich lassend dann einbrach und die stolzen
Siegeszeichen Roms aufpflanzte.

Du aber, Landesgott, [allen] gemeinsame
italische Gottheit, söhntest Sieger mit Besiegten aus,   50
und als herübertrönte das punische Wüten
vom Trasimenus,

da erscholl in deinen Höhlen ein Schrei und die gewundene
Kriegsfanfare ließ ihn an den Bergen widerhallen:
„O du, der du die Rinder weidest bei Mevania,   55
dem nebelumhüllten,

und du, der du die geneigten Hügel pflügst am linken
Ufer des Nar, und du, der du die grünen Wälder fällst
über Spoleto oder im marsfrommen
Todi Hochzeit hälst,   60

137

lascia il bue grasso tra le canne, lascia
il torel fulvo a mezzo solco, lascia
ne l' inclinata quercia il cuneo, lascia
la sposa a l' ara;

e corri, corri, corri! con la scure   65
corri e co' dardi, con la clava e l' asta:
corri! minaccia gl' itali penati
Ànnibal diro.»

Deh come rise d' alma luce il sole
per questa chiostra di bei monti, quando   70
urlanti vide e ruinanti in fuga
l' alta Spoleto

i Mauri immani e i númidi cavalli
con mischia oscena, e, sovra loro, nembi
di ferro, flutti d' olio ardente, e i canti   75
de la vittoria!

Tutto ora tace. Nel sereno gorgo
la tenue miro salïente vena:
trema, e d' un lieve pullular lo specchio
segna de l' acque.   80

Ride sepolta a l' imo una foresta
breve, e rameggia immobile: il diaspro
par che si mischi in flessuosi amori
con l' ametista,

e di zaffiro i fior paiono, ed hanno   85
de l' adamante rigido i riflessi,
e splendon freddi e chiamano a i silenzi
del verde fondo.

A piè de i monti e de le querce a l' ombra
co' fiumi, o Italia, è de' tuoi carmi il fonte.   90
Visser le ninfe, vissero: e un divino
talamo è questo.

verlaß das fette Rind im Röhricht, laß
den rotblonden Stier bei halbgezogener Furche, laß
im [schon] angeknickten Eichbaum den Keil stecken, laß
die Braut am Altar [stehen];

und eile, eile, eile! Mit dem Kriegsbeil   65
eile und den Pfeilen, mit Keule und Lanze:
Eile! Es bedroht die italischen Heime
der grausame Hannibal!"

Ach, wie erstrahlte da von segenspendendem Lichte die Sonne
in diesem Ring schöner Berge, als   70
mit Geheul und stürzend in verworrener Flucht
Spoleto auf der Höhe

die schrecklichen Mauren und die numidischen Rosse
in scheußlichem Gemenge sah und über sie her Wolken
von Eisen, Ströme brennenden Öls und die Gesänge   75
des Sieges [vernahm]!

Still ist es nun ringsum. In der klaren Tiefe
schaue ich der feinen Ader, die aufsteigt, zu:
Sie zittert und ein sanftes Wallen kündet
am Wasserspiegel ihre Spur.   80

Unten zutiefst versunken lächelt ein niedriges
Gestäude und streckt reglos seine Zweige: Es ist,
als menge in verschlungener Liebeslust der Jaspis
sich mit dem Amethyst;

es ist, als wären die Blüten aus Saphiren, und   85
vom starren Diamanten haben sie das Funkeln
und leuchten kalt und rufen zur Stille
des grünen Grundes.

Am Fuß der Berge und in der Eichen Schatten
ist, o Italien, deiner Flüsse wie deiner Lieder Born.   90
Es haben die Nymphen gelebt, es hat sie gegeben: und ein göttliches
Brautbett ist dies.

Emergean lunghe ne' fluenti veli
naiadi azzurre, e per la cheta sera
chiamavan alto le sorelle brune   95
da le montagne,

e danze sotto l' imminente luna
guidavan, liete ricantando in coro
di Giano eterno e quanto amor lo vinse
di Camesena.   100

Egli dal cielo, autoctona virago
ella: fu letto l' Apennin fumante:
velaro i nembi il grande amplesso, e nacque
l' itala gente.

Tutto ora tace, o vedovo Clitumno,   105
tutto: de' vaghi tuoi delúbri un solo
t' avanza, e dentro pretestato nume
tu non vi siedi.

Non piú perfusi del tuo fiume sacro
menano i tori, vittime orgogliose,   110
trofei romani a i templi aviti: Roma
piú non trionfa.

Piú non trionfa, poi che un galileo
di rosse chiome il Campidoglio ascese,
gittolle in braccio una sua croce, e disse   115
«Portala, e servi.»

Fuggîr le ninfe a piangere ne' fiumi
occulte e dentro i cortici materni,
od ululando dileguaron come
nuvole a i monti,   120

quando una strana compagnia, tra i bianchi
templi spogliati e i colonnati infranti,
procedé lenta, in neri sacchi avvolta,
litanïando,

Mit wallenden Schleiern angetan tauchten hoch empor
die blauen Najaden und in der Abendstille
riefen laut sie die braunen Schwestern   95
von den Bergen,

und Reigen im herableuchtenden Mondschein
tanzten sie, fröhlich singend im Chor
vom ewigen Janus und von der großen Liebe, die ihn bezwang,
zu Camesena.   100

Er vom Himmel einer, erdgeborene, kräftige Jungfrau
sie; das Lager war der dampfende Apennin:
Die Wolken verhüllten die mächtige Umarmung – und es entstand
das italische Geschlecht.

Still ist es nun ringsum, verlassener Clitumnus,   105
überall Stille: Von deinen geschmückten Heiligtümern verbleibt dir
nur eines, doch drinnen sitzest du nicht
als Gottheit mit der Toga.

Nicht mehr führen die Stiere, die von deiner weihenden
Strömung umspielten, die stolzen Opfertiere,   110
Roms Siegesbeute zu den Tempeln der Ahnen: Rom
triumphiert nicht mehr.

Es triumphiert nicht mehr, seitdem ein Galiläer
mit rotem Haar zum Kapitol emporstieg,
ein Kreuz von sich ihm in die Arme warf und sprach: 115
„Trag es und diene."

Es flohen die Nymphen, um in den Flüssen, in den mütterlichen
Rinden im verborgenen zu weinen,
oder sie stoben aufheulend auseinander
wie Gewölk empor zu den Höhen,   120

als eine seltsame Sippschaft inmitten der beraubten
weißen Tempel und der zerschmetterten Säulenreihen
langsam daherschritt, in schwarze Säcke gehüllt,
Litaneien singend,

e sovra i campi del lavoro umano 125
sonanti e i clivi memori d' impero
fece deserto, et il deserto disse
regno di Dio.

Strappâr le turbe a i santi aratri, a i vecchi
padri aspettanti, a le fiorenti mogli; 130
ovunque il divo sol benedicea,
maledicenti.

Maledicenti a l' opre de la vita
e de l' amore, ei deliraro atroci
congiugnimenti di dolor con Dio 135
su rupi e in grotte:

discesero ebri di dissolvimento
a le cittadi, e in ridde paurose
al crocefisso supplicarono, empi,
d' essere abietti. 140

Salve, o serena de l' Ilisso in riva,
o intera e dritta a i lidi almi del Tebro
anima umana; i foschi dí passaro,
risorgi e regna.

E tu, pia madre di giovenchi invitti 145
a franger glebe e rintegrar maggesi,
e d' annitrenti in guerra aspri polledri
Italia madre,

madre di biade e viti e leggi eterne
ed inclite arti a raddolcir la vita, 150
salve! a te i canti de l' antica lode
io rinnovello.

Plaudono i monti al carme e i boschi e l' acque
de l' Umbria verde: in faccia a noi fumando
ed anelando nuove industrie in corsa 155
fischia il vapore.

und die von menschlicher Arbeit [fröhlich]   125
widerhallenden Gefilde und die der Herrschaft eingedenken Hänge
zur Einöd machte und die Einöd nannte
‚Reich Gottes'.

Fort rissen sie die Menge von den heiligen Pflügen, den greisen
wartenden Eltern, den blühenden Gattinnen;   130
was auch die göttliche Sonne mit ihrem Segen gedeihen ließ,
verwünschten sie.

Verwünschend das Werk des Lebens
und der Liebe, ersannen sie in ihrem Wahn grausige
Vereinigung mit Gott durch Schmerz   135
auf Felsen und in Höhlen:

Trunken von Selbstvernichtung stiegen sie
zu den Städten nieder und in schauerlichen Reigen
erflehten vom Gekreuzigten sie, die Frevler,
Erniedrigung.   140

Heil dir, Menschenseele, du am Ilissosufer heitere,
du an den segenspendenden Ufern des Tiber unversehrte
und aufrechte! Vorüber sind die Tage der Finsternis;
stehe auf und herrsche!

Und du, gütige Mutter der beim Brechen der Scholle und   145
beim Umpflügen des Brachfeldes unübertrefflichen Rinder
und kriegstüchtiger wiehernder Fohlen,
Mutter Italien,

Mutter der Saat und der Rebe und ewiger Gesetze
und ruhmvoller lebensversüßender Fertigkeiten,   150
Heil dir! Dir singe ich wieder das Lied
uralter Lobpreisung.

Beifall spenden die Berge dem Lied und die Wälder und Wasser
des grünenden Umbriens: An uns vorüber eilt qualmend
und keuchend neuen Gewerben entgegen   155
mit schrillem Pfiff der Dampfzug.

Giosuè Carducci

Traversando la maremma toscana

Dolce paese, onde portai conforme
l' abito fiero e lo sdegnoso canto
e il petto ov' odio e amor mai non s' addorme,
pur ti riveggo, e il cuor mi balza in tanto.

Ben riconosco in te le usate forme   5
con gli occhi incerti tra 'l sorriso e il pianto,
e in quelle seguo de' miei sogni l' orme
erranti dietro il giovenile incanto.

Oh, quel che amai, quel che sognai, fu in vano;
e sempre corsi, e mai non giunsi il fine;   10
e dimani cadrò. Ma di lontano

pace dicono al cuor le tue colline
con le nebbie sfumanti e il verde piano
ridente ne le pioggie mattutine.

GIOSUÈ CARDUCCI

Auf der Fahrt durch die toskanische Maremma

Freundliches Land, von dem ich, ihm gleichend,
das ungestüme Wesen und den zornmütigen Gesang empfing
und die Brust, in der Haß und Liebe nie entschlummern,
[nun] seh ich dich doch wieder, und darum hüpft mir das Herz.

Gut erkenne ich in dir die altgewohnten Stätten wieder   5
mit Augen, die zwischen Lächeln und Weinen schwanken,
und dort gehe ich den Spuren meiner Träume nach,
die hinter dem Gaukelwerk der Jugend einherirrten.

Ach, was ich auch liebte, was ich erträumte, vergebens war's;
und immer lief ich und nie kam ich ans Ziel;   10
und morgen werde ich niedersinken. Doch von ferne

spenden Frieden dem Herzen deine Hügel
mit ihren verrauchenden Nebeln und die
im morgendlichen Regenguß lachende grüne Flur.

Giovanni Fattori, *Der Ochsenkarren.*

EMILIO PRAGA

I re magi
A mia madre

I bei vegliardi dallo scettro d' oro
che per la neve, sotto il ciel sereno,
sostar sommessi alla mia porta udìa,
la notte della santa Epifanìa,
o son morti di freddo, o son malati,   5
nei paesi del sole,
i bei vegliardi dallo scettro d' oro!

Quando la mia scarpetta in sul verone
tutta avvizzita facea la rugiada,
e tu madre, domestica regina,   10
la colmavi di doni alla mattina,
io ricciuto avea il crin, candida l' alma,
e ogni alba che venìa
di giornate regali il don mi offrìa.

Un giovin Sire senza scettro d' oro,   15
ma cui nutrian d' aromi e terra e cielo,
e una corte di sogni e di speranze
complimentava fra beate stanze,
era in quei giorni io stesso:
io che il perduto imper sospiro adesso!   20

I bei vegliardi dallo scettro d' oro
che per la neve, sotto il ciel sereno,
sostar sommessi alla mia porta udìa,
la notte della santa Epifanìa,
o son morti di freddo o son malati   25
nei paesi del Sole,
i bei vegliardi dallo scettro d' oro!

Die heiligen drei Könige
Meiner Mutter

Die schönen ehrwürdigen Alten mit dem goldnen Zepter,
die ich im Schnee, unter dem klaren Himmel,
sachte verweilen hörte vor meiner Tür
in der heiligen Dreikönigsnacht,
sind entweder vor Kälte gestorben oder sie liegen krank darnieder   5
in den Ländern der [aufgehenden] Sonne,
die schönen ehrwürdigen Alten mit dem goldnen Zepter!

Als [noch] mein Schühchen auf dem Balkon
der Tau ganz mürbe machte
und du, Mutter, häusliche Königin,   10
es am Morgen mit Gaben anhäuftest,
hatte ich lockiges Haar, die Seele blütenweiß,
und jeder Morgen, der anbrach,
brachte mir königliche Tage zum Geschenk.

Ein junger König, [zwar] ohne goldnes Zepter,   15
den aber Himmel und Erde mit Wohlgerüchen nährten
und dem eine Höflingsschar von Träumen und Hoffnungen
in seligen Gemächern schmeichelte,
war in jenen Tagen ich selber:
ich, der ich jetzt seufze über mein verlorenes Reich!   20

Die schönen ehrwürdigen Alten mit dem goldnen Zepter,
die ich im Schnee, unter dem klaren Himmel,
sachte verweilen hörte vor meiner Tür
in der heiligen Dreikönigsnacht,
sind entweder vor Kälte gestorben oder sie liegen krank darnieder   25
in den Ländern der [aufgehenden] Sonne,
die schönen ehrwürdigen Alten mit dem goldnen Zepter!

Un organetto suona per la via,
la mia finestra è aperta e vien la sera,
sale dai campi alla stanzuccia mia
un alito gentil di primavera.

Non so perchè mi tremino i ginocchi,   5
non so perchè mi salga il pianto agli occhi.

Ecco, io chino la testa in sulla mano,
e penso a te che sei così lontano.

LORENZO STECCHETTI

Auf der Straße spielt ein Leierkasten;
mein Fenster steht offen, Abend wird 's,
von den Feldern her dringt in mein Zimmerchen
ein feiner Hauch von Frühling.

Ich weiß nicht, warum ich so ein Zittern in den Knien habe,   5
ich weiß nicht, warum mir Tränen in die Augen kommen.

Auf einmal stütze ich den Kopf in die Hand
und denke an dich, die du so fern bist.

Giorgio Morandi, *Die weiße Straße*.

GIOVANNI PASCOLI

Il libro

I

Sopra il leggìo di quercia è nell' altana,
aperto, il libro. Quella quercia ancora,
esercitata dalla tramontana,

viveva nella sua selva sonora;
e quel libro era antico. Eccolo: aperto,   5
sembra che ascolti il tarlo che lavora.

E sembra ch' uno (donde mai? non, certo,
dal tremulo uscio, cui tentenna il vento
delle montagne e il vento del deserto,

sorti d' un tratto . . .) sia venuto, e lento   10
sfogli – se n' ode il crepitar leggiero –
le carte. E l' uomo non vedo io: lo sento,

invisibile, là, come il pensiero . . .

II

Un uomo è là, che sfoglia dalla prima
carta all' estrema, rapido, e pian piano   15
va, dall' estrema, a ritrovar la prima.

E poi nell' ira del cercar suo vano
volta i fragili fogli a venti, a trenta,
a cento, con l' impazïente mano.

E poi li volge a uno a uno, lenta-   20
mente, esitando; ma via via più forte,
più presto, i fogli contro i fogli avventa.

GIOVANNI PASCOLI

Das Buch

I

Auf dem Lesepult aus Eichenholz liegt auf der Altane,
offen, das Buch. Jene Eiche stand noch,
vom Nordwind geschüttelt,

im rauschenden Wald,
da war das Buch [schon] uralt. Da liegt es: offen,   5
als lausche es dem Holzwurm, der dort bohrt.

Und es ist, als wäre da einer gekommen (woher eigentlich? sicher nicht
von der pendelnden Tür her, die der Wind
der Berge und der Wind der Wüste hin und her bewegen,

die sich plötzlich erhoben . . .), und es ist, als wende er   10
langsam – man hört ihr leises Rascheln –
die Blätter. Aber den Menschen sehe ich nicht: ich höre ihn [nur],

dort, unsichtbar wie der Gedanke . . .

II

Da steht ein Mensch, der von der ersten
Seite bis zur letzten umblättert, schnell, und [dann] ganz sachte   15
von der letzten her die erste sucht.

Dann: im Ungestüm seines vergeblichen Suchens
wendet er die brüchigen Blätter zu zwanzig, zu dreißig,
zu hundert, mit ungeduldiger Hand.

Dann wendet er sie eines ums andere, lang-   20
sam, zögernd; allmählich aber immer fester,
immer schneller, wirft er Blatt gegen Blatt.

Sosta . . . Trovò? Non gemono le porte
più, tutto oscilla in un silenzio austero.
Legge? . . . Un istante; e volta le contorte   25

pagine, e torna ad inseguire il vero.

III

E sfoglia ancora; al vespro, che da nere
nubi rosseggia; tra un errar di tuoni,
tra un alïare come di chimere.

E sfoglia ancora, mentre i padiglioni   30
tumidi al vento l' ombra tende, e viene
con le deserte costellazïoni

la sacra notte. Ancora e sempre: bene
io n' odo il crepito arido tra canti
lunghi nel cielo come di sirene.   35

Sempre. Io lo sento, tra le voci erranti,
invisibile, là, come il pensiero,
che sfoglia, avanti indietro, indietro avanti,

sotto le stelle, il libro del mistero.

Hält inne ... Hat er 's? Nicht mehr knarren die Türflügel,
alles zittert in feierlicher Stille.

Liest er? ... Einen Augenblick; dann wendet er die abgegriffenen   25

Seiten und beginnt wieder mit der Suche nach der Wahrheit.

III

Und blättert immer noch; am Abend, der rötlich
gegen schwarze Wolken leuchtet; bei schweifendem Donnergrollen,
bei einem Flügelrauschen wie von Chimären.

Und blättert immer noch, während der Abendschatten   30
seine im Wind geschwellten Zelte spannt und
mit ihren vereinsamten Gestirnen heraufzieht

die weihevolle Nacht. Immer noch und ewig: gut
höre ich das dürre Rascheln heraus aus im Himmel
langanhaltenden Gesängen wie von Sirenen.   35

Ewig. Ich höre ihn, im irrenden Stimmengewirr,
dort, unsichtbar wie der Gedanke,
wie er blättert, vorwärts, zurück, zurück und vorwärts,

unter den Sternen, im Buch der Rätsel.

Giovanni Pascoli

La mia sera

Il giorno fu pieno di lampi;
ma ora verranno le stelle,
le tacite stelle. Nei campi
c' è un breve *gre gre* di ranelle.
Le tremule foglie dei pioppi   5
trascorre una gioia leggiera.
Nel giorno, che lampi! che scoppi!
Che pace, la sera!

Si devono aprire le stelle
nel cielo sì tenero e vivo.   10
Là, presso le allegre ranelle,
singhiozza monotono un rivo.
Di tutto quel cupo tumulto,
di tutta quell' aspra bufera,
non resta che un dolce singulto   15
nell' umida sera.

È, quella infinita tempesta,
finita in un rivo canoro.
Dei fulmini fragili restano
cirri di porpora e d' oro.   20
O stanco dolore, riposa!
La nube nel giorno più nera
fu quella che vedo più rosa
nell' ultima sera.

Che voli di rondini intorno!   25
che gridi nell' aria serena!
La fame del povero giorno
prolunga la garrula cena.
La parte, sì piccola, i nidi
nel giorno non l' ebbero intera.   30
Né io . . . e che voli, che gridi,
mia limpida sera!

GIOVANNI PASCOLI

Mein Abend

Der Tag war voller Blitze;
jetzt aber werden die Sterne kommen,
die schweigsamen Sterne. Über den Feldern
liegt ein abgehacktes *quack, quack* von Fröschen.
Die zittrigen Blätter der Pappeln   5
durchschauert eine leise Freude.
Am Tag, welch ein Blitzen! welch ein Krachen!
Welcher Friede, am Abend!

[Jetzt] müssen die Sterne [bald] aufgehen,
im Himmel, der so zart [gefärbt] und leuchtend.   10
Dort, bei den munteren Fröschen,
schluchzt eintönig ein Bach.
Von all dem dumpfen Getöse,
von all dem heftigen Sturme
bleibt nur ein sanftes Glucksen   15
im dunstigen Abend.

Jenes endlose Unwetter hat schließlich
geendet als ein murmelnder Bach.
Von den zuckenden Blitzen bleiben
Federwolken aus Purpur und Gold.   20
Müder Schmerz, ach, leg dich!
Die bei Tage schwärzeste Wolke
war jene, die ich [jetzt] am rosigsten sehe
im sich neigenden Abend.

Welch ein Fliegen von Schwalben ringsum!   25
welch ein Gezwitscher im heiteren Äther!
Der Hunger vom kärglichen Tage
verlängert das lärmende Mahl.
Ihren Anteil, [wenn er auch noch] so klein, bekamen
am Tag die Nester nicht ganz.   30
Auch ich nicht . . . und doch welch Geflatter, welch Zwitschern,
du mein klarer Abend!

Don ... Don ... E mi dicono, Dormi!
mi cantano, Dormi! sussurrano,
Dormi! bisbigliano, Dormi!   35
là, voci di tenebra azzurra ...
Mi sembrano canti di culla,
che fanno ch' io torni com' era ...
sentivo mia madre ... poi nulla ...
sul far della sera.   40

Bim ... bam ... Und sie sagen mir: „Schlafe!",
sie singen mir: „Schlafe!", sie murmeln:
„Schlafe!", sie wispern: „Schlafe!",   35
von dort her Stimmen blauer Dunkelheit ...
Mir kommen sie vor wie Wiegenlieder,
die machen, daß ich wieder werde, was einst ich war ...
meine Mutter hörte ich [noch] ... dann nichts mehr ...
beim Nahen des Abends.   40

La lodola

Vidi sovente in mio cammin le rote
nere del falco meditante il salto
a piombo; e un' eco pure udii di note
lievi, più in alto.

Nell' alto, dove sia libero e solo,   5
getti non vista dalla via ch'io calco,
lodola, il canto; ben più su d' un volo
nero di falco.

In mio cammino nubi pesar grevi
sentii come su corpo morto velo   10
funebre; e un' eco pur udii di lievi
note, più in cielo.

Nel cielo, dove sia solo e sincero,
il canto inalzi, ove non è chi rubi,
lodola, il sole; ben più su d' un nero   15
volo di nubi.

Un inno sempre, un inno, nel cammino
della mia vita, puro agile e forte,
sopra il dolore, più su del destino,
oltre la morte!   20

GIOVANNI PASCOLI

Die Lerche

Oft sah ich auf meinem Wege die schwarzen
Kreise des Falken, der den Sturzflug
erwägt; und doch hörte ich auch den Schall heiterer
Klänge, mehr in der Höhe.

In der Höhe, wo es frei und allein sein kann,   5
schmetterst du, unsichtbar von dem Pfad aus, den ich schreite,
Lerche, dein Lied; viel weiter oben als der schwarze
Flug eines Falken.

Auf meinem Wege fühlte ich Gewölk schwer
auf mir lasten wie auf einem toten Körper   10
das Leichentuch; und dennoch vernahm ich den Schall heiterer
Klänge, weiter oben im Himmel.

Im Himmel, wo es allein und echt sein kann,
läßt du dein Lied erschallen, Lerche, wo niemand da ist, der
die Sonne wegnehmen könnte; viel weiter oben als der schwarze   15
Zug der Wolken.

Ein Hymnus immer, ein Hymnus, auf meinem
Lebenswege, rein, behende und stark,
über dem Schmerz, weiter oben als das Schicksal,
dem Tode entrückt!   20

O falce di luna calante
che brilli su l' acque deserte,
o falce d' argento, qual mèsse di sogni
ondeggia al tuo mite chiarore qua giù!

Aneliti brevi di foglie,   5
sospiri di fiori dal bosco
esalano al mare: non canto non grido
non suono pe 'l vasto silenzïo va.

Oppresso d' amor, di piacere,
il popol de' vivi s' addorme . . .   10
O falce calante, qual mèsse di sogni
ondeggia al tuo mite chiarore qua giù!

O Sichel abnehmenden Mondes,
die du auf den einsamen Wassern funkelst;
Silbersichel, welch Ernte an Träumen
wogt bei deinem sanften Scheine hienieden!

Sachtes Atmen der Blätter,   5
Seufzer der Blumen im Walde
verhauchen zum Meer hin: kein Lied, kein Ruf,
kein Ton zieht durch die weite Stille.

Ermattet von Liebe, von Lust,
entschlummert der Lebenden Volk . . .   10
Abnehmende Sichel, welch Ernte an Träumen
wogt bei deinem sanften Scheine hienieden!

GABRIELE D'ANNUNZIO

La pioggia nel pineto

Taci. Su le soglie
del bosco non odo
parole che dici
umane; ma odo
parole più nuove   5
che parlano gocciole e foglie
lontane.
Ascolta. Piove
dalle nuvole sparse.
Piove su le tamerici   10
salmastre ed arse,
piove su i pini
scagliosi ed irti,
piove su i mirti
divini,   15
su le ginestre fulgenti
di fiori accolti,
su i ginepri folti
di coccole aulenti,
piove su i nostri volti   20
silvani,
piove su le nostre mani
ignude,
su i nostri vestimenti
leggieri,   25
su i freschi pensieri
che l' anima schiude
novella,
su la favola bella
che ieri   30
t' illuse, che oggi m' illude,
o Ermione.

Odi? La pioggia cade
su la solitaria
verdura   35
con un crepitìo che dura

GABRIELE D'ANNUNZIO

Regen im Pinienwald

Schweig. An der Schwelle
des Waldes höre ich nicht
die Worte, die du sagst,
die menschlichen; sondern ich höre
neuartigere Worte,   5
welche die Tropfen und Blätter sprechen,
ferne.
Horch. Es regnet
aus dem verstreuten Gewölk.
Es regnet auf die salzigen und verbrannten   10
Tamarisken,
es regnet auf die schuppigen und borstigen
Pinien,
es regnet auf die göttlichen
Myrten,   15
auf die leuchtenden Ginsterbüsche
mit ihren gedrängten Blüten,
auf die Wacholderstauden, dicht
mit duftenden Beeren [besetzt],
es regnet auf unsere waldhaften   20
Gesichter,
es regnet auf unsere bloßen
Hände,
auf unsere leichte
Gewandung,   25
auf die frischen Gedanken,
die die junge Seele
freigibt,
auf die schöne Mär,
die gestern   30
dich täuschte, die heute mich täuscht,
o Hermione.

Hörst du? Der Regen fällt
auf das einsame
Grün   35
mit einem Prasseln, das anhält,

163

e varia nell' aria
secondo le fronde
più rade, men rade.
Ascolta. Risponde   40
al pianto il canto
delle cicale
che il pianto australe
non impaura,
né il ciel cinerino.   45
E il pino
ha un suono, e il mirto
altro suono, e il ginepro
altro ancóra, stromenti
diversi   50
sotto innumerevoli dita.
E immersi
noi siam nello spirto
silvestre,
d' arborea vita viventi;   55
e il tuo volto ebro
è molle di pioggia
come una foglia,
e le tue chiome
auliscono come   60
le chiare ginestre,
o creatura terrestre
che hai nome
Ermione.

Ascolta, ascolta. L 'accordo   65
delle aeree cicale
a poco a poco
più sordo
si fa sotto il pianto
che cresce;   70
ma un canto vi si mesce
più roco
che di laggiù sale,
dall' umida ombra remota.
Più sordo e più fioco   75
s' allenta, si spegne.

164

und ist in der Luft ungleich [stark]
je nach dem Laubwerk,
das mal dichter, mal dünner.
Horch. Es antwortet   40
dem Klagen der Gesang
der Zikaden,
welche das Klagen des Südwinds
nicht erschreckt
noch der aschgraue Himmel.   45
Und die Pinie
gibt einen Ton, und die Myrte
einen anderen Ton, und der Wacholder
wieder einen andern, verschiedenartige
Instrumente   50
unter unzähligen Fingern.
Und eingetaucht
sind wir in den Geist
des Waldes,
baumhaftes Leben lebend;   55
und dein trunkenes Antlitz
ist weich vom Regen
wie ein Blatt,
und deine Haare
duften wie   60
der helle Ginster,
o Erdengeschöpf
mit Namen
Ermione.

Horch, horch. Der Einklang   65
der luftigen Zikaden
wird nach und nach
gedämpfter
unter dem Klagen [des Regens],
das zunimmt;   70
aber ein Gesang mischt sich da ein,
heiserer,
der von dort drüben heraufkommt
aus dem feuchten, entlegenen Schatten.
Gedämpfter und schwächer wird er,   75
läßt nach, verstummt.

Sola una nota
ancor trema, si spegne,
risorge, trema, si spegne.
Non s' ode voce del mare.   80
Or s' ode su tutta la fronda
crosciare
l' argentea pioggia
che monda,
il croscio che varia   85
secondo la fronda
più folta, men folta.
Ascolta.
La figlia dell' aria
è muta; ma la figlia   90
del limo lontana,
la rana,
canta nell' ombra più fonda,
chi sa dove, chi sa dove!
E piove su le tue ciglia,   95
Ermione.

Piove su le tue ciglia nere
sì che par tu pianga
ma di piacere; non bianca
ma quasi fatta virente,   100
par da scorza tu esca.
E tutta la vita è in noi fresca
aulente,
il cuor nel petto è come pèsca
intatta,   105
tra le pàlpebre gli occhi
son come polle tra l' erbe,
i denti negli alvèoli
son come mandorle acerbe.
E andiam di fratta in fratta,   110
or congiunti or disciolti
(e il verde vigor rude
ci allaccia i mallèoli
c' intrica i ginocchi)
chi sa dove, chi sa dove!   115
E piove su i nostri volti

166

Nur eine Note
zittert nach, verstummt,
erhebt sich wieder, zittert, verstummt.
Nicht hört man die Stimme des Meeres.   80
Nun hört man auf all dem Laube
rauschen
den silbernen Regen,
der reinigt,
das Rauschen, das ungleich,   85
je nach dem Laub,
das mal dichter, mal dünner.
Horch.
Die Tochter der Luft
ist verstummt; aber das Kind   90
des Schlamms in weiterer Ferne,
der Frosch,
singt im tieferen Schatten [sein Lied],
wer weiß wo, wer weiß wo!
Und es regnet auf deine Wimpern,   95
Hermione.

Es regnet auf deine schwarzen Wimpern,
so daß es scheint, du weinst,
aber vor Lust; nicht bleich,
sondern fast grünend siehst du aus,   100
als schältest du dich aus einer Borke.
Und all das Leben ist in uns frisch,
duftig,
das Herz in der Brust ist wie ein unversehrter
Pfirsich,   105
zwischen den Lidern die Augen
sind wie Wasseradern im Grase,
die Zähne in ihren Höhlen
sind [geformt] wie bittere Mandeln.
Und wir gehen von Dickicht zu Dickicht,   110
bald vereint, bald gelöst
(und die rohe Kraft des Grüns
umschlingt unsere Knöchel,
fesselt unsere Knie),
wer weiß wohin, wer weiß wohin!   115
Und es regnet auf unsere

silvani,
piove su le nostre mani
ignude,
su i nostri vestimenti 120
leggieri,
su i freschi pensieri
che l' anima schiude
novella,
su la favola bella 125
che ieri
m' illuse, che oggi t' illude,
o Ermione.

waldhaften Gesichter,
es regnet auf unsere bloßen
Hände,
auf unsere leichte 120
Gewandung,
auf die frischen Gedanken,
die die junge Seele
freigibt,
auf die schöne Mär, 125
die gestern
mich täuschte, die heute dich täuscht,
o Hermione.

ARDENGO SOFFICI

Crocicchio

Dissolversi nella cipria dell' ordinotte.
Con l' improvviso clamore dell' elettricità, del gas, dell' acetilene e delle
    altre luci
fiorite nelle vetrine,
alle finestre e nell' aereoplano del firmamento!
Le scarpe che trascinano gocciole di diamanti e d' oro lungo i marciapiedi   5
    primaverili,
come le bocche e gli occhi
di tutte queste donne pazze d' isterie solitarie;
le automobili venute di pertutto;
le carrozze reali e i tramvai in un squittio d' uccelli mitragliati.

– Nous n' avons plus d' amour que pour nous-mêmes, enfin –.   10

«È proibito parlare al manovratore».

Oh, nuotare come un pesce innamorato che beve smeraldi
fra questa rete di profumi e di bengala!

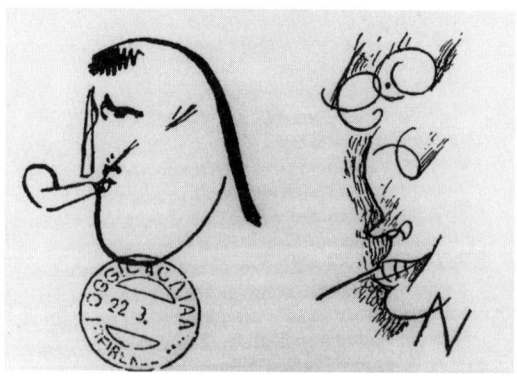

Karikaturen einiger Futuristen.

170

ARDENGO SOFFICI

Straßenkreuzung

Sich auflösen im Gesichtspuder der Abenddämmerung.
Mit dem plötzlichen Lärm der Elektrizität, des Gaslichts, des Azetylens
   und der anderen Lichter,
die in den Schaufenstern aufgeblüht sind,
an den Fenstern und im Flugzeug des Firmaments!
Die Schuhe, die Tropfen von Diamanten und Gold an den frühlingshaften   5
   Trottoirs entlangziehen,
wie die Münder und die Augen
all dieser Frauen, die vor einsamen Hysterien toll sind;
die Automobile, die von überall her gekommen sind;
die königlichen Kutschen und die Trambahnen in einem
   Gezwitscher von Machinengewehren beschossener Vögel.

– Wir empfinden nur noch Liebe für uns selber, na ja –.   10

„Es ist verboten, mit dem Straßenbahnführer zu sprechen."

Ach, schwimmen wie ein verliebter Fisch, der Smaragde schlürft
in diesem Netz von Parfums und Feuerwerk!

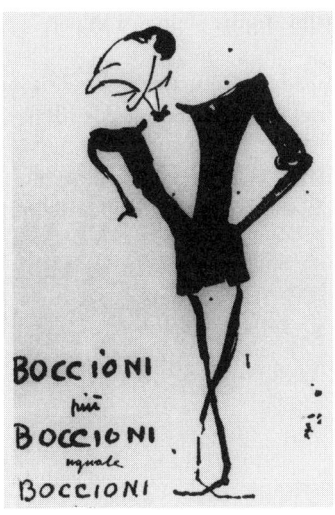

171

GUIDO GOZZANO

L'amica di Nonna Speranza

28 giugno 1850
«... alla sua Speranza
la sua Carlotta ...»
(dall' album: dedica d' una fotografia)

I

Loreto impagliato ed il busto d' Alfieri, di Napoleone
i fiori in cornice (le buone cose di pessimo gusto),

il caminetto un po' tetro, le scatole senza confetti,
i frutti di marmo protetti dalle campane di vetro,

un qualche raro balocco, gli scrigni fatte di valve,   5
gli oggetti col monito *salve, ricordo*, le noci di cocco,

Venezia ritratta a musaici, gli acquarelli un po' scialbi,
le stampe, i cofani, gli albi dipinti d' anemoni arcaici,

le tele di Massimo d' Azeglio, le miniature,
i dagherottipi: figure sognanti in perplessità,   10

il gran lampadario vetusto che pende a mezzo il salone
e immilla nel quarzo le buone cose di pessimo gusto,

il cúcu dell' ore che canta, le sedie parate a damasco
chèrmisi ... rinasco, rinasco del mille ottocento cinquanta!

GUIDO GOZZANO

Die Freundin von Großmutter Esperance

28. Juni 1850
„... ihrer Esperance
von ihrer Charlotte"
(aus dem Poesiealbum: Widmung einer Photographie)

I

Der ausgestopfte [Papagei] Loreto und die Büsten von Alfieri, von
Napoleon,
gerahmte Blumen (die guten, ach so geschmacklosen Sachen),

der eher schaurige Kamin, die Schachteln ohne Konfekt,
die Früchte aus Marmor unter einem Glassturz,

hie und da ein paar Nippsachen, die muschelbesetzten Schmuckkästchen,   5
die Stücke mit der Aufschrift *salve, Andenken,* die Kokosnüsse,

Venedig in Mosaik abgebildet, die etwas vergilbten Aquarelle,
die Stiche, die Döschen, die mit altertümlichen Anemonen bemalten
Alben,

die Ölgemälde von Massimo d' Azeglio, die Miniaturen,
die Daguerreotypien: Gestalten, die verlegen träumen,   10

der große altmodische Kronleuchter, der mitten im Salon hängt
und in seinem Kristall die guten, ach so geschmacklosen Sachen
vertausendfacht,

der Kuckuck, der die Stunden ausruft, die mit karmesinrotem Damast
bezogenen Sessel ... ich werde wiedergeboren, und zwar im Jahre 1850!

I fratellini alla sala quest' oggi non possono accedere   15
che cauti (hanno tolte le federe ai mobili. È giorno di gala).

Ma quelli v' irrompono in frotta. È giunta, è giunta in vacanza
la grande sorella Speranza con la compagna Carlotta!

Ha diciassett' anni la Nonna! Carlotta quasi lo stesso:
da poco hanno avuto il permesso d' aggiungere un cerchio alla gonna,   20

il cerchio ampissimo increspa la gonna a rose turchine.
Piú snella da la crinoline emerge la vita di vespa.

Entrambe hanno un scialle ad arance a fiori a uccelli a ghirlande
divisi i capelli in due bande scendenti a mezzo le guancie.

Han fatto l' esame piú egregio di tutta la classe. Che affanno   25
passato terribile! Hanno lasciato per sempre il collegio.

Silenzio, bambini! Le amiche – bambini, fate pian piano! –
le amiche provano al piano un fascio di musiche antiche.

Motivi un poco artefatti nel secentismo fronzuto
di Arcangelo del Leúto e d' Alessandro Scarlatti.   30

Innamorati dispersi, gementi il *core* e l' *augello*,
languori del Giordanello in dolci brutissimi versi:

II

Die kleinen Geschwister dürfen heute nur ganz sachte in den Saal   15
kommen
(man hat die Bezüge von den Möbeln genommen. Heute ist
Empfangstag).

Die aber kommen drängelnd hereingestürzt. Sie ist gekommen, für die
Ferien
gekommen, die große Schwester Esperance mit ihrer Schulkameradin
Charlotte!

Siebzehn Jahre ist die Großmutter alt! Charlotte ist fast ebenso alt:
Vor kurzem haben sie erst die Erlaubnis erhalten, einen Reif in den Rock   20
einzuziehen;

der sehr weite Reif macht den mit dunkelblauen Rosen [gemusterten]
Rock bauschig.
Schlanker erhebt sich aus der Krinoline die Wespentaille.

Beide tragen einen Schal mit Apfelsinen, Blumen, Vögeln und Girlanden;
die in der Mitte gescheitelten Haare ziehen sich breit halb über die
Wangen herab.

Sie haben von allen in der Klasse die Prüfung am besten bestanden. Welch   25
eine schreckliche
Aufregung war das doch! Nun haben sie das Pensionat für immer
verlassen.

Still, Kinder! Die Freundinnen – Kinder, seid leise! –
die Freundinnen üben am Klavier aus einem Stoß uralter Noten.

Etwas verkünstelte Weisen im krausen Barockstil
eines Arcangelo del Leuto und eines Alessandro Scarlatti.   30

Getrennte Liebende, die vom *Herzen* und *Vöglein* seufzen,
Schmachten des Giordanello in süßen gräßlichsten Versen:

. . . .

... caro mio ben
credimi almen!
senza di te   35
languisce il cor!
Il tuo fedel
sospira ognor,
cessa crudel
tanto rigor!   40

. . . .

Carlotta canta. Speranza suona. Dolce e fiorita
si schiude alla breve romanza di mille promesse la vita.

O musica! Lieve sussurro! E già nell' animo ascoso
d' ognuna sorride lo sposo promesso: il Principe Azzurro,

lo sposo dei sogni sognati . . . O margherite in collegio   45
sfogliate per sortilegio sui teneri versi del Prati!

III

Giungeva lo Zio, signore virtuoso, di molto riguardo,
ligio al passato, al Lombardo-Veneto, all' Imperatore;

giungeva la Zia, ben degna consorte, molto dabbene,
ligia al passato, sebbene amante del Re di Sardegna . . .   50

«Baciate la mano alli Zii!» – dicevano il Babbo e la Mamma
e alzavano il volto di fiamma ai piccolini restii.

«E questa è l' amica in vacanza: madamigella Carlotta
Capenna: l' alunna piú dotta, l' amica piú cara a Speranza».

. . . .
,... mein teures Lieb,
glaube mir doch!
Ohne dich   35
verschmachtet mein Herz!
Dein Getreuer
seufzt unentwegt [nach dir],
laß ab, Grausame,
von so viel Strenge!'   40
. . . .

Charlotte singt, Esperance spielt. Wonnig und blütenreich
tut sich beim Klang der kurzen Romanze das Leben in tausend
Verheißungen auf.

Musik! Sanftes Säuseln! Und schon lächelt im Herzinnersten
einer jeden der Verlobte: der Blaue Prinz,

der Bräutigam ihrer Träume ... Ach, die Gänseblümchen im Pensionat,   45
die als Orakel zerpflückt wurden über Pratis zärtlichen Versen!

III

[Dann] kam der Onkel, ein wohlanständiger, gar gewichtiger Herr,
der sehr am Vergangenen hing, an [der Herrschaft der Österreicher in]
    der Lombardei und Venetien, dem Kaiser ergeben;

[dann] kam [auch] die Tante, die seiner wohl würdige Gemahlin, aus sehr
    gutem Hause,
die sehr am Vergangenen hing, wenn sie auch die Geliebte des Königs von   50
    Sardinien ...

„Küßt dem Onkel, der Tante die Hand!", sagten Papa und Mama
und schoben die erötenden Gesichter der widerstrebenden Kinder
    nach oben.

„Und dies ist die Freundin, die in den Ferien hier ist: Mademoiselle
    Charlotte
Capenna, die gelehrteste Schülerin und die Freundin, die Esperance am
    liebsten hat".

177

«Ma bene ... ma bene ... ma bene ...» – diceva gesuitico e tardo   55
lo Zio di molto riguardo – «... ma bene ... ma bene ... ma bene ...

Capenna? Conobbi un Arturo Capenna ... Capenna ... Capenna ...
Sicuro! Alla Corte di Vienna! Sicuro ... sicuro ... sicuro ...»

«Gradiscono un po' di moscato?» «Signora Sorella magari ...»
E con un sorriso pacato sedevano in bei conversari.   60

«... ma la Brambilla non seppe ...» – «È pingue già per l' *Ernani* ...»
«La Scala non ha piú soprani ...» – «Che vena quel Verdi ... Giuseppe»

«... nel Marzo avremo un lavoro alla Fenice, m' han detto,
nuovissimo: il *Rigoletto*. Si parla d' un capolavoro».

«... Azzurri si portano o grigi?» – «E questi orecchini? Che bei   65
rubini! E questi cammei ...» – «la gran novità di Parigi ...»

«... Radetzky? Ma che? L' armistizio ... la pace, la pace che regna ...»
«... quel giovine Re di Sardegna è uomo di molto giudizio!»

«È certo uno spirito insonne, e forte e vigile e scaltro ...»
«È bello?» – «Non bello: tutt' altro». – «Gli piacciono molto le donne ...»   70

«Speranza!» (chinavansi piano, in tono un po' sibillino)
«Carlotta! Scendete in giardino: andate a giocare al volano!»

„Schön, schön ... schön, schön ... schön, schön", sagte jesuitenhaft und   55
bedächtig
der gar gewichtige Onkel, „schön, schön ... schön, schön ... schön,
schön ...

Capenna? Ich habe einen Arturo Capenna gekannt. Capenna ...
Capenna ...
Freilich! am Wiener Hof! Freilich ... freilich ... freilich ..."

„Geruhen Sie, etwas Muskateller zu nehmen?" – „Frau Schwester, wenn
es genehm ..."
Und mit friedlichem Lächeln saßen sie in schönen Gesprächen.   60

„... aber die Brambilla verstand es nicht ..." – „Sie ist schon zu stark für
Ernani ..."
„Die Scala hat keine Soprane mehr ..." – „Wie fruchtbar dieser Verdi ...
Giuseppe."

„... im März werden wir, wie man mir sagt, ein ganz neues Stück in der
Fenice
sehen: den *Rigoletto*. Man erzählt sich, es sei ein Meisterwerk."

„... Trägt man sie hellblau oder grau?" – „Und diese Ohrringe? Was für   65
schöne
Rubine! Und diese Kameen ..." – „die große Pariser Neuheit ..."

„... Radetzky? Aber woher denn? Jetzt wo Waffenstillstand ... Friede, ja
Friede ist ..."
„... und dieser junge König von Sardinien ist ein sehr vernünftiger
Mann!"

„Sicher ist er ein rastloser Geist und stark und wachsam und
schlau ..."
„Ist er schön?" – „Keineswegs: alles andere eher." – „Er mag die Frauen   70
sehr gern ..."

„Esperance!" (sie neigten sich sanft und [sprachen] in etwas
geheimnisvollem Ton),
„Charlotte! Geht in den Garten hinunter: geht Federball spielen!"

179

Allora le amiche serene lasciavano con un perfetto
inchino di molto rispetto gli Zii molto dabbene.

IV

Oimè! che giocando un volano, troppo respinto all' assalto,   75
non piú ridiscese dall' alto dei rami d' un ippocastano!

S' inchinano sui balaustri le amiche e guardano il lago
sognando l' amore presago nei loro bei sogni trilustri.

«Ah! se tu vedessi che bei denti!» – «Quant' anni?...» – «Ventotto».
«Poeta?» – «Frequenta il salotto della contessa Maffei!»   80

Non vuole morire, non langue il giorno. S' accende piú ancora
di porpora: come un' aurora stigmatizzata di sangue;

si spegne infine, ma lento. I monti s' abbrunano in coro:
il Sole si sveste dell' oro, la Luna si veste d' argento.

Romantica Luna fra un nimbo leggiero, che baci le chiome   85
dei pioppi, arcata siccome un sopracciglio di bimbo,

il sogno di tutto un passato nella tua curva s' accampa:
non sorta sei da una stampa del *Novelliere Illustrato?*

Vedesti le case deserte di Parisina la bella?
Non forse non forse sei quella amata dal giovine Werther?   90

«... mah! Sogni di là da venire!» – «Il Lago s' è fatto piú denso
di stelle» – «... che pensi?» – «... Non penso». – «... Ti piacerebbe
morire?»

Da verließen die Freundinnen mit ungetrübter Miene und einem
vollendeten, sehr
ehrfurchtsvollen Knicks den gar wohlanständigen Onkel und die Tante.

IV

O weh, beim Spiel ist ein Federball zu hoch hinaufgeschleudert worden   75
und nicht mehr aus den Zweigen einer Roßkastanie
heruntergekommen!

Es beugen sich über die Brüstung die Freundinnen und schauen auf den
See,
träumen von Liebe, die sie in ihren schönen Mädchenträumen erahnen.

„Ach, wenn du wüßtest, was [er] für schöne Zähne [hat]!" – „Wie alt?" –
„Achtundzwanzig."
„Ein Dichter?" – „Er verkehrt im Salon der Gräfin Maffei!"   80

Der Tag will nicht sterben, aber er wird auch nicht matter. Noch stärker
purpurn
entflammt er: wie eine Morgenröte mit Wundmalen aus Blut;

schließlich erlischt er, aber langsam. Die Berge ringsum werden dunkel:
Die Sonne legt ihr Gold ab, der Mond kleidet sich in Silber.

Du romantischer Mond in dünnem Hof, der du die Haare der Pappeln   85
küßt, der du geschwungen bist wie die Brauen eines Kindes,

der Traum einer ganzen Vergangenheit birgt sich in deiner Krümmung:
Bist du nicht einem Bild aus dem *Novelliere Illustrato* entstiegen?

Hast du das verlasse Heim der schönen Parisina gesehen?
Bist du nicht vielleicht der gleiche, den der junge Werther einst liebte?   90

„. . . nun ja! Das sind Träume, die erst in Erfüllung gehen müssen!" –
„Der See ist nun dichter
mit Sternen besät." – „. . . Was denkst du?" – „. . . überhaupt nichts." –
„. . . Möchtest du gern sterben?"

181

«Sí!» – «Pare che il cielo riveli piú stelle nell' acqua e piú lustri.
Inchínati sui balaustri: sognamo cosí, tra due cieli ...»

«Son come sospesa! Mi libro nell' alto ...» – «Conosce Mazzini ...»   95
– «E l' ami? ...» – «Che versi divini!» – «Fu lui a donarmi quel libro,

ricordi? che narra siccome, amando senza fortuna,
un tale si uccida per una, per una che aveva il mio nome».

V

Carlotta! nome non fine, ma dolce che come l' essenze
resusciti le diligenze, lo scialle, la crinoline ...   100

Amica di Nonna, conosco le aiole per ove leggesti
i casi di Jacopo mesti nel tenero libro del Foscolo.

Ti fisso nell' albo con tanta tristezza, ov' è di tuo pugno
la data: *ventotto di giugno del mille ottocentocinquanta.*

Stai come rapita in un cantico: lo sguardo al cielo profondo   105
e l' indice al labbro, secondo l' atteggiamento romantico.

Quel giorno – malinconia – vestivi un abito rosa,
per farti – novissima cosa! – ritrarre in *fotografia* ...

Ma te non rivedo nel fiore, amica di Nonna! Ove sei
o sola che, forse, potrei amare, amare d' amore?   110

182

„Ja!" – „Es kommt mir so vor, wie wenn der Himmel im Wasser mehr
Sterne enthüllte und mehr glänzte.
Über die Brüstung gebeugt träumen wir so zwischen zwei Himmeln ..."

„Ich bin wie in der Schwebe! Ich fliege in die Höhe ..." – „Er kennt   95
Mazzini ..." –
„Und liebst du ihn?..." – „Welch göttliche Verse!" – „Er hat mir das Buch
da geschenkt,

weißt du noch? das davon erzählt, wie einer, der unglücklich liebte,
wegen einer sich das Leben genommen hat, wegen einer, die genauso hieß
wie ich."

V

Charlotte! Kein vornehmer Name, aber süß; wie die Duftstoffe
rufst du ins Gedächtnis zurück die Postkutschen, den Schal, die   100
Krinoline ...

Großmutters Freundin, ich kenne die Beete, zwischen denen du
vom traurigen Schicksal Jacopos lasest in Foscolos zartfühligem Buche.

Ich sehe dich voller Trauer im Album an, wo von deiner Hand
das Datum steht: *den achtundzwanzigsten Juni achtzehnhundertfünfzig.*

Du stehst da wie in hymnischer Verzückung: den Blick in die Tiefe des   105
Himmels gerichtet,
den Zeigefinger an der Lippe, wie es die romantische Haltung
verlangte.

An jenem Tage – schwermütig wird mir's ... – trugst du ein rosa Kleid,
um dich – welche Neuheit! – auf der *Photographie* abbilden zu lassen ...

Doch dich sehe ich nicht wieder in deiner Blüte, Großmutters Freundin!
Wo bist du,
du einzige, die ich vielleicht lieben könnte, von Herzen lieben könnte?   110

183

Umberto Saba

Città vecchia

Spesso, per ritornare alla mia casa
prendo un' oscura via di città vecchia.
Giallo in qualche pozzanghera si specchia
qualche fanale, e affollata è la strada.

Qui tra la gente che viene che va   5
dall' osteria alla casa o al lupanare,
dove son merci ed uomini il detrito
di un gran porto di mare,
io ritrovo, passando, l' infinito
nell' umiltà.   10
Qui prostituta e marinaio, il vecchio
che bestemmia, la femmina che bega,
il dragone che siede alla bottega
del friggitore,
la tumultuante giovane impazzita   15
d' amore,
sono tutte creature della vita
e del dolore;
s' agita in esse, come in me, il Signore.

Qui degli umili sento in compagnia   20
il mio pensiero farsi
piú puro dove piú turpe è la via.

Umberto Saba

In der Altstadt

Oft, um heimzukehren in mein Haus,
schlage ich den Weg durch eine dunkle Gasse der Altstadt ein.
Gelb spiegelt sich in mancher Pfütze
hie und da eine Laterne, und auf der Straße ist ein Gedränge.

Hier unter den Leuten, die kommen und gehen   5
von der Kneipe nach Hause oder ins Bordell,
wo Waren und Menschen der Abfall
eines großen Meerhafens sind,
finde ich, im Vorbeigehen, die Unendlichkeit
in der Geringheit wieder.   10
Hier sind die Dirne und der Matrose, der Alte,
der flucht, die Frau, die zetert,
der Dragoner, der beim Laden
des Bratkochs sitzt,
die lärmende junge Frau, die   15
liebestoll ist,
alle Geschöpfe des Lebens
und des Leidens;
in ihnen rührt sich, wie in mir, der Herrgott.

Hier, in der Gesellschaft der Geringen spüre ich,   20
wie meine Gedanken
um so reiner werden, je garstiger der Weg ist.

SERGIO CORAZZINI

Dialogo di marionette
per André Noufflard

– Perché, mia piccola regina,
mi fate morire di freddo?
Il re dorme, potrei, quasi,
cantarvi una canzone,
ché non udrebbe! Oh, fatemi   5
salire sul balcone!
– Mio grazioso amico,
il balcone è di cartapesta,
non ci sopporterebbe!
Volete farmi morire   10
senza testa?
– Oh, piccola regina, sciogliete
i lunghi capelli d' oro!
– Poeta! non vedete
che i miei capelli sono   15
di stoppa?
– Oh, perdonate!
– Perdono.
– Cosí?
– Cosí . . .?   20
– Non mi dite una parola,
io morirò . . .
– Come? per questa sola
ragione?
– Siete ironica . . . addio!   25
– Vi sembra?
– Oh, non avete rimpianti
per l' ultimo nostro convegno
nella foresta di cartone?
– Io non ricordo, mio   30
dolce amore . . . Ve ne andate . . .
Per sempre? Oh, come
vorrei piangere! Ma che posso farci
se il mio piccolo cuore
è di legno?   35

SERGIO CORAZZINI

Marionetten-Dialog
für André Noufflard

„Warum, meine kleine Königin,
laßt Ihr mich vor Kälte sterben?
Der König schläft; fast könnte ich
Euch ein Lied vorsingen,
denn er würde es nicht hören! Ach, laßt mich doch   5
auf den Balkon hinaufkommen!"
„Mein reizender Freund,
der Balkon ist aus Pappmaché,
er würde uns nicht tragen!
Wollt Ihr denn, daß mir der Kopf abgeht   10
und ich [so] sterbe?"
„Ach, kleine Königin, löst doch
Eure langen Goldhaare!"
„Ach, [Ihr] Dichter! Seht Ihr [denn] nicht,
daß meine Haare   15
aus Werg sind?"
„O verzeiht!"
„Ich verzeihe."
„Ja, und?"
„Und was . . .?"   20
„Ihr sprecht kein Wort mit mir,
ich werde sterben . . ."
„Nanu? Bloß wegen
dem?"
„Ihr seid ironisch . . . Lebt wohl!"   25
„Meint Ihr?"
„Ach, sehnt Ihr Euch denn gar nicht
nach unserem letzten Stelldichein
im Wald aus Pappe?"
„Ich kann mich nicht erinnern, mein   30
süßer Geliebter . . . Ihr geht . . .
Auf immer? Ach, wie
ich weinen möchte! Aber was kann ich dafür,
daß mein kleines Herz
aus Holz ist?"   35

La fontana malata

Clof, clop, cloch,
cloffete,
cloppete,
clocchete,
chchch ...   5
È giú,
nel cortile,
la povera
fontana
malata;   10
che spasimo!
sentirla
tossire.
Tossisce,
tossisce,   15
un poco
si tace ...
di nuovo
tossisce.
Mia povera   20
fontana,
il male
che hai
il cuore
mi preme.   25
Si tace,
non getta
piú nulla.
Si tace,
non s' ode   30
romore
di sorta,
che forse ...
che forse
sia morta?   35
Orrore!
Ah! no.

ALDO PALAZZESCHI

Der kranke Brunnen

Clof, clop, cloch,
cloffete,
cloppete,
clocchete,
chchch ...   5
Es ist unten
im Hof
der arme
kranke
Brunnen;   10
welch eine Qual,
ihn husten
zu hören!
Er hustet,
er hustet,   15
eine Weile
ist er still ...
und hustet
wieder.
Mein armer   20
Brunnen,
das Leiden,
das du hast,
drückt mir
das Herz ab.   25
Er ist still,
er sprudelt
nichts mehr hervor.
Er ist still,
man hört   30
keinerlei
Geräusch mehr,
ob er vielleicht ...
ob er vielleicht
gar tot ist?   35
O Graus!
Ach, nein doch!

Rieccola,
ancora
tossisce. 40
Clof, clop, cloch,
cloffete,
cloppete,
clocchete,
chchch ... 45
La tisi
l' uccide.
Dio santo,
quel suo
eterno 50
tossire
mi fa
morire,
un poco
va bene, 55
ma tanto ...
Che lagno!
Ma Habel!
Vittoria!
Andate, 60
correte,
chiudete
la fonte,
mi uccide
quel suo 65
eterno
tossire!
Andate,
mettete
qualcosa 70
per farla
finire,
magari ...
magari
morire. 75
Madonna!
Gesú!
Non piú!

Da ist er wieder,
wieder
hustet er.   40
Clof, clop, cloch,
cloffete,
cloppete,
clocchete,
chchch . . .   45
Die Schwindsucht
bringt ihn um.
Mein Gott,
dieses
ewige   50
Gehuste
bringt mich
ins Grab;
ein bißchen
laß ich mir schon gefallen,   55
aber so viel . . .
Welch ein Klagen!
He, Habel!
Viktoria!
Geht doch,   60
lauft,
dreht
den Brunnen ab,
er bringt mich um
mit seinem   65
ewigen
Gehuste!
Geht,
tut
etwas hin,   70
damit er
aufhört,
ja, von mir aus . . .
von mir aus,
daß er stirbt.   75
Heilige Mutter Gottes!
Herr Jesus!
Nicht mehr!

Non piú.
Mia povera   80
fontana,
col male
che hai,
finisci
vedrai,   85
che uccidi
me pure.
Clof, clop, cloch,
cloffete,
cloppete,   90
clocchete,
chchch ...

Nicht mehr.
Mein armer   80
Brunnen,
du wirst sehen,
mit dem Leiden,
das du hast,
wirst du mich   85
schließlich
auch noch umbringen.
Clof, clop, cloch,
cloffete,
cloppete,   90
clocchete,
chchch ...

LUCIANO FOLGORE

Arrivi in nero

Da dove? Sera senza lumi;
non faccie, non mani,
soltanto forme opache
che arrivano al buio
e si disciolgono nella tenebra,   5
dileguando.
Dietro i vetri della mia fenestra,
solo.
Non riconoscere alcuno.
Perdere il senso della carne e dell' anima,   10
pensare l' umanità tutta a fantocci
di legno nero, in cammino.
Oh! uno spiraglio di luce laggiù
cancellato quasi dalla pioggia!
Aspetto l' uscita di qualche cosa di chiaro.   15
Sì, ecco . . . ma è nero pur esso
uguale a quello ch' è già passato.
Inutilità.
Voce primaverile di un bimbo
che còmpita la sua infanzia,   20
sull' abecedario tutto figure
e parole semplici,
nella stanza accanto.
Ma è di là dal muro,
molto di là.   25
Stupor di me stesso.
Ignota sento ogni cosa, oscura.
Fuori notte e pioggia.
Dentro i miei sensi:
specchi neri   30
per riflettervi immagini, voci, forme
che non posso riconoscere.

LUCIANO FOLGORE

Begegnungen in Schwarz

Woher? Abend ohne Lichter;
keine Gesichter, keine Hände,
nur matte Gestalten,
die im Dunkel daherkommen
und sich in der Finsternis auflösen,   5
indem sie entschwinden.
Hinter den Scheiben meines Fensters,
allein.
Niemanden erkennen.
Die Empfindung für Fleischlichkeit und Seele verlieren,   10
sich eine Menschheit vorstellen aus lauter Hampelmännern
aus schwarzem Holz, die herumlaufen.
Ach! ein Lichtschimmer dort drüben,
vom Regen fast ausgelöscht!
Ich warte auf das Herauskommen von irgend etwas Hellem.   15
Ja, da ... aber das ist auch schwarz,
gleich dem, das schon vorbei ist.
Zwecklosigkeit.
Frühlingshafte Stimme eines Kindes,
das seine Kindheit erzählt,   20
nach der Fibel, die ganz Bilder
und einfache Worte ist,
im Zimmer nebenan.
Aber es ist auf der anderen Seite der Wand,
weit weg.   25
Staunen über mich selbst.
Unbekannt kommen mir alle Dinge vor, dunkel.
Draußen Nacht und Regen.
Drinnen meine Sinne:
schwarze Spiegel,   30
um darin Bilder, Stimmen, Gestalten zu reflektieren,
die ich nicht wiedererkennen kann.

GIUSEPPE UNGARETTI

Risvegli

Ogni mio momento
io l' ho vissuto
un' altra volta
in un' epoca fonda
fuori di me   5

Sono lontano colla mia memoria
dietro a quelle vite perse

Mi desto in un bagno
di care cose consuete
sorpreso   10
e raddolcito

Rincorro le nuvole
che si sciolgono dolcemente
cogli occhi attenti
e mi rammento   15
di qualche amico
morto

Ma Dio cos' è?

E la creatura
atterrita   20
sbarra gli occhi
e accoglie
gocciole di stelle
e la pianura muta

E si sente   25
riavere

Giuseppe Ungaretti

Erwachen

Jeden Augenblick
habe ich schon
früher einmal erlebt
zu einer Zeit in der Tiefe
außer mir   5

Ich bin weit mit meiner Erinnerung
hinter jenen verlorenen Leben

Ich erwache in einem Bade
von teuren gewohnten Dingen
erstaunt   10
und besänftigt

Ich jage den Wolken
die sich sanft auflösen
mit aufmerksamen Blicken nach
und entsinne mich   15
an manchen toten
Freund

Aber was ist Gott?

Und die erschreckte
Kreatur   20
reißt die Augen auf
und empfängt
Tropfen von Gestirnen
und die stumme Ebene

Und fühlt   25
wie sie wieder zu sich kommt

GIUSEPPE UNGARETTI

Preludio

Magica luna, tanto sei consunta
Che, rompendo il silenzio,
Poggi sui vecchi lecci dell' altura,
Un velo lubrico.

GIUSEPPE UNGARETTI

Präludium

Magischer Mond, du bist so sehr geschwunden,
Daß du, die Stille durchbrechend,
Auf die alten Steineichen der Anhöhe
Einen durchsichtigen Schleier legst.

Portami il girasole ch' io lo trapianti
nel mio terreno bruciato dal salino,
e mostri tutto il giorno agli azzurri specchianti
del cielo l' ansietà del suo volto giallino.

Tendono alla chiarità le cose oscure,   5
si esauriscono i corpi in un fluire
di tinte: queste in musiche. Svanire
è dunque la ventura delle venture.

Portami tu la pianta che conduce
dove sorgono bionde trasparenze   10
e vapora la vita quale essenza;
portami il girasole impazzito di luce.

Bring mir die Sonnenblume, damit ich sie umpflanze
in mein vom Salz verbranntes Erdreich
und sie den ganzen Tag lang der spiegelnden Bläue
des Himmels die ängstliche Sehnsucht ihres gelblichen Antlitzes zeige.

Es streben nach Helligkeit die dunklen Dinge,   5
die Körper erschöpfen sich in einem Fließen
von Farbtönen – [und] diese in Musik. Vergehen
ist also das allergrößte Glückserlebnis.

Bring mir du die Pflanze, die dorthin führt,
wo hell schimmernde Durchsichtigkeiten aufsteigen   10
und das Leben wie eine Essenz dampft;
bring mir die Sonnenblume, die toll ist vor Licht.

Renato Guttuso, *Sommer.*

Anhang

Dichterbiographien und Kommentare

FRIEDRICH VON HOHENSTAUFEN (geboren 26. 12. 1194 in Jesi; gestorben 13. 12. 1250 auf der Burg Ferentino bei Foggia): Sohn Kaiser Heinrichs VI. und Königin Konstanzes von Sizilien; Kaiserkrönung (Friedrich II.) in Rom 1220. Der weitblickende Förderer der Wissenschaften und Künste, dessen Hof in Palermo ein geistiges Zentrum von wegweisender Bedeutung war, gilt als Initiator der *Sizilianischen Dichterschule (scuola poetica siciliana)*, mit der die eigentliche Kunstdichtung in Italien einsetzte (nach der zuvor lehrhaften und religiösen Dichtung): Sprachlich und formgeschichtlich bestimmend für die Entwicklung der italienischen Lyrik bediente sich diese höfische Minnedichtung im Stil der nach dem Albigenserkrieg aus Südfrankreich vertriebenen provenzalischen Troubadours erstmals der einheimischen (sizilianischen) Volkssprache – freilich ohne Verzicht auf die traditionellen Übernahmen aus dem Provenzalischen und Lateinischen – und schuf in *Kanzone* und *Sonett* Grundformen der italienischen Dichtung. Dem etwa 1220–1250 tätigen Kreis gehörten neben dem Kaiser und seinen Söhnen Enzio (Heinz) und Manfred z. B. hohe Staatsbeamte wie Giacomo da Lentini und Pier della Vigna, Guido delle Colonne, Rinaldo d'Aquino und Giacomino Pugliese an. Die Bezeichnung der Schule als *sizilianisch* (obwohl sich ihr auch Dichter aus anderen Gegenden Italiens angeschlossen hatten) geht auf Dantes Abhandlung *De vulgari eloquentia* zurück.

Friedrich verband das volkstümliche Motiv des Abschieds- (bzw. Scheide-)lieds, das er hier der Frau in den Mund legte, mit der höfischen Liebe (Minne), die aus der Rede des Mannes spricht; die Ergebenheit der Frau (Str. IV) entspricht nicht der strengen höfischen Liebesauffassung. Für diese dialogisch komponierte Kanzone ist auch eine Musiknotation überliefert.

Die aus dem altprov. Minnelied hervorgegangene *canzone* war die kunstvollste Form der altit. Lyrik. Die Kanzonenstrophe besteht aus dem in zwei Stollen (*piedi*) mit sich wiederholender Melodie gegliederten Aufgesang (*fronte*), dem der noch bis Petrarca ebenfalls zweigeteilte Abgesang (*sirima*) folgt. Text: Muscetta – Rivalta, S. 31–32.

1 *dolze* (prov. *dolz*) = dolce; siz. *meo* = mio; *drudo* (prov. *drut*) „Geliebter" (neuit.: „Buhle"); südit. *vaténe* = tosk. *váttene*. **2** siz. *acomanno* = tosk. *accomando*. **3** alttosk. *mene* (= *me*): durch den tosk. Schreiber eingeführt (statt siz. *meve*). **4** *tapina* (zu prov. *tapin*) „arm"; *rimanno* = rimango. **5** *lassa* (zu prov. *las*) „müde, unglücklich". **7** *guerire*: nach prov. Vorbild intransitiv konstruiert. **8** *membrandome*: prov. *membrar* „sich erinnern, nachdenken". **9** *ten* = te ne. **10** altit. *lo* = tosk. *il*. **11** *di cio*: wörtl.: „von dem"; altit. *disiai* = desiderai. **12** *il* (= Akkusativ *lo*) *mi tol* = me lo toglie. **15** *biasmomi* = mi lamento. **16** *diparte*: prov. *departir* „zerteilen". **17** siz. *dolcie* = dolce; altit. *gire* = andare. **18** *volontate* = volontà. **19** *convene* = conviene. **20** *in potestate* = in suo potere. **23** altit. *ca* = ché. **24** *falseragio* (prov. *falsar* „ablassen von"): 1. Pers. Singular Futur (siz. Futurbildung aus der Verbindung des Infinitivs mit lat. *habeo*). **25** *tene* = *tiene*. **26** *hami* = *mi ha*. **27** *avene*: zu prov. *avenir* „schicklich sein". **28** prov. *falsia* = *falsità*. **29** *rimembranza* (prov. *remembransa*) = *ricordo*. **30** *no mi agiate* = *non abbiatemi*; altsiz. *obria* (entlehnt von prov. *oblida*) = *oblio*. **31** *balia* = *potere*. **32** *disianza* = *amore*. **34** *tenore* (Ableitung von prov. *tener* „zurückhalten") = *indugio*. **37** *innamoranza* = *fascino*. **38** siz. *piaciri* (prov. *plazer* auch „Dienst, Gefälligkeit") = *piaceri*. **40** *leanza* (prov. *liansa*) = *lealtà* „Gefolgschaftstreue"; der Geliebte ist der Lehensmann der Geliebten und an sie durch die gleiche Treue gebunden wie der Lehensmann an den Lehensherrn.

GIACOMO DA LENTINI (geboren zu unbekannter Zeit in Lentini; gestorben an unbekanntem Ort vor 1250). Der Notar Friedrichs II. war der fruchtbarste und angesehenste Poet der Sizilianischen Dichterschule, weshalb ihn Dante in der *Divina Commedia* zur Kennzeichnung dieses Kreises nennt und in der Abhandlung *De vulgari eloquentia* die Eleganz seiner Sprache rühmt. Wie die Dichter dieser Gruppe auch z. B. die metrische Form der Kanzone von den Provenzalen übernahmen, entwickelte Giacomo aus der provenzalischen Einzelstrophe (*cobla esparsa*) die für die spätere italienische Dichtung so charakteristische Form des Sonetts (*sonetto*) aus zwei vierzeiligen Strophen (*le quartine*), denen zwei dreizeilige (*le terzine*) folgen.

Die Schreibung der zugrunde gelegten wissenschaftlichen Ausgabe (Monaci – Arese, S. 86–87) wurde hier gemäß den gängigen Textausgaben modernisiert. In Str. I und II Wortspiel mit *spera* als Substantiv **(1)** bzw. Verbform **(3, 5, 7)**: **3** bzw. **5** *spera*: „[wider]strahlt", „spiegelt" bzw. „strahlt"; *fere* (neuit. *ferisce*) = *colpisce*; **7** *non spera* „nicht hofft", d. h. unversehens. **2** bzw. **8** *parte* (= *partisce*) bzw. *diparte* (zu prov. *departir*) = *spezza*. **2** siz. *lo* = tosk. *il*. **5** *laove* = là *dove*. **10** altsiz. *feruta* = *ferita*; *aprende* = *apprende*. **11** altsiz. *foco* (= *fuoco*), *for* (= *fuori*); *pare* = *appare*. **13** *arte* (prov. *art*) „List". **14** tosk. Nebenform *pare* = *pari*.

RINALDO D'AQUINO (erste Hälfte des 13. Jahrhunderts geboren in Montella). Obwohl nähere Lebensumstände unbekannt sind, könnte er mit einem gleichnamigen Falkner Friedrichs II. identifiziert werden. Dante nennt in *De vulgari eloquentia* auch eine Kanzone Rinaldos als Beispiel für die Schönheit der Sprache des sizilianischen Dichterkreises.

Die Kanzone – ein Scheidelied, in dem die Frau die heimliche Abreise des Geliebten beklagt, – wurde wohl anläßlich des 5. Kreuzzugs (1228–1229) verfaßt. Die Schreibung der zugrunde gelegten Ausgabe (Monaci – Arese, S. 115–116) wurde hier modernisiert. **2** *voglio*: mit futurischem Sinn. **3** *giute*: zu altit. *gire* „gehen". **4** *colare*: prov. *colar* „die Segel hissen". **5** *vassene* = *se ne va*; *gente* (prov. *gent*) „artig, hübsch". **6** das Heilige Land. **7** prov. *oi* = it. *o*; prov. *lassa* „unglückliche". **8** *como* = *come*;

siz. *degio* = *devo*. **9** *contrata*: prov. *contrada* „Gegend, Land". **10** *mi* = *a me*. **11** *rimagno* = *rimango*. **12** tosk. *sospire* = *sospiri*. **14** und **62** prov. *la dia* = *il giorno*. **15–16** volkstümliche Redensart. **19** *guarda*: zu prov. *gardar* „beschützen"; siz. *meo* = *mio*. **20** *dipartisti*: zu prov. *departir* „trennen". **21** *oit* = *oi*. **22** und **38** Synonymendopplung; *dottata* zu prov. *doptar* „fürchten". **23** tosk. apokop. *mi'* = *mio*. **24** und **40** *raccomandata* statt syntaktisch korrekt *raccomandato*: durch den Zusammenhang (Anruf der *alta potestate*) bedingte Konstruktion (*constructio a sensu*) zur Intensivierung der Aussage. **25** Substantiv *gente*: die Kreuzfahrer, die die Fahrt für ihr Seelenheil unternehmen. **26** und **35** *face* = *fa*. **28** *vale*: zu prov. *valer* „helfen, nützen". **30** *ài* = *hai*. **31** prov. *tapina* „arme". **32** die Aussage verstärkende Synonymendopplung. **33** *'mperadore*: Friedrich II. **36** altit. *spene* = *speranza*. **37–40** refrainartig wiederholter Anruf (vgl. v. 21–24). **41** und **43** südit.-siz. *pigliao* (= tosk. *pigliò*), *amao* (= tosk. *amò*). **45–47** Umschreibung der Liebesqualen. **46** *presgionia* = *prigione*. **48** und **64** *vita*: geläufige Anrede oder Metapher für den Geliebten. **49** *sono a le colle*: vgl. *colare* (v. 4). **52** *v'* (= *vi*) „dorthin" (das Heilige Land); *à* (= *ha*) *andare*: altit. getrenntes Futur (Infinitiv mit konjugierter Form von *avere*), hier mit Nebensinn der Notwendigkeit. **54** *le*: ergänze *navi*; siz. Imperativ *conduce* = *conduci*. **57** siz. *priego* = *prego*; *Dolcetto*: Name eines fiktiven Spielmanns bzw. einschmeichelnde Anrede des Dichters selbst, den die Verlassene bittet, ihre Klage in Verse zu fassen. **59** *faci* = *faccia*; *sonetto*: nach prov. Vorbild allgemein „Lied, Gedicht" (nicht in der gattungsspezifischen it. Bedeutung „Sonett"). **61** südit.-siz. *abentare* „ruhen". **64** *istà* = *sta*.

CHIARO DAVANZATI (geboren im 13. Jahrhundert; in Florenz gestorben).
Da zwei Teilnehmer gleichen Namens an der Schlacht von Montaperti 1260 zwischen den Guelfen von Florenz und den Ghibellinen von Siena historisch nachgewiesen und weitere spärliche Hinweise der Quellen nicht sicher zuzuordnen sind, bleibt fraglich, ob der Dichter mit dem im Bezirk von Santa Maria sopr' Arno wohnhaften, 1280 verstorbenen Chiaro zu identifizieren ist oder mit jenem Chiaro Davanzati Banbakei von San Frediano, der 1294 als «capitano di Or San Michele» genannt wurde und 1303/1304 verstarb. Jedenfalls gehörte er der sikulotoskanischen Richtung zwischen der *scuola siciliana* und dem *dolce stil nuovo* an, die den höf.-siz. Stil nach dem Untergang der Hohenstaufen in der zweiten Hälfte des 13. Jahrhunderts in der Toskana weiter pflegten; dieser Gruppe sind auch z. B. Guittone d' Arezzo, der bedeutendste Dichter aus der Zeit vor dem *dolce stil nuovo*, Bonagiunta Orbicciani und Dante da Maiano zuzurechnen.
Wie Guinizelli war Davanzati ein Schüler Guittones, des einstigen Stadtkämmerers von Arezzo und späteren Ordensbruders und Mitbegründers des Florentiner Klosters von S. Maria degli Angeli, der nach provenzalischem Muster den *commiato* (das „Geleit" des dt. Minnesangs), worin sich der Dichter verabschiedet, als besonders geformte Schlußstrophe der Kanzone zu einem üblichen (aber nicht regelmäßigen) Bestandteil auch der it. Kanzone ausgebildet hatte.
Davanzati zeichnete sich weniger durch poetische Kunst als durch die thematische Vielfalt seiner Kanzonen und Sonette aus: Der Liebeslyrik im höfischen Stil

gab er eine neuartige Wendung, indem er die läuternde Kraft der engelhaften Schönheit der Geliebten pries; er war der wichtigste Vertreter der damals verbreiteten „Florentiner Stadtdichtung" und seine politischen und moralisierenden Gedichte wirkten durch die anspruchslose, aber aufrichtige Gedankenführung und die schlichte, eingängige Sprache.

Die Kanzone entstand 1267 anläßlich der Ernennung Karls von Anjou zum Podestà von Florenz. Die Schreibung der wissenschaftlichen Textausgabe (Monaci – Arese, S. 299–301), die den diplomatischen Abdruck der einzigen Handschrift bietet, wurde hier zur sprachgeschichtlichen Veranschaulichung exemplarisch beibehalten (nur schwierige Schreibungen werden einzeln erklärt). **1** altit. *terra* „Stadt". **2** *piagienza = piacere.* **3** *de l'altre*: altit. Trennung von Präposition und Artikel, die für die Dichtersprache charakteristisch bleibt. **4** *à = ha; savere = sapere.* **5** *Roma*: nach der im frühen 14. Jahrhundert in Villanis *Nuova cronica* erzählten Sage wurde Florenz von den Römern erbaut und nach Ritter Fiorino, der hier als Befehlshaber gegen das etruskische Fiesole gefallen war, benannt; dann unter Karl d. Großen auf Beschluß des röm. Senats nach den Einfällen der Hunnen und Goten wieder aufgebaut und mit Römern bevölkert. **7** *lucie* „Erleuchtung". **8** siz. *lo = tosk. il.* **9** *im = in; seguenza = seguito.* **11** *gientili*: prov. *gentil* „Edelmann"; alttosk. *rasgioni = regioni.* **12** alttosk. *fuoro = furono.* **13** altit. *baronia* „Würde, Ehre". **16** *sei baroni*: sechs Patrizier als Vorsteher der sechs Stadtteile (*sestieri*). **17** *chura* (= *cura*): tosk. Aspiration der Gutturallaute (die jeweiligen Wörter werden im folgenden nicht mehr einzeln erwähnt). **18** höf.-siz. *ver* „nach, bei". **19** *fighura* „Heiligenbild" : Johannes d. Täufer ist der Stadtpatron. **20** *fiore* (in Anspielung auf den Namen der Stadt) *de la giente*: die Römer. **21** *convenente*: nach altfrz. *convenant* „Vertragsbedingung, Satzung". **22** *Leo*: laut Villani zog man beim Wiederaufbau von Florenz die Astrologen zu Rate; der Löwe ist auch das Wappentier (*il Marzocco*; bekannteste Darstellung ist Donatellos Skulptur, um 1420). **24** höf.-siz. *piacimento* „Anmut"; alttosk. *orata = onorata.* **25** *aira = aria.* **26** prov. *abondosa = abbondante.* **27** prov. *amorosa = amorevole.* **30** *franchitate = libertà*: Anspielung auf die demokratische Verfassung von 1250 (il Primo Popolo). **31** *ò = ho; viltate = viltà.* **33** tosk. *fedalate = fedeltà* (hier in der Bedeutung des mittelalterlichen Rechts: „Lehensdienst"): nach der Schlacht bei Benevent 1266 bekamen die Guelfen die Oberhand, Karl von Anjou wurde Podestà von Florenz (bis 1278). **34** altit. *rio portare = cattivo comportamento.* **35** *nom = non.* **36** *basitate = bassezza.* **38–39** höf.-siz. *presgio, francheza, gientileza*: die Begriffe der höf. Liebe werden auf das als Frau personifizierte Florenz übertragen. **41** altit. *partte = fazione.* **43** *nom posso*: das in der Handschrift eingeschobene *nom* (durch Vorwegnahme des in v. 44 folgenden *né*) ist ein unlogischer und sinnstörender Schreibfehler; mundartl. *sforita* (= *sfiorita*) Wortspiel mit *Fiorenza.* **44** *ragionare*: prov. *razonar* „erklären, darlegen". **45** *s' adomilia = s'umilia.* **47** *ài = hai.* **48** alttosk. *disorata = disonorata; aunita* zu prov. *aunir* „mit Schande bedecken". **50** *schiavonia = schiavitù.* **51** *l' uno*: nach der Schlacht von Montaperti waren in Florenz die Ghibellinen zur Macht gelangt; *donata = data.*

53 *l' altro*: die Guelfen (vgl. v. 33); tosk. *sengnore = signore*. **54** *doneralgli = gli darai; fio* (prov. *feu*) *= tributo*. **56** höf.-siz. *merzé = grazia*. **57** *moltiprichato = moltiplicato*. **58–60** volkstümliche statt latinis. Formen: *asto = astio, avariza = avarizia*; nach prov. Muster *losura = lussuria*. **59** *talento*: prov. *talen* „Gesinnung"; prov. *pigreza = prigrizia*. **61** *pemsamento* (prov. *pensamen*) *= pensiero*. **62** prov. *usura = profitto*. **63** *ànno = hanno*. **64** d. h. sie fahren fort in ihrer Schlechtigkeit; tosk. *siegueno = seguono*. **65** tosk. *li picioli* (= *i piccoli*) *= il popolo minuto; li mezani = la borghesia*. **66** d. h. sie heucheln; altit. *fora = fuori*. **67** volkstüml. *contrado = contrario; lavora*: Imperativ.

GUIDO GUINIZELLI (geboren zwischen 1230/1240 in Bologna; gestorben 1276 in Monsélice).

Der Jurist aus ghibellinischer Adelsfamilie wurde 1274 aus seiner Heimatstadt verbannt und starb im Exil. Den besonders der Liebeslyrik zugewandten Dichter (wie Davanzati ein Schüler Guittones d' Arezzo) rühmte Dante Alighieri in seinen Schriften *Il convivio* und *De vulgari eloquentia* als geistige und poetische Autorität und feierte ihn in der *Divina Commedia* als Schöpfer des *dolce stil nuovo*: Dieser durch Dante (*Divina Commedia, Purgatorio* XXIV, 52–54) so benannte „süße neue Stil", der auf die sikulo-toskanische Dichtung folgte, entfernte sich vom Einfluß der provenzalischen Poesie und erreichte in der Lyrik Dantes seine ideelle und formale Vollendung. Guinizelli preist nun die vornehme Gesinnung als Voraussetzung der echten Minne, d. h., eine neuartige Auffassung der Minne stellt den Adel des Herzens über den der Geburt. Ethischer Anspruch und sensibleres Erleben drücken sich auch im Ideal sprachlicher Anmut aus. Bedeutende Mitglieder des Stilnovisten-Kreises um Dante waren außer Guido Cavalcanti auch Cino da Pistoia, Lapo Gianni, Gianni Alfani und Dino Frescobaldi.

Die berühmte Kanzone legt dieses neuartige Element der Minne dar. Gedankengang: Str. I: Veranschaulichung der Wesensgleichheit von Liebe und vornehmer Gesinnung an drei Vergleichen aus der Natur. Str. II: Warum sich nur das edle Herz verlieben kann, wird am Vergleich mit der Entstehung des Edelsteins (Herz = Stein; Natur = Sonne; Frau = Stern) erläutert. Str. III: Liebe und edler Sinn bedingen sich gegenseitig; zwei parallele Beispiele (Kerze und Flamme; Magnet und Eisen) und ein antithetisches (Feuer und Wasser). Str. IV: Das Wesen der wahren Vornehmheit. Der Seelenadel ist nicht erblich (Wiederaufnahme der Vergleiche aus Str. II und III). Str. V: Wirkung der Frau auf das edle Herz. Vergleich aus der scholastischen Philosophie (Wesen der Engel). Str. VI: Die Verherrlichung der Frau ist durch ihr himmlisches Wesen gerechtfertigt. – Die Strophenverkettung durch Aufnahme des letzten Worts der vorigen Strophe zu Beginn der folgenden diente den prov. Troubadours zur Vermeidung einer falschen Strophenfolge beim mündlichen Vortrag durch Spielleute; für die it. Dichter, deren Lieder schon bald meist schriftlich verbreitet wurden, war sie hauptsächlich ein Schmuckelement. Text: Muscetta – Rivalta, S. 475–477.

1 *cor gentil* das „edle Herz" im Sinn von die „edle Gesinnung" wurde zum

Schlüsselbegriff des *dolce stil nuovo; ripara*: prov. *repairar* „zurückkehren; sich begeben". **2** höf.-siz. *augello = uccello.* **3–4** *Amore* und *core*: Objekt; *anti che = prima di; natura*: Subjekt. **5** *adesso*: prov. *ades* „sobald". **10** latinis. *clarità*: wörtl. „Helligkeit". **11** *s' apprende*: prov. *s' emprendre* „sich entzünden; sich verlieben". **12** *vertute* (prov. *vertut* „Kraft"): die magische Kraft, die nach mittelalterlicher Auffassung den Edelsteinen von den Gestirnen eingeflößt wird, nachdem sie zuvor durch die Sonnenstrahlen geläutert worden sind. **13** *'i = vi.* **15** *fore = fuori.* **16–17** *li = le* (Dativ). **18** *lo cor*: Objekt, gemäß *lo* in v. 20. **19** tosk. *asletto = eletto.* **20** *inamura = innamora.* **25** *però = per ciò.* **26** *rincontra* (altfrz. *ancontrer* „angreifen") = *contrasta*; prov. *aigua = acqua.* **30** lat.-griech. *adamas* „Magnet". **31** *fére* (= *colpisce*): eine Strophenverkettung liegt vor, falls Guido *ferire* etymologisch als zu *ferro* gehörig auffaßte. **33** *torno*: prov. *tornar* „werden". **34** altit. *sembro* (prov. *semblar* „gleichen, ähneln") auch transitiv „vergleiche"; Chiasmus. **36** *coraggio*: prov. *coratge* „Sinnesart". **37** *rede* (= *erede*) wörtl. „der Erbe". **39–40** d. h. man läßt den Strahl spurlos durch sich hindurchgehen, während (laut Str. II) der Edelstein den vom Stern ausgesandten Strahl in sich bewahrt und so seine Wirkungskraft erhält, da er schon durch die Sonne geläutert ist; ebenso muß das Herz von sich aus (und nicht durch erblichen Adel) gut sein, sonst bleibt der Mensch gering. **41** d. h. Gott gibt sich den Engeln unmittelbar zu verstehen. **44** *volgiando = volgendo; ubidir*: wörtl. „das Gehorchen"; *tole = toglie.* **45–46** d. h. sie erreicht sofort die Seligkeit durch die Erfüllung des göttlichen Willens. **47** *dovria = dovrebbe.* **49** *talento* (prov. *talen*) „Sinnesart; Verlangen". **52** *siando = essendo.* **54** *sembiante*: prov. *semlan* „Bild, Vergleich". **57** *cessa*: wörtl. „endet". **58** *sembianza* „Antlitz". **60** prov. *amanza = amore.*

GUIDO CAVALCANTI (geboren um 1255 in Florenz; gestorben um den 28. 8. 1300 wohl in Florenz).

Nachdem der Abkömmling einer alten Patrizierfamilie zweimal dem Großen Rat der Stadt angehört hatte, wurde er 1300 als Anführer der weißen Guelfen (wie derjenige der feindlichen schwarzen Guelfen) durch die Prioren – unter ihnen auch Dante – zum Erhalt des kommunalen Friedens vorübergehend nach Sarzana verbannt.

Sowohl Guidos Liebeskasuistik und die Frische der Empfindungen (besonders in den *ballate*) als auch die dichterische Kunstfertigkeit waren vorbildlich für seinen jüngeren Freund Dante, der ihm die Liebeserzählung *Vita nuova* widmete, ihn in der Abhandlung *De vulgari eloquentia* zu den Hauptmeistern des *dolce stil nuovo* zählte und in der *Divina Commedia* über Guinizelli stellte.

Die *ballata* („Tanzlied"), ursprünglich eine Liedform der prov. Kunstdichtung, bildeten die Dichter des *dolce stil nuovo* zu einer bevorzugten Liedgattung aus: Sie besteht aus dem Refrain (*ripresa*) und einer bzw. mehreren Strophen aus elf- und/oder siebensilbigen Versen; der letzte Reim des Refrain kehrt als letzter Reim der Strophen wieder. Strophenverkettung (wie im vorherigen Gedicht). Text: Muscetta – Rivalta, S. 485–486.

1–5 *ripresa*. **1** der Vergleich der Geliebten mit einer Rose war ein beliebter Topos der Minnelyrik; *novella*: prov. *novel* „jung". **2** *Primavera*: Deckname der Geliebten (nach prov. Sitte). **3** alttosk. *prata = prati*. **5** höf.-siz. *fin pregio*; *mando*: prov. *mandar* „mitteilen"; *verdura* „das Grüne": Nachklang des höf. Topos des Frühlingsbeginns. **8** *zitelli* „Kinder". **9** d. h. überall. **10** *càntine = ne cantino*. **11** *latino*: prov. *latin* „Sprache". **13** archais. *li* = tosk. *i*. **15** d. h. der Frühling. **17** höf. *altezza* „Vornehmheit". **20** *riposa = è*. **21–22** d. h. wie glücklich war ich in der Wahl der Angebeteten; *aventurosa* (prov. *aventuros* „glücklich") = *fortunata*; höf.-siz. *disianza = desiderio*. **23** siz. *cera = aspetto*. **24** *passa* (= *oltrepassa*) *e avanza* (prov. *avansar* „übertreffen"): Synonymendopplung zur Verstärkung des Ausdrucks. **29** höf.-siz. *adorna* „schön (geziert)". **30** siz. *eo* = tosk. *io*; siz. *saccio = so*. **31** siz. *potria* = tosk. *potrebbe*; *oltre a* „hinausgehend über". **33** höf.-siz. *piagenza* „Schönheit" schon im Sinn des *dolce stil nuovo* (nicht mehr wie in der höf.-siz. Bedeutung „Anmut"). **34** *essenza*: Begriff der scholastischen Philosophie. **36** *parvenza* „Erscheinung". **37** d. h. möge es mir vergönnt sein, Euch bald zu sehen. **38** *villana* („bäurisch; grob") in der Terminologie der Minne „hartherzig", d. h. den Liebenden nicht erhörend. **39** gedanklich zu ergänzen: und Euch mir nicht vorenthalten; *provedenza = provvidenza*. **41** *sia dato = io mi sia dato*. **42** *blasmato = biasimato*. **44** *forza*: gewaltsamer Widerstand; *misura* (prov. *mezura* „Mäßigung, Anstand"): höf. Ideal der Selbstbeherrschung.

DANTE ALIGHIERI (geboren Ende Mai 1265 in Florenz; gestorben 14. 9. 1321 in Ravenna).

Schon früh der Gelehrsamkeit und den Künsten zugetan, war Dante (Kurzform für Durante) u. a. mit dem Maler Giotto und dem Musiker Pietro Casella befreundet. Als adeliger Anhänger der Guelfen nahm er regen Anteil am politischen Leben in Florenz und bekleidete mehrere hohe Ämter. Wie in der um 1293 vollendeten *Vita nuova* („Jugendjahre") geschildert, begann 1283 seine Liebe zu Beatrice („Bringerin der Glückseligkeit"), die 1290 verstarb. In dieser Folge von Gedichten, die durch Prosatexte verwoben wurden, verewigte er sie als Ideal der *gentilezza*, d. h. des Seelenadels und der Anmut gemäß der Liebestheorie des *dolce stil nuovo*, und in der *Divina Commedia* verklärte er sie durch philosophisch-religiöse Vergeistigung zum Symbol der göttlichen Gnade.

Dante führte die Lyrik des *dolce stil nuovo* zur Vollendung. Ein bedeutender Vertreter dieses Stils war neben Cavalcanti auch der berühmte Rechtsgelehrte Cino da Pistoia, ein Studienfreund Dantes, dessen Tod er mit der Kanzone *Su per la costa, Amor, de l' alto monte* beklagte, und den Petrarca und Boccaccio mit Verehrung nannten. 1285 heiratete Dante Gemma Donati; drei Kinder überlebten ihre Eltern. Da 1301 die Partei der Schwarzguelfen während einer Gesandtschaftsreise Dantes nach Rom durch Umsturz zur Macht gelangte, wurde er bei seiner Rückkunft als Vertreter der weißen Guelfen aus Florenz verbannt und schließlich zum Tod verurteilt (1311 nahm man ihn von einer Amnestie für die Florentiner Verbannten aus und erneuerte 1315 das Todesurteil, weil er sich weigerte, unter schimpflichen Bedingungen zurückzukehren). Fortan lebte er unstet, aber als gesuchter politischer Berater, Diplomat und Freund an verschiedenen Orten.

La Divina Commedia – geschaffen unter der Bedrückung durch Verbannung und Todesurteil – entstand ab 1307/1311 bis kurz vor seinem Tod als Dantes Hauptwerk und größte Schöpfung der it. Literatur. Unter den andern Schriften seien hier die lyrischen Gedichte (*Le rime*) genannt mit den kunstvollsten Versen des *dolce stil nuovo*, die philosophische Abhandlung *Il convivio* (erstes Zeugnis wissenschaftlicher Prosa in it. Sprache) und die lat. Erörterung *De vulgari eloquentia* über Ursprung, Wesen und Wert der it. Sprache.

Inhalt der Kanzone aus der *Vita nuova* (Kap. XXIII): Der kranke Dichter wurde von den ihn pflegenden Frauen aus dem Fieberwahn wieder zu Bewußtsein gebracht und schildert ihnen den visionären Angsttraum von Beatrices Tod.
1 *novella*: prov. *novel* „jung". **2** höf.-siz. *adorna* „schön (geziert)"; *gentilezze umane*: (entsprechend dem höf. Ideal) Artigkeit und Anmut. **3** *là*: im Krankenzimmer; *'v' = (d)ove*. **4** alttosk. *veggendo = vedendo*; latinis. *li* = tosk. *gli*; *pietate*: prov. *pietat* „Leid, Schmerz". **5** *parole vane*: inhaltsleere, deshalb unverständliche Worte. **7** altflor. *fuoro = furono*. **8** siz. *piangìa = piangeva*. **9** *fecer lei = la fecero*. **10** *sentire = risentire*. **11** *dicea = diceva* (bzw. auch *dicevo*: gleichlautende Endungen in der 1. und 3. Person Singular): auf diese altit. und später literarisch gebliebene Bildung des Imperfekts wird nicht mehr einzeln verwiesen. **12** alttosk. *sconforte = sconforti*. **13** *lassai = lasciai*; *nova* „neuartig, seltsam". **14** *la donna mia*: Beatrice. **16** *l' angoscia del pianto*: d. h. das Schluchzen. **18** *vista* „Gesichtsausdruck". **20** *lor* (= *loro*): die umstehenden Frauen. **21** *elli* (= *egli*) nimmt das nachgestellte Subjekt *mio colore* vorweg. **22** *altrui*: die Frauen. **25** höf.-siz. *sovente = spesso*. **26** altflor. volkstüml. *vedestù = vedesti tu*; höf. *valore* „Mut, Kraft". **28** *dicerollo vui = ve lo dirò*. **29** *frale = fragile*. **30** *leggiero* (= *leggero*): d. h. leicht (schnell) beendet. **33** *pensero* (altfranz. *penser*) = *pensiero*. **34** siz. *mora* = flor. *muoia*. **35** *presi ... smarrimento = mi smarrii*. **36** *vilmente* „schwach, verzagt". **37** *smagati*: zu prov. *esmagar* „verwirren, beunruhigen". **38** *spirti = spiriti*; *giva* (zu *gire*) = *andava*; *errando* „herumirrend". **39** *imaginando* „in der Phantasie Bilder sehend". **40** siz. *caunoscenza* (= *conoscenza*): im Sinn von *sentimento*; *verità*: im Sinn von *realtà*; *fora = fuori*. **41** *crucciati*: zu altfrz. *corocier* „zürnen, aufgebracht sein". **42** *pur*: dem Sinne nach „wiederholt"; flor. apokop. *morra'ti* (= *morraiti*): im Altit. häufig Reflexivformen (*morirsi* statt *morire*). **43** *dubitose*: prov. *doptos* „furchtbar". **44** *imaginare*: substantivierter Infinitiv. **45–53** apokalyptisches Bild. **46** *disciolte*: als Zeichen der Trauer. **47** *lagrimando = lacrimando*; *traendo guai = lamentandosi*. **48** *di tristizia ... foco = fuoco di tristezza*. **50** intransitiv *turbar(e)* „sich trüben"; archais. *lo* = tosk. *il*; kollektiv *la stella* „die Gestirne". **52** *âre = aria*. **54** *fioco* „schwach" (besonders von der Stimme). **55** *novella = notizia*. **58** *pioggia di manna*: d. h. so dicht gedrängt aufsteigend wie die Mannaflocken herabfallen (*manna* als Inbegriff des Köstlichen in der altprov. Lyrik; der Bibel entnommene Bilder und Vergleiche dienen der Verherrlichung Beatrices. **59** *suso = su*. **60** *nuvoletta*: Beatrices Seele. **61** *dopo*: örtlich (= *dietro*). **62** flor. apokop. *dire'lo* (= *direilo*) = *lo direi*. **63** *più nol* (= *non lo*) *ti*

celo: im Altit. steht der Akkusativ meist vor dem Dativ (= *non te lo celo più*). **64** *giace*: ergänze *morta*. **66** *madonna*: aus dem Prov. (*ma domna*) in die höf.-siz. Dichtung übernommene Anrede für die vornehme Dame, dann (bes. im *dolce stil nuovo*) auch als Bezeichnung für die Dame selbst verwendet; in Übertragung der höf. Anrede in die religiöse Sphäre wurde *madonna* schließlich zur Bezeichnung für die Himmelskönigin. **67** *scorta = veduta*. **68** *covrian = coprivano*. **69** *avea seco*: wörtl. „sie hatte an sich"; latinis. *umiltà* (= *umiltà*): zum Frauenideal des *dolce stil nuovo* gehörend. **70** *pace*: gemäß der religiösen Vorstellung, daß der Anblick Gottes der Seele den Frieden gibt. **73** *ti tegno = ti ritengo*. **74** alttosk. *dei omai = devi ormai*. **75** wörtl. „seit du in meiner Herrin gewesen bist". **76** *disdegno*: der Tod soll ihn nicht verschmähen, sondern zu sich nehmen. **77** *vegno = divengo*. **79** *te* statt des unbetonten *ti*. **80** siz. Imperfekt *mi partia*: zu altit. *partirsi* (= *partire*); *consumato*: zu prov. *consumar* „vollenden"; *duolo* (prov. *dol*) „Totenklage". **84** *vostra merzede*: Höflichkeitsformel.

FRANCESCO PETRARCA (geboren 20. 7. 1304 in Arezzo; gestorben 18. 7. 1374 in Arquà bei Padova).

Da der Vater, Notar Ser Petracco, als Parteigänger der weißen Guelfen 1302 (wie zuvor schon dessen Freund Dante) aus Florenz verbannt worden war, lebte die Familie in Arezzo, Pisa und ab 1312 bei Avignon, dem damaligen Sitz der päpstlichen Kurie. Schon während des Studiums der Rechte in Montpellier und Bologna überwog bei Petrarca das Interesse an der lat. und it. Dichtung. Nach dem Tod des Vaters 1326 kehrte er nach Avignon zurück und trat in den geistlichen Stand ein. Seitdem widmete sich Petrarca der philologischen und literarischen Erforschung der römischen Antike: Durch die systematische Suche und Wiederentdeckung verschollener Texte, philologische Arbeiten und das Sammeln von Handschriften und Münzen wurde er ein Hauptinitiator des italienischen Humanismus, der als wissenschaftlich-geistige Komponente einen fundamentalen Bestandteil der Renaissancekultur bildete.

Am 6. 4. 1327 findet die erste Begegnung mit Laura statt: In der Liebe zu dieser Frau, die zwar historisch nicht genau zu identifizieren ist, doch in Petrarcas Versen – anders als die engelhaften Wesen des *dolce stil nuovo* – als Individuum leibhaftig faßbar wird, spiegeln sich das Geistesleben des Dichters und die Wandlungen seiner Gefühlswelt zwischen Begierde und Entsagung sowie die Empfindungen der leidenden Seele. Obschon bis 1347 im Dienst der Familie des Kardinals Colonna, zog er sich nach einer Forschungsreise (1332–1333) allmählich aus dem Treiben in Avignon auf sein Landgut nach Vaucluse an der Sorgue zurück, wo er u. a. einen großen Teil der später im *Canzoniere* gesammelten Gedichte schuf. 1337 und 1341 werden die Kinder Giovanni und Francesca, die ihn im Alter betreuen wird, geboren. In Anknüpfung an einen antiken Brauch erfolgte 1341 die Dichterkrönung zum *poeta laureatus* durch den Senat in Rom. Bis 1353 hielt Petrarca sich abwechselnd in Oberitalien (besonders in Parma und Verona) und Avignon (bzw. Vaucluse) auf: In Parma erfuhr er von Lauras Tod am 6. 4. 1348; in Florenz begann 1350 die fruchtbare Humanistenfreundschaft mit Giovanni Boccaccio. Bis 1361 stand P. im Dienst der Visconti in Mailand (Gesandtschaftsreisen z. B. nach Prag und Paris), dann war er mit Unterbrechungen als Bibliothekar in Venedig tätig; ab 1368 lebte er in Padua und Arquà. Den persönlichsten Ton schlug unter den zahlreichen Nachrufen Boccaccios Sonett *Or sei salito, caro signor mio* an.

Zu Petrarcas umfangreichem lat. Schrifttum und dem it. allegorisch-didaktischen Gedicht *I Trionfi* treten als Hauptwerk die lyrischen Gedichte, die er später zum sog. *Canzoniere* ordnete: In die beiden Gruppen *In vita di Madonna Laura* und *In morte di Madonna Laura* gefaßt, gehören sie zu den kostbarsten Schöpfungen der Liebeslyrik. Denn über Bewunderung und Verehrung hinaus drückt sich nun aufgrund einer neuartig differenzierten, psychologischen Analyse die leidende Seele aus: vom eigenen Schmerz über die Unerreichbarkeit der Liebe bis zum allgemeinen menschlichen Leiden am Tod. Zu Petrarcas Ruhm als einem der größten Lyriker trug auch die von ihm geschaffene Dichtersprache bei: Ihre bisher unerreichte, klangreiche Homogenität und der virtuose Gebrauch der Stilmittel sowie die Ausbildung der lyrischen Strophenformen u. a. für Kanzone, Sonett und Madrigal blieben jahrhundertelang verbindlich.

Zu den Stilrichtungen *Petrarkismus* und *Antipetrarkismus* → Pietro Bembo.

Di pensier in pensier, di monte in monte aus *In vita di madonna Laura*. Petrarca sucht Trost für die Ferne von Laura in der Verbindung seiner Gedanken und Gefühle mit dem Erlebnis von Landschaft und Natur.

2 *segnato* „Fußspuren aufweisend, betreten"; altit. *calle* „Pfad". **3** *provo* = *sento; a la*: altit. Trennung von Präposition und Artikel (im folgenden nicht weiter erwähnt); *tranquilla vita*: Periphrase für *tranquillità dell' anima*. **4** *piaggia*: ergänze *siede* (wie in v. 5). **6** alttosk. *acqueta* = *acquieta*. **7** tosk. mundartlich *envita* = *invita*. **8** chiastische Stellung der aufgezählten Verben. **9** *'l* (= *il*): ergänze *mio*; altit. Akkusativ *lei* (= *la*) und Nominativ *ella*: d. h. die Seele; altit. Akkusativ *il* = *lo*. **11** substantivierter Infinitiv *esser(e)* „Zustand"; altit., seit Petrarca poet. Nebenform (im Neuit. nur mundartl.) *picciol* = *piccolo*. **12** *a la vista* = *solo a verdermi; vita*: das Leben eines Verliebten. **13** siz. *diria* = tosk. *direbbe; incerto*: lat. Bedeutung „in Ungewißheit" (ob er geliebt wird). **14** chiastische Stellung der Epitheta. **15** höf.-siz. *loco* = *luogo*. **16** *nemico mortal*: hyperbolische Metapher, Steigerung zu *contrario* (v. 3). **17** *ciascun* = *ogni; nasce*: ergänze *in me; penser* = *pensiero*. **18** latinis. Bedeutung *de* = *intorno a; che* = *il quale*; höf.-siz. *sovente* = *spesso; gioco* (prov. *joc* „Freude") = *allegrezza*: Antithese zum folgenden *tormento*. **19** *gira* = *volge*; metaphorisch *porto* = *ho*. **20** adversativ *et* (= *e*) „doch"; *a pena* (= *appena*) „sobald". **21** substantivierter Infinitiv *viver(e)* = *vita* „Zustand" (vgl. v. 12); *dolce amaro*: Oxymoron; *amaro*: Wortspiel im Reim mit *Amore* (v. 22). **22** *ch'* (= *che*): abhängig von *a pena; serva* = *serba*. **24** *vile* „wertlos", d. h. nicht der Liebe würdig (syntaktisch logisch: *essendo vile*); *altrui*: Laura. **25** *in questa* = *in questo, mentre; trapasso* = *io passo oltre* (ergänze: *a pensare*). **26** drei rhetorische Fragen. **27** poet. *porge* (statt banaler *fa*) in Alliteration zu den folgenden *pino, pur, primo*. **28** verstärkend *pur* „sogar". **30** *a me torno* = *ritorno in me; molle* wörtl. „aufgeweicht". **31** *pietate* (= *pietà*) „(Selbst-)Mitleid".

33 altit. *mentre = fino a tanto che;* altit. *fiso = fisso.* **34** *pensier* hier „Vorstellung"; *vaga = vagante:* antithetisch zu *fiso.* **35** *mirar(e) = guardare;* provenzalis. *obblïar(e) = dimenticare.* **36** meton. *Amor:* der Gegenstand der Liebe. **37** *error(e) = inganno.* **38** *in tante parti* (d. h. wohin ich blicke): kündigt die folgende Strophe an. **39** alttosk. *cheggio = chiedo* (statt des grammatikalisch zu erwartenden *chiederei*): der Indikativ Präsens drückt das tatsächliche Gefühl der Zufriedenheit aus, das den Dichter bei der Betrachtung des Erinnerungsbildes erfüllte und noch nachwirkt. **40–44** eine Reihe von Anspielungen auf antike Mythen. **40** *l' = la;* zu *fia* (= *sarà*) ergänze *ci;* altit. Akkusativ *'l* (= *il*) = *lo.* **41** gemäß der mythologischen Vorstellung *acqua:* d. h. als Flußnymphe (Najade), *erba:* d. h. als Talnymphe (Napäe). **42** *veduto* (statt *veduta*): im Altit. mögliche, bei Petrarca nicht seltene Unterlassung der grammatikalischen Kongruenz; *troncon(e):* d. h. als Baumnymphe (Dryade). **43** latinis. *nube = nuvola.* **44** höf.-siz. *avria = avrebbe; figlia:* Helena (genealogische Periphrase nach antikem Vorbild z. B. Homers, Vergils); *perde* (zeitloses Präsens statt *perderà):* ergänze *al paragone.* **45** kollektiver Singular *col raggio= coi suoi raggi.* **47** latinis. *lido = spiaggia.* **48** latinis. *adombra = raffigura.* **49** *sgombra = caccia via.* **50** *lì medesmo= in quel luogo stesso.* **50–51** latinis. *assido = siedo;* hervorhebendes *me* statt des unbetonten *mi.* **51** Gedankengang: der Dichter ist durch die Enttäuschung so sehr zu einem toten Stein erstarrt (erkaltet), daß der wirkliche Stein im Vergleich zu ihm ein lebendiger ist. **52** *in guisa* (höf.-siz. „Gestalt") *d' uom = come quello; scriva:* Petrarca dichtete oder machte sich Notizen an Ort und Stelle. **53** *tocchi:* verallgemeinernder Konjunktiv nach *ove.* **54** latinis. Bedeutung *espedito* „(unbehindert) freistehend, überragend"; meton. *giogo* (lat. *jugum* „Gebirgskamm") „Gipfel". **55** *desiderio:* das Verlangen nach Einsamkeit. **56** *danni:* das Unglück der Entfernung von Laura. **58** Umschreibung *dolorosa nebbia:* nach lat. Vorbild enthält das Adjektiv den Hauptgedanken; latinisierend. *condenso = stipato.* **59** *miro e penso:* poet. Synonymendopplung. **60** meton. *aria* „Luftraum"; *diparte* (zu prov. *departir) = separa.* **61** paradoxe Antithese: *presso* (im Bilde nah) und *lontano* (in Wirklichkeit fern). **62** poet. *poscia = poi; fra me:* ergänze *dico.* **63** *fai:* statt dessen bevorzugen wir mit anderen Ausgaben die Lesart *sai; in quella parte:* dort, wo Laura ist. **64** *si* „man" (d. h. Laura): die gleiche Unbestimmtheit der Bezeichnung wie *altrui* in v. 24. **65** *respira:* lat. Bedeutung. **66–72** *commiato.* **66** metonym. *alpe* „Berg" für den Gebirgszug der Alpen zwischen Italien und Frankreich. **67** Synonymendopplung. **68** *rivedrai:* nämlich im Geist; höf.-siz. *sovr'* (= *sovra*) „an" (vgl. neuit. z. B. Pisa sull' Arno); *ruscel(lo):* die Sorgue, die ihn u. a. auch zu der berühmten Kanzone *Chiare, fresche e dolci acque* inspirierte. **69** *l' aura:* Wortspiel mit dem (in der Kanzone nie genannten) Namen der Geliebten. **70** latinis. *odorifero = odoroso; laureto:* Wortspiel mit *Laura* und *l' aura.* **71** *ivi = là;* latinis. *invola = rapisce.* **72** *qui:* antithetisch zu *ivi; pôi = puoi;* latinis. *imagine* „körperliches Abbild; Maske".

La vita fugge e non s' arresta un' ora: Das Sonett aus *In morte di madonna Laura* formuliert das Grundmotiv des zweiten Teils des *Canzoniere* besonders treffend.

2 *giornate* „Etappen; Reisestrecken". **4** *guerra* in der Minnelyrik „Liebes-

215

kummer". **6** *quinci / quindi = qui / là.* **8** *fòra = fuori.* **10** siz. *cor(e)* = tosk. *cuore; tristo = triste.* **11** alttosk. *veggio = vedo.* **12** *fortuna = fortunale.* **13** altit. *sarte = sartie.* **14** *lumi*: Periphrase für Lauras Augen.

IL BURCHIELLO (eigtl. Domenico di Giovanni; geboren 1404 in Florenz; gestorben 1449 in Rom).
Dichter und Gelehrte zählten zu den Kunden des Barbiers, bis er 1434 wegen seiner Ausfälligkeiten gegen die herrschenden Medici nach Siena fliehen mußte; nach 1443 lebte er in Rom. Der Spitzname rührt von seinen „nachlässigen, zusammenhanglosen" Versen *alla burchia*, deren bewußt unsinnige Mischung völlig gegensätzlicher Elemente aus Kunstdichtung und volkstümlicher Derbheit die burleske Dichtung stark beeinflußte.

Charakteristisch für die burleske Dichtung sind bei diesem Unsinngedicht z. B. der Konstrast des 'stimmungsvollen' Anfangs im Stil Cavalcantis oder Dantes zu dem mit Unanständigkeit gepaarten Aberwitz des Schlusses sowie das scheinbar wahllos aufgebotene Bildungsgut. Gedichtform: *sonetto caudato*; das „Schweifsonett" – der „Schweif" ist die 3. Terzine – ist eine strukturelle Variation des Sonetts, die ab dem 15. Jahrhundert nur noch in der burlesken Dichtung begegnet.
1 *azzurri; bianchi*: die Epitheta verspotten den Stil der Kunstdichtung. **3** *seggonsi = si siedono.* **6** latinis. *selve = boschi*; altit. *Barbari = Berberi.* **9** tosk. Volkssprache: *nugoli = nuvoli.* **12** *Diomede*: Eroberer Thebens (griech. Mythologie): die Verquickung antiker Heroen mit mittelalterlichen Epenmotiven und ihre Verbindung mit den Schauplätzen der Artus-Geschichten war durch die mittelalterl. Romane mit antikem Stoff (z. B. Thebenroman, Trojaroman) gegeben. **13** altit. *arebbe = avrebbe*; Subjekt ist das personifizierte England. **14** *Nibbio*: in der epischen Dichtung wird ein Held z. B. durch Adler, Greifen oder Flügelrosse emporgetragen. **15** lat. *Cato = Catone*: Anspielung auf die im Mittelalter vielgelesene Spruchsammlung *Disticha Catonis* (die folgenden Zeilen sind im Gegensatz zu dieser Spruchweisheit zu werten); latinis. *erra = sbaglia.* **17** *rotelle*: kleine Rundschilde, die hier (statt vor Pfeilen) vor Fliegenexkrementen schützen; *piùe*: der volkstümliche altit. *e*-Auslaut erscheint nach Petrarca vorwiegend in der volkstümelnden Dichtung.

MATTEO MARIA BOIARDO (geboren 1441 in Scandiano; gestorben 19. 12. 1494 in Reggio nell' Emilia).
Der den Este in Ferrara eng verbundene Graf von Scandiano nahm mehrere Ämter bei Hofe wahr und wurde Gouverneur von Modena und Reggio nell' Emilia. Schlug sich die sorgfältige humanistische Erziehung des Dichters in manchen lat. und it. Schöpfungen lastend nieder, offenbart seine it. (Liebes-) Lyrik geistreiche Erfindungskraft und frische, lebhafte Gestaltung auch des persönlichen Empfindens. Mit dem (unvollendeten) dichterischen Hauptwerk *Orlando Innamorato* schuf Boiardo das erste große und zugleich originellste, sich von den

mittelalterlichen Idealen entfernende Ritterepos der it. Renaissance (kurz nach Luigi Pulcis heroisch-komischem Epos *Morgante* und als Vorbild für Ludovico Ariostos *Orlando Furioso*).

Sonett aus *Amorum liber tercius*, dem „Dritten Buch der Liebeslieder". **1** lat. *alma* (Adjektiv). **2** latinis. *unde = onde; terra sabea*: der heutige Jemen. **3, 6, 7** altit. Imperfekt *avea, solea, surgea*. **4** *se* = tosk. *si*. **5** latinis. *levo = sinistro*; latinis. *sentenzia* „Meinung, Wille, Urteil". **6** *han = hanno*; latinis. *mutata a = cambiata da*. **7** latinis. *equal = uguale*. **8** tosk. *alteza = altezza*; latinis. *ogni* „jeder/alles mögliche"; lat. *ruina* = it. *rovina*. **9** altit. *fia = sarà*. **10** *altura = superbia*. **11** *mena = getta*. **13** *non credo*: ergänze *che*. **14** *intiero = intero*.

PANDOLFO COLLENUCCIO (geboren 7. 1. 1444 in Pesaro; dort enthauptet 11. 7. 1504).

Eine charakteristische Persönlichkeit der Renaissance voll Wissensdurst und unermüdlichem Tatendrang, wurde der Jurist und Humanist nach dem Tod des Herren von Pesaro, Costanzo Sforza, zum Generalbevollmächtigten der Witwe und des unehelichen Sohns Giovanni bestimmt – eine folgenschwere Berufung, die schließlich zum tragischen Ende führte. Denn der skrupellos auf Alleinherrschaft bedachte Giovanni ließ ihn unter Beschuldigung der Parteinahme für seine Stiefmutter Camilla von Aragon 1488 einkerkern und verbannte ihn 1489. Im Exil nahm Collenuccio, der inzwischen auch ein bekannter Diplomat und Literat war, wichtige Aufgaben wahr: in Diensten Lorenzos de' Medici, dann für sechs Monate zum Podestà von Florenz gewählt, als Gesandter des Herzogs von Ferrara auch zweimal am Hof Kaiser Maximilians (danach schrieb er ein zumeist landeskundliches lat. Werk über Deutschland) und bei Cesare Borgia, der sich als Gonfaloniere der Kirche 1500 Pesaros bemächtigt hatte. Collenuccios bei dieser Mission übergebene private Bittschrift um Rückgabe der einst konfiszierten Güter wurde ihm zum Verhängnis: Der 1503 zurückgekehrte Giovanni lockte seinen Feind nach Pesaro, bezichtigte ihn aufgrund des Bittgesuchs des Verrats und ließ ihn trotz heftigen Einspruchs mächtiger Herren zum Tod verurteilen.

Sein literarisches Hauptwerk war eine Geschichte Neapels; außerdem verfaßte er u. a. Lustspiele sowie lateinische bzw. italienische Dialoge und Gedichte.

Die wahrscheinlich 1488/1489 im Kerker entstandene Kanzone gehört zu den ausdrucksvollsten Zeugnissen der it. Lyrik des 15. Jahrhunderts. Ihren Stil kennzeichnen zahlreiche Latinismen, wovon nur die für das Verständnis wichtigen erwähnt werden. Text: Vitale II, S. 428–431.

1–11 Anklänge an Petrarcas Sonett *Movesi il vecchierel canuto e bianco* und seine Kanzone *Ne la stagion che 'l ciel rapido inchina*. **1** latinis. *peregrin = pellegrino*; latinis. *nel vago errore = nel suo andar vagante*. **2** *longhi* (= *lunghi*), *soi* (= *suoi*): wohl gemäß der literar. Tradition der Sikulo-Toskaner. **3** siz. *lochi = luoghi*. **5** latinis. *patrio = dei padri*; altit. *albergo = abitazione*. **7** *sua*: altit. ohne Artikel; altit. *novella etade = giovinezza*. **9** altit. *'l = lo*. **10** altit. *desia = desidera*;

el = il. **11** *dì = giorno; prima = da prima.* **12** latinis. *vèrgo = mi volgo.* **13** altit. *vanitade = vanità.* **14** *preci = preghiere.* **15** *singular = singolare; apporte = apporti:* altit. Nebenform *-e* statt *-i* der 2. Person Singular (analog auch in v. **31, 37, 93, 95**), die in der Dichtersprache beibehalten wurde. **18** *Eolo:* in der griech. Sage Beherrscher der Winde; *aggiunto = giunto.* **20** poet. *effonde = getta fuori.* **22** *remirando = rimirando;* pseudolatinis. *raccoglie = riflette.* **23** *Caribdi e Scilla:* nach der antiken Sage lauerten die Ungeheur Scylla und Charybdis an der Meerenge von Messina den Seeleuten auf. **25** *scoglie = scogli.* **26** *dappoi che = dopo che;* altit. *have = ha; saggio = perito.* **27** altit. *oltraggio = danno.* **29** *pece:* gemäß dem christlichen Sündenbewußtsein. **34–36** Die fünf Flüsse nach der antiken Vorstellung von der Unterwelt bzw. Dante (*Divina Commedia: Inferno* XIV): *Stige, Flegetonte:* Styx und (der Feuer statt Wasser mit sich führende) Phlegethon; *Cocito:* der Tränenstrom Cocytus, Nebenfluß des Styx; *Acheronte:* über den Acheron wandern die Seelen; *Lete:* aus dem Fluß Lethe trinken die Schatten aller Toten, die darauf das Vergangene vergessen. **37** *non che = non solo.* **38–39** Collenuccio faßt (wie Dante) *Lete* als den Fluß auf, der die Erinnerung an die bereuten Sünden auslöscht, wodurch der Sinn zur Erkenntnis der Wahrheit frei wird; latinis. *intende* „anstrebt". **40** latinis. *contende = s' oppone.* **43** *Fattor = creatore;* altit. *ne = ci.* **45** altit. *frale = caduco.* **49–52** nach platonischer Lehre; **50** latinis. *spoglia:* metonym. für *salma;* Wortspiel mit *si spoglia* (v. 51); *gloria = beatitudine.* **55** *natura* (Akkusativobjekt): allgem. „die Schöpfung, Welt"; *li = gli.* **56** *li = i.* **57** altit. *fia = sarà;* latinis. *mire = guardi* (zum Subjekt *animo* in v. 50). **59** altit. *orbo = cieco.* **61** *gli:* d. h. *all' animo.* **64** latinis. *per* in instrumentaler Bedeutung. **65** *falso* (statt *falsamante*): zu *nome* statt zu *ha* gezogen (rhetorische Figur der Hypallage). **69** *matrigna:* vgl. Leopardis Gedanken in der Elegie *A se stesso* (v. 14–15). **74** *lunge = lontano.* **75** *voglia = intenzione.* **78** alttosk. *e' (= ei) = i.* **79** latinis. *oblivion = oblio; scorte = scorta.* **82** *ebrei … persi:* attributiv zu *ingegni* (v. 81), nicht substantivisch. **84** latinis. *antique = antiche; fan memoria = ricordano.* **85** *te … scritta* statt *di te … scritto:* altit. transitive Konstruktion. **86** latinis. *felice … chi = alcuno disse felice quello che.* **87** *altri* (= un' altro), *quando:* Wechsel der Konstruktion. **90** altit.-tosk. apokop. *cerco* (= *cercato;* eigtl. *cercata*), konstruiert wie in v. 85. **91** *grave = saggia.* **92** lat. *iusta = giusta.* **93** altit. *sèpre = separi.* **94** latinis. *vepre = spina.* **95** *ammorte = uccida.* **96** latinis. *optata = desiderata.* **98** latinis. *angue = serpente.* **100** *me … mondi:* gemäß der Worte beim Besprengen mit Weihwasser. **103** altit. *asconde = nasconde.* **104** *fronde:* wohl als Lorbeer des Dichters und Gelehrten aufgefaßt. **107** altit. *opra = opera.* **109** latinis. *crine:* das Haar, an dem das menschliche Leben hängt (daher: *fatal*). **113–117** *commiato.* **114** *Tesbite:* der Prophet Elias von Thisbe, der im Feuerwagen gen Himmel fuhr; *Tarso:* der hl. Paulus aus Tarsos, der nach einer mittelalterlichen Legende in den Himmel entrückt wurde.

Lorenzo de'Medici (geboren 1. 1. 1449 in Florenz; dort verstorben 8. 4. 1492).

Der Regent von Florenz mit dem Beinamen «il Magnifico» war – wie sein Großvater Cosimo il Vecchio, der u. a. die Platonische Akademie gestiftet hatte, – durch großzügige Förderung der Wissenschaften und Künste maßgeblich am Aufstieg der Stadt zum geistigen Zentrum der Renaissance beteiligt. Der u. a. durch die Humanisten Cristofero Landino und Marsilio Ficino geschulte Mäzen, der sich den Philosophen und Dichtern, wie etwa Leon Battista Alberti, Giovanni Pico della Mirandola, L. Pulci und Angelo Poliziano ebenso zuwandte wie den bildenden Künstlern Andrea del Verrocchio, Leonardo da Vinci, Sandro Botticelli und Michelangelo Buonarroti, trat selbst mit philosophischen Erörterungen und Dichtungen hervor (was seine intrigante Machtpolitik nicht ausschloß).

In seinen Versen griff er gemäß dem humanistischen Ideal auf antike Vorbilder zurück, aber als einer der ersten auch wieder auf die ältere italienische Poesie des *dolce stil nuovo* und Petrarcas. Besonders originell gelangen in seinem dichterischen Werk aus vielfältigen Bereichen (Liebeslyrik, bukolische und burleske, moralische und religiöse Dichtung) die *Trionfi e i canti carnascialeschi*, die Lieder zum Karneval, den man in Florenz vom 1. Mai bis zum Johannistag feierte: Das Tanzlied *Quant' è bella giovinezza* bleibt wegen seiner musikalischen Frische und der Balance zwischen Ausgelassenheit und Melancholie eines der meistzitierten Gedichte der Renaissance.

Aus den *Rime*; im *Comento*, einer Reihe erläuternder Prosatexte, die Lorenzo ausgewählten Liebesgedichten beifügte (nach dem Vorbild von Dantes *Vita nuova*), beginnt die Erklärung zu diesem Sonett: Abbiamo nel precedente sonetto verificato che li pensieri della notte sono più intensi che quelli del giorno, e quando sono maligni, molto più molesti. Ma, ancora che generalmente così sia, li pensieri amorosi più che gli altri, secondo la mia oppinione, prendono la notte forza, e sono molto più insopportabili quando sono molesti; né possono essere altro che molesti, presupponendo la privazione della cosa amata, perché tutti i mali che possono cadere negli uomini, non sono altro che desiderio di bene, del quale altri è privato. (Übersetzung: Wir haben im vorstehenden Sonett nachgewiesen, daß die Gedanken der Nacht eindringlicher sind als diejenigen des Tages; und wenn sie schlimm sind, dann lasten sie viel schwerer. Doch, obwohl es sich im allgemeinen so verhält, gewinnen nach meiner Meinung die Gedanken der Liebe mehr als die andern nachts an Kraft und sind [noch] viel unerträglicher, wenn sie unangenehm sind; sie können ja auch nicht anders als unangenehm sein – vorausgesetzt, daß man das geliebte Ziel [der Gedanken] entbehrt –, denn alle Übel, die auf die Menschen kommen können, sind nichts anderes als das Verlangen nach dem Gut, dessen man entbehrt.)

Sonett in der Art des *dolce stil nuovo*. Text: Muscetta – Ponchiroli, S. 198.

2 altit. *disia = desidera*. 3 altflor. *mia = miei*. 4 latinis. *obliviön = dimenticanza*; *peni* (zu *penare*): ergänze *a venire*. 6 höf.-siz. *desire = desiderio*. 9 *viso*: hier ist die Lesung *riso* aus anderen Handschriften vorzuziehen, da der Gedanke an das Antlitz (höf.-siz. *sembiante*) erst in v. 11 folgt; altit. *fêrno* (= *ferono*) = *fecero*. 10 *il disio*: Akkusativ-Objekt; altit. *queti = quieti*. 13 *sonni*: altit. auch in der Bedeutung von *sogni*. 14 *eburnea porta*: nach antiker Vorstellung entstiegen die falschen Träume der Unterwelt durch eine Pforte aus Elfenbein, die Wahrträume durch eine aus Horn; der Dichter wünscht also, der glückliche Traum sei kein trügerischer.

ANGELO POLIZIANO (eigtl. A. Ambrogini, genannt «il Poliziano» nach dem lat. Namen seines Heimatorts Montepulciano; geboren 14. 7. 1454; gestorben 29. 9. 1494 in Florenz).

Der Humanist aus dem engsten Kreis um Lorenzo de' Medici, der ihn zum Privatsekretär und Erzieher der Söhne Pietro und Giovanni bestellt hatte, war seinerzeit nicht nur der beste Kenner der lat. und griech. Literatur (ab 1480 Professor an der Universität Florenz; ab 1492 apostolischer Bibliothekar in Rom), sondern auch ein brillanter Dichter in den klassischen Sprachen wie im Italienischen. Sein Sinn für Schönheit und Harmonie ließ ihn Lebensfreude und Sinnenlust jener sich glanzvoll präsentierenden Epoche in virtuose Verse fassen.

Poliziano schuf mit den *Stanze per la giostra* (anläßlich eines von Lorenzos jüngerem Bruder Giuliano siegreich bestandenen Turniers), die aber nach Giulianos Ermordung bei der Pazzi-Verschwörung 1478 unvollendet blieben, eines der berühmtesten Werke der Renaissance-Dichtung; das weltliche Mysterienspiel *La Fabula d' Orfeo* ist die erste szenische Gestaltung eines profanen Stoffs in der Kunstdichtung; die *Canzoni a ballo* mit der kunstvollen Mischung volkstümlicher und poetischer Elemente zählen zu den anmutigsten Schöpfungen der zeitgenössischen Lyrik.

Das Motiv der *canzone a ballo* folgt einem Epigramm aus der röm. Antike; doch da Poliziano das Tanzlied einem Mädchen (statt einem Mann) in den Mund legt, läßt er die Deutung des allegorischen Sinns offen und verfeinert die abschließende Aufforderung (v. 25–26) in einen Aufruf zur Lebensfreude (statt zum Liebesgenuß). Die *canzone a ballo*, eine Sonderform der *ballata*, kam in der zweiten Hälfte des 15. Jahrhundets in Mode durch die sich des volkstümlichen Tons bedienenden Kunstdichter; als ihr Begründer galt Lorenzo de' Medici. Text: Muscetta – Ponchiroli, S. 279–280.

1–2 *ripresa* (Refrain) mit Wiederholung nach jeder Strophe. **4** poet. *vaghi = belli.* **6** poet. *côr = cogliere.* **7** *é = i.* **8** volkstüml. *grillanda = ghirlanda; altit. crino = chioma.* **18** *qual = quali;* bäuerlich *passe = appassite.* **19** volkstüml. apokop. Imperativ *cô' = cogli.* **26** volkstüml. Imperativ *cogliàn = cogliamo.*

JACOPO SANNAZARO (geboren 28. 7. 1456 in Neapel; dort verstorben 24. 4. 1530).

Altem Adel entstammend, erhielt er eine gründliche Humanistenbildung und wurde ein treuer Anhänger des aragonesischen Königshauses in Neapel. Er war Mitglied der Accademia Pontaniana, befreundet u. a. mit den Humanisten Giovanni Pontano, P. Bembo (Verfasser seiner Grabschrift), Jacopo Sadoleto, Paolo Giovio (der Giorgio Vasari zu den Lebensbeschreibungen italienischer Künstler anregte, einem fundamentalen kunsthistorischen Quellenwerk) und galt bald als ein führender Literat am kunstsinnigen neapolitanischen Renaissance-Hof und einer der größten it. Dichter seiner Zeit.

Sein neulat. Werk im Geist des Humanismus umfaßt Elegien, Epigramme, ein christliches Epos und Fischeridyllen, mit denen er eine neue Variante der Hirtengedichte nach den antiken Vorbildern Theokrits und Vergils schuf. Aus jener griech.-röm. Tradition erwuchs auch sein Hauptwerk *Arcadia*, ein (formal ähnlich wie Boccaccios *Ameto*, die erste Hirtendichtung in it. Sprache) aus Prosastücken und Gedichten (sog. Eklogen) komponierter autobiographisch-allegorischer Hirtenroman: Diese lyrische Gestaltung eines idyllischen, empfindsam-elegisch gestimmten Hirtenlebens in der pastoralen Ideallandschaft Arkadien wurde zum unübertroffenen Muster der europäischen *Schäferdichtung*.

Kanzone aus *Arcadia* (5. Ekloge): Klagelied des Schäfers Ergasto am Grabe des Schäfers Androgèo. **1** höf. siz. – *alma = anima.* **3** latinis. *chiostri* „Bollwerk, Schutz". **3–4** *nuda* und *stella*: nach platonischer Vorstellung. **5** *inseme = insieme.* **9** latinis. *vestigii* „Fußsohlen". **10** *stelle erranti* wörtl. „Wandelsterne" gemäß der antiken Astronomie. **13** *pastori*: die auf Erden zurückgelassenen Gefährten. **17** Die röm. Herden- und Feldgottheiten Faunus und Silvanus wurden später in eine Mehrzahl von *fauni* und *silvani* umgedeutet, die man als wesensgleich mit den griech. Satyrn verstand. **22** Die Namen spielen auf die röm. Hirtengedichte Vergils an (die Kanzone paraphrasiert z.T. Vergils 5. *Ekloge*). **23** *Androgeo*: arkadischer Name für Sannazaros früh verstorbenen Vater. **24** poet. *ingombra = empisce.* **25** *temprando = temperando.* **26** latinis. *accenti = suoni.* **27–29** aus der röm. Dichtung übernommene Metaphern. **31** alttosk. *fostù = fosti tu.* **32** altit. *fia = sarà; ne* (altit. „uns") *scampi = ce ne scampi.* **40** *sante*: im antiken Sinn. **48; 49** altit. *andàr(o) = andarono; gustaro = gustarono.* **55** poet. *bifolci* (= *bifolchi*) statt *contadini.* **57** Da beim kultischen Aufhängen der Weihegeschenke Androgeos Name ausgesprochen wird, würde er von Mund zu Mund fliegen wie eine Taube und in dieser gleichsam zu neuem Leben erstehen.

PIETRO BEMBO (geboren 20. 5. 1470 in Venedig; gestorben 18. 1. 1547 in Rom). Schon während des Studiums der klassischen Sprachen beschäftigte sich der junge Patrizier mit der italienischen Dichtung (besonders Petrarcas und Boccaccios); 1501–1502 erschienen seine kommentierten Ausgaben der *Rime* Petrarcas und der *Divina Commedia* Dantes. Es folgten mehrjährige Aufenthalte in den Renaissance-Zentren Ferrara und Urbino; 1513–1521 war er der Sekretär Leos X. in Rom; dann lebte er in Padua, seit der Bestellung 1530 zum Historiographen der Republik zeitweise in Venedig, nach der Ernennung zum Kardinal 1539 meist in Padua bzw. Rom; er war Bischof von Gubbio und Bergamo.

Bembo, der sich mehrfach porträtieren ließ (z. B. Tizians bekanntestes Bildnis des Kardinals, um 1540), zählte zu seinen Dichterfreunden wegweisende Literaten der Hochrenaissance wie etwa L. Ariosto, J. Sadoleto, Marco Antonio Tebaldeo, Sannazaro, Baldassare Castiglione, Ercole Strozzi und korrespondierte z. B. auch mit Veronica Gambara und Vittoria Colonna; er verfaßte Raphaels Grabschrift im Pantheon. Bembos prägende Bedeutung für die it. Literatur beruhte weniger auf den lat. Schriften, obwohl er teils exzellente Beispiele der Humanistenlyrik schuf, als zum einen auf den neuplatonischen Dialogen *Gli Asolani* über die irdische und die himmlische Liebe; zum andern auf seiner Verteidigung des Italienischen als dem Lateinischen ebenbürtiger Literatursprache in den *Prose della volgar lingua*, wobei er im Bemühen um sprachliche und stilistische Reinheit Petrarca zur Norm für die Lyrik und Boccaccio für die Prosa setzte (wie die Humanisten Cicero und Vergil zu verbindlichen Vorbildern für die neulateinische Prosa bzw. Poesie bestimmt hatten); schließlich auf dem Einfluß seiner *Rime* in der Art Petrarcas, die die Entwicklung des sog. *Petrarkismus* nachhaltig prägten.

Diese bis ins 18. Jahrhundert anzutreffende Stilrichtung der europäischen Liebeslyrik orientierte sich an Petrarcas Gedankengut und Ausdrucksmitteln, die sie sich je nach herrschendem Geschmack und mit unterschiedlicher Kunstfertigkeit meist vereinfachend zu eigen machte. Die daraus entwickelte Vorliebe für oft nur pseudo-platonisierende Argumente, Pathos des Liebesschmerzes und verspielten Pointenstil bekämpfte der gegenläufige *Antipetrarkismus* des 16. und 17. Jahrhunderts als heuchlerisch, übertrieben und gekünstelt in zahllosen Satiren und unter einflußreichen Wortführern wie etwa Tizians scharfzüngigem Freund Pietro Aretino und Alessandro Tassoni.

Text: Muscetta – Ponchiroli, S. 1134.

1 *lito*: toskanisierte oder latinis. Form (beides ist bei Bembo denkbar) statt venezianisch *lido* (Sanddüne, die die Lagune vom offenen Meer trennt). **4** *la*: Akkusativ-Objekt; altit. *fier* (= *ferisce*) = *colpisce*. **5** höf.-siz. *rassembra* = *rassomiglia*; *'l dí breve*: der Winter mit kurzen Tagen. **6** *piaggie* „Fluren" (wie bei Petrarca); *il lungo* (ergänze *dí*): der Sommer. **8** *riva* = *rivo* (wie bei Petrarca). **11** metaphor. *fronte* „Miene"; Bembo verschmilzt 2 Verse Petrarcas: „*Per non turbar il bel viso sereno*" und „*E non turbò la sua fronte serena*". **14** altit. *fôra* = *sarebbe*.

MICHELANGELO BUONARROTI (geboren 6. 3. 1475 in Caprese; gestorben 18. 2. 1564 in Rom).

In den Gedichten des Bildhauers, Malers und Architekten spiegeln sich u. a. biographisch-persönliche Anlässe wider, teils kommen sie auch Meditationen und Bekenntnissen gleich. Michelangelos geistige Bildung hatten schon die frühen Jahre am Hof Lorenzos de' Medici in Florenz geprägt (1489/90–1492), wo ihn nicht nur einige der besten Künstler der Zeit umgaben, sondern ihm Gelehrte wie C. Landino, M. Ficino, Poliziano und Pico della Mirandola die humanistische Kultur und neuplatonische Philosophie erschlossen.

Literarische Vorbilder fand er außer im zeitgenössischen, d. h. auch volkstümlichen oder gelehrten, Schrifttum besonders bei Dante (auf den er zwei Sonette verfaßte) und Petrarca als seinen wichtigsten sprachlich-begrifflichen und poetischen Quellen. So sind etwa auch die Verse an Vittoria Colonna aus jener fruchtbaren Epoche (1534–1547) seit der endgültigen Niederlassung in Rom bis zum Tod der edlen Freundin durchdrungen von Petrarcas Deutung der Liebe (als Erfahrung des Göttlichen durch die verehrte Frau) wie der platonischen Liebesphilosophie und lassen eine an Dante geschulte Sprache erkennen. Zugleich bleiben sie bewegende

Zeugnisse Michelangelos eigener Kunsterfahrung, seines qualvollen Ringens um Vollkommenheit.

Platonischer Gedankengang des Sonetts, das die Reihe der an Vittoria gerichteten Dichtungen eröffnet: Das Kunstwerk existiert als gottgegebenes Idealbild im Marmor beschlossen, und der Künstler hat es von den umschließenden Hüllen zu befreien; das gelingt ihm nur bei ausreichender Fähigkeit. Ebenso birgt die Frau das Ideal der Seelenschönheit; an der Frau liegt es ebensowenig wie am Marmorblock, ob das Ideal erreicht wird; vielmehr liegt es am Liebhaber, ob er aus der Frau sinnliche oder unsinnliche Liebe zu gewinnen versteht. Vergleich des künstlerischen Ringens um die vollendete Form mit dem seelischen Ringen um die reine Liebe; bei beidem läßt ihn ein Gefühl des Unvermögens verzweifeln. Die Terzinen wiederholen in leidenschaftlicher Bewegtheit den Gedanken, der in den Quartinen als sachliche Feststellung ausgesprochen wurde. Text: Muscetta – Ponchiroli, S. 1332.
1 *concetto = concezione.* **6** lat. *diva = divina.* **7** *non viva* (vgl. v.14 *morte*): das Unvermögen, das Ideal zu erreichen, bedeutet für ihn den Tod. **8** *contraria*: weil unzulänglich; altit. *disiato = desiderato; effetto*: d. h. dem Kunstwerk sowie der reinen Liebe. **9** altit. *beltate = bellezza.* **10** kraftvoller Ausdruck des Schmerzes in der asyndetischen Reihung der Synonyme; *durezza, disdegno*: das Schicksal ist hart und zürnt mit ihm, indem es ihm Vollkommenheit versagt. **12–14** *se...porti*: gemäß dem Indikativ drückt *se* keine Vermutung aus, sondern eine bekannte Tatsache („wenn, wie bereits gesagt"); petrarkisches Motivpaar *morte e pietate*: Verdammnis und Seelenheil (für den Dichter) sind beide in der Geliebten beschlossene Möglichkeiten; *che...sappia* (bildet den eigtl. Nachsatz zu *non ha colpa* in Str.III): der irreale Konjunktiv läßt einerseits die Möglichkeit offen, daß er doch das erstrebte Ziel zu erreichen vermag, anderseits unterstreicht die Unbestimmtheit der Aussage noch den Zweifel am eigenen Vermögen; nach der traditionellen Liebesmetaphorik *ardendo = amando.*

BALDASSARE CASTIGLIONE (geboren 6. 12. 1478 in Casatico; gestorben 7. 2. 1529 in Toledo).

Der am Herzogshof Ludovicos il Moro in Mailand aufgewachsene Graf trat als Diplomat in den Dienst Guidobaldos da Montefeltro und Francescos della Rovere in Urbino und war dann Gesandter der Gonzaga in Rom, bevor er im politischen Spannungsfeld zwischen Papst und Kaiser als Nuntius Klemens' VII. 1525 bis nach der Plünderung Roms 1527 durch die Truppen Karls V. am Hof in Madrid eine wichtige Stellung innehatte. 1513 wurde er zum Herzog von Novellara ernannt, 1521 trat er als Witwer in den geistlichen Stand ein. Er unterhielt eine auch kulturgeschichtlich bedeutsame Korrespondenz mit führenden Persönlichkeiten und pflegte enge Kontakte mit Künstlern wie Raphael, dessen bekanntes Porträt ihn im Alter von etwa 37 Jahren zeigt, und Giulio Romano, der sein Grabmal entwarf, und mit Gelehrten und Literaten wie Andrea Navagero, Bernardo Dovizi (gen. il Bibbiena) und P. Bembo, der die Grabschrift verfaßte.

Der 1513 begonnene Traktat *Il libro del cortegiano* – eine Folge lebhafter fiktiver Dialoge von sprachlicher Eleganz, die das gesellschaftliche, moralische und geistige Standesideal des Hofmanns und der Hofdame formulieren, – gehört mit Ariostos *Orlando furioso* und Machiavellis *Il principe* zu den repräsentativsten Literaturwerken der it. Hochrenaissance. In den Gedichten erweist sich Castiglione als feinfühliger und geistreicher Vertreter des Petrarkismus.

Das seit Petrarca beliebte Motiv der Ruinen Roms begegnet vermehrt in der Literatur der Renaissance – bedingt auch durch das humanistische Interesse an der Antike, durch planmäßige Ausgrabungen und aufsehenerregende Zufallsfunde – und hält sich bis in die Romantik. Wie das Ruinen-Motiv im allgemeinen, dient es dem Ausdruck unterschiedlichster Gedanken: vom Schmerz über die gnadenlose Vergänglichkeit des Irdischen bis zur zeitkritischen Klage über die armselige Gegenwart nach einer glanzvollen Vergangenheit oder zur Verbildlichung melancholischer Empfindungen und elegisch-sentimentaler Gefühle. In diesem Sonett von schwungvollerem Ton als das thematisch verwandte *Ecco l' alma città* des um eine Generation älteren Boiardo bedeutet die Vergänglichkeit Trost im Liebeskummer.

1 latinis. *ruine = rovine*. **2** *tenete = ritenete*. **3, 4** latinis. *miserande = miserabili; pellegrine = singolari*. **5** *colossi*: z. B. die zu unbekannter Zeit eingeschmolzene, aber noch lange berühmte Nero-Statue, seit deren Aufstellung vor dem Flavischen Amphitheater auf Geheiß Kaiser Hadrians der Monumentalbau im Volksmund „Kolosseum" heißt. **6** lat. *pompa* = it. *processione*. **8, 11** latinis. *vulgo = volgo; invido = invidioso*.

VITTORIA COLONNA (geboren um 1492 in Marino; gestorben 25. 2. 1547 in Rom): Tochter des späteren Großkonnetabels von Neapel, mütterlicherseits Enkelin des Herzogs von Urbino; verheiratet mit Ferrante de Avalos, Markgraf von Pescara und Feldherr Karls V.

Nach dem Tod des in der Schlacht von Pavia, deren Sieg er entschieden hatte, 1525 verwundeten Gatten wandte sie sich neben den aus ihrer Stellung erwachsenden politischen Pflichten der Gelehrsamkeit, Religion und weiterhin der Dichtung zu: Sie stand in Verbindung mit den Kreisen z. B. um Juan de Valdés und Ochino, die eine innere Reform der Kirche anstrebten, und den Humanisten bzw. Literaten P. Giovio, Antonio Galateo, Castiglione, Bembo, P. Aretino und der als Dichterin hoch angesehenen Fürstin von Correggio, Veronica Gambara (die auch den Maler A. Allegri, gen. il Correggio, förderte); mit Michelangelo Buonarroti verband sie eine tiefe gegenseitige Freundschaft.

Ihr lyrisches Werk umfaßt Liebesgedichte an den lebenden und verstorbenen Gatten und religiöse Dichtungen.

Text: Muscetta – Ponchiroli, S. 1304.

1 *sorda*: da er ihre Bitte um Erlösung aus dem irdischen Dasein und um Wiedervereinigung mit dem verstorbenen Gatten im Jenseits nicht erhört. **3, 14** altit. *desio* bzw. höf.-siz. *desir = desiderio*. **4** höf.-siz. *duol* (= *dolore*) bildet ein Hyperbaton mit *forte*. **5** altit. *fôra = sarebbe*. **6** höf. *mercede = pietà*; höf.-siz. *oblio = dimenticanza*. **11** *tentato*: syntaktische Freiheit in Anlehnung an das Altit. **12** latins. *meco = con* (bzw. *in*) *me*. **14** *miglior*: d. h. fromme.

Francesco Berni (geboren wohl 1497 in Lamporecchio; gestorben 26. 5. 1535 in Florenz).

Als Sekretär mehrerer Kardinäle und des Präsidenten der päpstlichen Kanzlei hatte der in Florenz aufgewachsene Sohn eines verarmten Notars Zugang zu den geistig führenden Kreisen in Rom. Als Dichter bekämpfte er heftig den von Bembo geprägten Petrarkismus als lächerlich gekünstelt: So preist er etwa im *Capitolo a fra Bastiano dal Piombo* seinen Freund Michelangelo ausdrücklich für die künstlerische Aufrichtigkeit auch in der Dichtung; außerdem richtete er schneidende politische Satiren z. B. gegen den als verleumderisch gefürchteten Aretino und Hadrian VI.

Der Meister der burlesken Lyrik des 16. Jahrhunderts schuf in der Stilepoche des Manierismus, des geistigen und künstlerischen Umschwungs nach der Hochrenaissance, den komischen sog. *stile bernesco* für seine trefflichen Parodien und scherzhaften Lobgedichte (Sonette und *capitoli*, d. h. längere Folgen elfsilbiger Terzinen) auf völlig „unpoetische", auch unangenehme Themen des Alltags.

Die Schilderung häßlicher Frauen war ein gängiges Motiv der burlesken Dichtung. Das Sonett, das den Wortschatz und den rhetorischen Stil Petrarcas vorzüglich trifft, parodiert die bilder- und pointenreiche Liebeslyrik der Petrarkisten und verspottet unmittelbar Bembos Sonette *Crin d' oro crespo e d' ambra tersa e pura* und *Moderati desiri, immenso ardore.* Wirksame Mittel der Parodie sind die Verschiebung von Begriffen aus ihrem traditionellen poetischen in einen ungewohnten bzw. unpassenden Zusammenhang und die Verwendung einzelner Wörter in ihrer – statt aus der Dichtersprache bekannten – nur banalen Bedeutung.

1 *chiome*: gewöhnlich als kollektiver Singular gebraucht (wie *capigliatura*); *argento*: das übliche Attribut der Haare ist *oro*. **2** *d' oro*: d. h. gelb: das Schönheitsideal verlangte weiße Haut. **3** *crespa*: im petrarkistischen Schönheitskatalog den Haaren beigelegte Eigenschaft; *u' = ove*; *scoloro*: Topos der ernsten Liebesdichtung, daß der Liebende vor Ergriffenheit angesichts der Schönheit erbleicht. **4** *spunta*: als transitives Verb („die Spitze verlieren") auf *Amore* bezogen, als intransitives („hervorsprießen") auf *Morte*; *Amore – Morte*: petrarkisches Begriffspaar. **5** *perle*: geläufige Metapher für die Zähne; *vaghi* „schön" (in der ernsten Dichtung)/„unbestimmt"; *luci*: übliche Metapher für *occhi*. **6** latinis. *obietto = oggetto*; *diseguale*: ungleich im Wesen/ungleich erscheinend, da die Augen schielen. **7** *di neve*: eigtl. Attribut der Haut; *m' accoro*: als transitives Verb der ernsten Liebeslyrik „ins Herz treffen"/hier reflexiv „sich zu Herzen nehmen, betrüben". **8** *dolcemente grosse*: spöttisches Oxymoron. **9** *latte*: eigtl. Attribut der Haut; *ampia*: übliche Metapher für die (auch in den zeitgenössischen Bildnissen auffallende „hohe") Stirn; *celeste* „himmlisch" (Attribut des Antlitzes)/Farbbezeichnung. **10** *d' ebeno* (= *d' ebano*): eigtl. Attribut der Haare; poet. *rari*: „von

225

seltener Schönheit, erlesen"/Grundbedeutung „selten, spärlich"; petrarkist. *pellegrini* „erlesen"/banal „wandernd", hier „wackelig". **11** *inaudita ineffabile*: Epitheta der petrarkist. Lyrik. **12** *alteri* „stolz, erhaben"/„dünkelhaft"; *gravi* „ernst, würdevoll"/„langweilig"; *divini*: gemünzt auf die vom göttlichen Ursprung der Schönheit schwärmenden platonisierenden Petrarkisten.

LUIGI TANSILLO (geboren 1510 in Venosa; gestorben 1. 12. 1568 in Teano).

Einem unbemittelten Adelsgeschlecht entstammend, wurde er Hofdichter und Mitglied der Ehrengarde des spanischen Vizekönigs in Neapel, nahm an vielen Kriegszügen und Seefahrten teil und bekleidete später Staatsämter in Neapel und Gaeta. Der Hauptvertreter des süditalienischen Petrarkismus schloß in Neapel Freundschaft mit den Dichtern Juan Boscán Almogáver und Garcilaso de la Vega, die den petrarkistischen Stil in der spanischen Renaissancelyrik heimisch gemacht hatten; u. a. ahmte François de Malherbe, Wegbereiter der französischen Klassik, seinen Stil nach.

Innerhalb des Gesamtwerks (z. B. Eklogen, Idyllen, heitere und satirische *capitoli*, das religiöse Epos *Le lagrime di San Pietro*, womit er diese Gattung in Italien einführte) zeigen seine Gedichte besonders gut, welche neuen Akzente Tansillo setzte: Er war bemüht um thematische Bereicherung (in der Liebesdichtung lebenswahre Gefühle, auch Zorn und Eifersucht, und erotische Motive; aus persönlicher Erfahrung das Wirken der Naturgewalten und Erlebnisse in fremden Ländern), um einen betont farbigen und pointierten Ausdruck und um überraschende Einfälle (sog. *concetti*). Diese Eigenarten riefen u. a. Torquato Tassos und Giovanni Battista Marinos Bewunderung hervor, die in ihm einen Vorläufer der italienischen Barockdichtung erkannten.

Text: Muscetta – Ponchiroli, S. 1455.
1 latinis. *dí* = *giorni*. **2** lat. *mane* = *mattino*. **4** *elli* = *essi*; altit. *fûr* (auch *furo*) = *furono*. **6** *assera*: urspr. *si fa sera*. **7–8** nach astrologischer Vorstellung bewegt Merkur die 2. Himmelssphäre (d. h. die handelnden, aktiven Geister), Saturn die 7. (die betrachtenden, schwermütigen Geister), wovon die Alchemisten auch die Bezeichnungen *mercurio* bzw. *saturno* für Quecksilber bzw. Blei herleiteten. **8** *quelli*: die frohen Tage; *questi*: die freudlosen Tage. **9** *mentre* = *finché*. **10, 11** altit., in der Literatursprache beibehaltene Imperfektbildung *godea* (= *godevo*); *correano* (= *correvano*). **12** *rotte*: mehrfach hervorgehoben durch das Wortspiel mit *rote*, durch die Stellung im Reim und die Voranstellung vor das Hilfsverb *son* (= *sono*; v.13) und das kühne Enjambement. **13** latinis. *ambo* = it. *tutt' e due*; *carri*: die Wagen des Sonnengottes Helios und der Mondgöttin Selene; *state* = *estate*. **14** meton. *lune* für *notti*, lat. *bruma* „Wintersonnwende" für *inverno*, *soli* für *giorni*.

GASPARA STAMPA (geboren 1523 in Padua; gestorben 23. 4. 1554 in Venedig).
Dem Renaissance-Bürgertum zugehörend, hatte sie eine gute Ausbildung erhalten und fand Zutritt zu den Humanisten- und Literatenkreisen Venedigs (u. a.

um Sperone Speroni, Benedetto Varchi und Francesco Sansovino) und zur Accademia dei Dubbiosi. Sie pflegte einen unkonventionellen Lebensstil und trat als vielbeachtete Sängerin auf.

Ihre letztlich unglückliche Liebe zu Collaltino di Collalto, Graf von Treviso, inspirierte sie zu einer Fülle von Gedichten in meist unkomplizierter Sprache, die sich trotz bevorzugt modisch-petrarkistischer Motive durch Aufrichtigkeit und Ausdruckskraft auszeichnen: Erst in der Romantik erkannte man die Tiefe und Offenheit der durch ihre Schwester Cassandra postum veröffentlichten *Rime d' amore.* – Ähnlich ansprechend bleiben die petrarkisierenden Verse ihrer jüngeren Zeitgenossin Veronica Franco.

3 *perché = poiché*; latinis. *mesto = triste.* **7** latinis. *molesto* „schwer zu ertragen, (be)drückend". **8** *pacato*: hier aktivisch „beruhigend". **12** *ira* im Sinn der höf. Liebesdichtung „Ungnade". **14** petrarkisierender Gedankengang.

TORQUATO TASSO (geboren 11. 3. 1544 in Sorrent; gestorben 25. 4. 1595 in Rom).

Der Sohn des an verschiedenen Höfen tätigen Edelmanns und Dichters Bernardo Tasso trat nach dem Studium der Rechte und Philosophie – schon als bewunderter Dichter – in den Dienst der Este in Ferrara; 1572–1577 gehörte er zum Hofadel seines Gönners Herzog Alfons' II. als Dichter, Dozent für Geometrie und Historiograph. In jener Zeit entstand u. a. das Schäferspiel *Aminta*, in dem die dramatisierte Hirtenidylle ihren künstlerischen Höhepunkt erreichte (europäische Geltung verschaffte dieser Gattung dann Tassos einstiger Freund und späterer Rivale Govanni Battista Guarini mit dem Pastoraldrama *Il pastor fido*), und Tasso beendete das christliche Epos *La Gerusalemme liberata, overo Goffredo*: Dieses auch als „it. Nationalepos" gerühmte Hauptwerk arbeitete er nach etwa 15 Jahren aus künstlerischen Gründen und religiösen Skrupeln im geistigen Klima der Gegenreformation um in *La Gerusalemme conquistata.*

Seine Selbstanklage wegen Ketzerei bei der Inquisition 1577 gilt als ein Zeichen zunehmender, teils gewalttätiger Anfälle von Verfolgungswahn und Manien; während der auch nach Meinung seiner Zeitgenossen dennoch kaum zu rechtfertigenden Verwahrung 1579–1586 im Irrenhaus von Ferrara verfaßte bzw. überarbeitete er den Großteil der *Dialoghi* über moralische, gesellschaftliche und literarische Themen. Der Entlassung folgte ein ruheloses Dasein bis zu seinem Tod im Kloster von Sant' Onofrio.

Das ungewöhnliche Leben und die Person eines der größten Dichter Italiens, um die sich viele Legenden rankten, inspirierten Schriftsteller (z. B. Carlo Goldoni, Goethe, Byron), Komponisten (u. a. Gaëtano Donizetti) und bildende Künstler (z. B. Eugène Delacroix und Domenico Morelli). Seinem literarischen Schaffen sind außer weiteren, hier ungenannten Werken zahlreiche Liebes-, Huldigungs-, Gelegenheits- und religiöse Gedichte zuzurechnen.

Tassos Wirkung auf die europäische Dichtung lag in der schöpferischen Gestaltungskraft besonders der lyrischen – der sinnenhaften wie melancholischen –

Empfindungen und in der musikalischen, anmutig-eingängigen Sprache. Die Sinnenfreude seiner Lyrik war eine wichtige Voraussetzung für die Entwicklung der italienischen Barockdichtung.

Ecco mormorar l' onde: Dieses Madrigal – Tasso galt als Meister dieser Gattung – vertonte Monteverdi. Kunstfertigkeit und Eigenart eines Madrigals liegen mehr in der Musik als in der metrischen Form. Dantes Freund P. Casella gilt als der älteste namentlich bekannte italienische Madrigalkomponist. Das durch eine Veränderung des musikalischen Stils entstandene Madrigal des 16. Jahrhunderts unterscheidet sich von den älteren Formen, da es freiere Reimanordnung und kürzere Verse erlaubt und nicht mehr auf die Liebesdichtung beschränkt ist; im 17. Jahrhundert wurde es zu einer Modegattung der Barocklyrik. **3** latinis. *aura = aria.* **4** altit. *sovra = sopra;* höf.-siz. *augelli = uccelli.* **11** *indora* zum Subjekt *alba.* **13** *l' aura*: Anspielung auf die Geliebte Laura Peperara unter Verwendung des petrarkisierenden Wortspiels mit dem Namen der von Petrarca besungenen Laura. **14** latinis. *ristaura = ristora.*

Vecchio ed alato dio, nato col sole, In dem zwischen 1579 und 1582 entstandenen Sonett bittet Tasso die Zeit darum, sein Herz zu trösten, was niemand sonst vermag. **1** *Vecchio...dio*: die Zeit; auch in der bildenden Kunst hauptsächlich der Renaissance und des Barock zeigen die Allegorien der Zeit einen geflügelten Greis. **2** *ad-...medesmo* (= *medesimo*): wörtl. „bei derselben Geburt". **3–4** als reimbedingte Vokalbildung aus dem Altit. in die Dichtersprache übernommene Variante bei der 2. Person Singular (-*e* statt -*i*): *rinnovelle = rinnovelli; vole e rivole = voli e rivoli.* **8** *console = consoli* (3. Pers. Sing. Konjunktiv). **12–14** der Gedanke entspricht zeitgenössischen Bildthemen wie z. B. „Die Zeit enthüllt die Wahrheit".

Giovanni Battista Marino (geboren 18. 10. 1569 in Neapel; dort verstorben 25. 3. 1625).

Der Notarssohn fand in Diensten südit. Adelshöfe und als Mitglied der Accademia degli Svegliati bald Beachtung in den Dichterkreisen. Auch T. Tasso schätzte ihn, und Camillo Pellegrini ließ ihn als Gesprächspartner im Traktat *Del concetto poetico* auftreten. Aus strafrechtlichen Gründen floh er im Jahre 1600 nach Rom, wo er ab 1603 Sekretär der Kardinals Aldobrandini (Neffe Klemens' VIII.) wurde und – teils auch dichtungsgeschichtlich wichtige – Verbindungen knüpfte z. B. mit Tassoni, dem einflußreichen Verskünstler Gabriello Chiabrera und Marinos später scharfem Gegner Tommaso Stigliani.

1602 erschienen die ersten Teile der Gedichtsammlung *La Lira* (der dritte Teil folgte 1614). Ab 1608 hielt er sich am Hof Karl Emanuels I. von Savoyen in Turin auf. Daß ihn der Herzog zum Ritter des Mauritiusordens schlug, löste die literarische Fehde mit dem eifersüchtigen und von Marino geringgeachteten Dichter und herzoglichen Sekretär Gaspare Murtola aus.

1615–1623 lebte er am französischen Hof Marias de' Medici und Ludwigs XIII.
in Paris, wo ihn sein fruchtbarstes Schaffen zu den größten Erfolgen führte: 1619/
1620 erschien *La Galeria*, eine umfangreiche Sammlung von Gedichten auf Werke
der bildenden Kunst (für die im Barock und Rokoko besonders modische Gattung
des Porträt-Gedichts schuf er darin verbindliche Vorbilder); 1620 *La Sampogna*,
eine Claudio Achillini gewidmete Sammlung mythologischer Idyllen; 1623 veröffentlichte er als Hauptwerk das Ludwig XIII. zugeeignete Epos *Adone*, das wegen
der Fülle an Einfällen, der vielfarbigen Sinnlichkeit und der formalen Virtuosität
sowohl höchste Bewunderung hervorrief als auch herbe Kritik mit dem Vorwurf
der Übersteigerung, Leere und des Schwulstes (was zu einer lang anhaltenden
Polemik führte). Hohe Ehrungen erfuhr Marino, der u. a. Malern auch Poussin
förderte, 1624 in Rom auf der Rückreise nach Neapel, wo er zum Principe dell'
Accademia degli Oziosi gewählt wurde und als letztes größeres Werk das religiöse
Gedicht *La strage degli innocenti* vollendete.

Nach dem Wortführer der italienischen Barockdichtung – meist wird sie bezeichnet als *il secentismo* –, der in Reaktion auf den erstarrten Petrarkismus die
Forderung nach vollkommen Neuem zur Grundlage der Dichtkunst machte,
nannte man ihre vorherrschende Stilrichtung *Marinismus* (und Marinos Anhänger *Marinisti*): Entgegen dem Stilideal des 16. Jahrhunderts, in dem man fast
nur noch vollendete Glätte und dominante Regelhaftigkeit erkannte, verlangte
man nun thematische Vielfalt (einschließlich historisch-politischer und lebens-
voll-erotischer Stoffe), künstlerische Phantasie, das artistische Spiel mit Formen
und Klängen, stets geistreich überraschende Ideen und Ausdrucksmittel (*concetti*); unter den treuesten *Marinisti* zeichnete sich Girolamo Preti durch eine ge-
wisse schöpferische Unabhängigkeit aus. Ähnlichen Zielen folgten in Deutschland
z. B. Hofmann von Hofmannswaldau und Strömungen in Spanien (Stilrichtung
des sog. Gongorismus) und England (sog. Euphuismus). Zu den Anführern der
Gegenbewegung *Antimarinismus* (d. h. der *Antimarinisti*), die eine unerträgliche
Überladenheit des Stils, ungerechtfertigten formalen Aufwand, extravagante Ge-
schwätzigkeit, Überreizung der Sinne und Frivolität tadelte, gehörte T. Stigliani.
1690 gründete man in Rom die poetisch-literarische Gesellschaft Accademia dell'
Arcadia, um die Übertreibungen des Marinismus zu überwinden und zu einer in
Inhalt und Form klaren Dichtung zurückzukehren, indem man sich besonders an
Chiabreras Lyrik nach dem Vorbild der antiken griechischen Dichtung Pindars und
der Anakreontiker orientierte.

Pon mente al mar, Cratone, or che 'n ciascuna: aus dem ersten Teil der Gedichtsammlung *La Lira*. Beschreibung des nächtlich ruhigen Meers unter dem
sternklaren Himmel.
4 *vesta* = *veste*; poet. *bruna* in der ursprünglichen Bedeutung „dunkel(glän-
zend)". **5** *rimira* = *guarda*. **7** *l' un con l' altro*: das Mondlicht und seine Spiege-
lung. **8** metaphor. *ninfe del ciel*: die Sterne; *Luna*: personifiziert wie *Notte* und
ninfe. **9** *ve'* = *vedi*. **11** *volte* = *trasformate*. **12** *fondo* (= *profondo*): metonym. für
Meer. **13** *lampi* (das Geblitze des vom Meer zurückgeworfenen Mondlichts) *e fa-*

celle (die Sterne): das visuelle Element, welches das ganze Sonett erfüllt, erfährt in der abschließenden Dopplung hyperbolischer Vergleiche eine letzte Steigerung.

Movon qui duo gran fabri arte contr' arte: aus *La Galleria*. Das Sonett gilt der Ausgabe von T. Tassos Epos *La Gerusalemme liberata* mit den von Agostino Carracci und Giacomo Franco gestochenen Illustrationen des Genueser Malers Bernardo Castello, den beide Dichter persönlich kannten; Marino bezieht sich wohl auf die erste Auflage, Genova 1590.
1 *fabri* (= *fabbri*) wörtl. „Schmiede". **7** *sensi* = *significati*. **8–9** Wortspiel *schernir / scerner*. **10** Wortspiel *esprima / imprima*. **14** Wortspiel *Apollo* (griech. Gott des Gesangs und der Dichtung)/*Apelle* (Apelles wurde bis in die Neuzeit als größter Maler der Antike verehrt).

CLAUDIO ACHILLINI (geboren 1574 in Bologna; dort verstorben 1640).

Der Professor der Rechtswissenschaften in Ferrara, Parma und Bologna und Sekretär hoher Würdenträger schuf den Großteil seines literarischen Werks 1626–1636 am Herzogshof Odoardo Farneses in Parma: z. B. das von Claudio Monteverdi, dem Wegbereiter der Oper, vertonte Stück *Mercurio e Marte* und seine *Poesie*. Vor allem aus den Gedichten spricht einer der leidenschaftlichsten Anhänger Marinos, der sein Vorbild in der Suche nach ausgefallenen *concetti* noch weit – und teils bis zur Verzerrung – übertrifft. Seinerzeit äußerst bewundert, wurde seine Dichtung durch die Anhänger der Accademia dell' Arcadia und in der Romantik der Lächerlichkeit preisgegeben.

Achillinis berühmtestes Sonett, das in eine übersteigerte Huldigung mündet, erwähnte Alessandro Manzoni ironisch in seinem Roman *I promessi sposi* (Kap. 28). Text: Ferrero, S. 698.
Susa: am Zugang wichtiger Alpenpässe viel umkämpfte Stadt im Stammland der Savoyer; *Casale*: vgl. v. 9. **1** *metalli*: Kanonen für das Salutschießen. **2** *ferri vitali*: die Meißel der Steinmetzen, die lebensechte Skulpturen schaffen; latinis. *itene pronti* = *andate subito*. **3** *Paro*: die griech. Insel lieferte im Altertum den geschätztesten Marmor. **5** *rocca*: La Rochelle, letztes Bollwerk des hugenottischen Widerstands gegen Ludwig XIII., wurde 1627/28 von Richelieu belagert, von der See her eingeschlossen und ausgehungert; *invitta*: 1573 hatte es der Herzog von Anjou noch vergeblich belagert. **6** poet. *rubelle* = *ribelle*. **7** *machinando* (= *construendo*) *inusitati ponti*: ein Dammbau. **8** *gli* = *li*. **9** *Alpi*: Casale im Monferrato wurde 1628 von den damals mit Herzog Karl Emanuel I. von Savoyen (der wiederholt Ansprüche auf dieses Gebiet erhob) verbündeten Spaniern belagert; Ludwig XIII. brachte dem Herzog im März 1629 eine Schlappe bei, worauf man die Belagerung abbrach. **10** *Astrea*: Astraia/Dike, griech. Göttin der Gerechtigkeit. **13** *venne...vinse*: Anspielung auf den Ausspruch *veni, vidi, vici* („ich kam, sah, siegte"), mit dem Caesar seinen schnellen Sieg über den König von Pontus 47 v. Chr. meldete. **14** *non vide*: Ludwig kam gar nicht erst nach Casale, sondern siegte von ferne.

Fulvio Testi (geboren 23. 8. 1593 in Ferrara; gestorben 28. 8. 1646 in Modena).

Der Sohn eines Gewürzhändlers brachte es nach dem Studium der Rechte (u. a. in Ferrara bei Achillini) in Diensten der Este in Modena bis zum erfolgreichen und allseits als äußerst gewandt geachteten Botschafter in Wien, Rom, Turin (Herzog Karl Emanuel I. von Savoyen zeichnete ihn 1635 mit dem Mauritiusorden aus) und Madrid (zuletzt 1638). Nach Aufdeckung seiner heimlichen Verbindungen zu Frankreich im Bemühen um eine Diplomatenstelle in Rom wurde er unter der Anklage des Verrats 1646 verhaftet und starb in der Festung von Modena kurz vor Eintreffen der Begnadigung. Testis bis weit ins 18. Jahrhundert geschätzte Dichtungen stehen ganz in der geistigen Tradition des Barock; doch folgt er in Anlehnung an den befreundeten Chiabrera (und die antiken Vorbilder Pindar und Horaz) nicht den rhetorischen Zielen des Marinismus. Die 2. Auflage der *Rime* (1617) mit einer Widmung an Karl Emanuel enthält auch politische, gegen Spanien gerichtete Gedichte (das patriotischste, *Il Pianto d' Italia*, trug ihm eine kurze Verbannung ein). Die *Poesie liriche* erschienen 1627–1648.

Das Gedicht aus den *Rime* (1627) entstand 1614. Text: Vitale III, S. 952–953. Italien befand sich damals großenteils unter spanischer Vorherrschaft: Span. Besitzungen waren das Königreich Neapel und Sizilien, Sardinien, die Häfen und Inseln der Toskana und die Lombardei; unter span. Einfluß standen die übrigen Kleinfürstentümer und die Republik Genua (der Kirchenstaat war von diesen Gebieten umklammert); selbständig blieb nur die Republik Venedig. Karl Emanuel I. von Savoyen wagte und vermochte in seiner langen Regierungszeit (1580–1630) als einziger it. Fürst, eine eigene, auch antispanische Politik zu betreiben, und bemühte sich durch Kriege gegen Spanien und Frankreich um die Vergrößerung seines Herrschaftsgebiets: Als er 1614 seinen Anspruch auf das Mantua unterstehende Monferrato geltend machte, erschien er einigen Italienern – darunter auch Testi – als der Held der it. Freiheit; aber in Wirklichkeit betrieb er die übliche dynastische Territorial- und Hausmachtspolitik. Da Mantua von allen andern Mächten unterstützt wurde, war der 1615 um das Monferrato geführte Krieg dann doch vergeblich.

2 *Italia*: personifizierende Auslassung des Artikels. 3 *bada* = *indugia*; latinis. *cessa* = *si tiene lontano*. 4 lit. *dimore* = *indugi*. 6 alttosk. *veggia* = *veda*. **Str. III**: Testi wirft Venedig und Frankreich vor, daß sie Spanien nicht entgegentreten. 9 *Reina del mar*: Venedig. **12** lit. *Franco* = *francese*. **13** latinis. *incerto Marte*. **15** *non ten caglia* = *non te ne curare; ti consola* = *consolati*. **16** *fia...a parte de* = *sarà partecipe di*. **19–24** Sentenzen nach Vorbild des röm. Dichters Horaz. **21** altit. *vassi* = *si va*. **25** *fia*: ergänze *quello; laccio*: meton. für *catena*. **26** latinis. *Esperia* = *Italia* (wie beim röm. Dichter Vergil). **29, 31** Anspielung auf zwei Aufgaben, die der griech. Sagenheld Herakles zu vollbringen hatte: **29** *Idra*: Spanien wird mit der neunköpfigen Hydra verglichen, die er nur schwer erlegen konnte, da für jeden abgeschlagenen Kopf zwei neue nachwuchsen; *ancide* = *uccide*; **31** *Gerion*: der drei-

231

leibige Riese Geryones, den Herakles erschlug, symbolisiert die span. Unterdrük-
kung (eine Verbindung mit Dantes Geryon in der *Divina Commedia* als Sinnbild
des Betrugs kommt kaum in Betracht, da der Geschmack des 17. Jahrhunderts an
der Antike orientiert war und der mittelalterlichen Welt fremd gegenüberstand).
32 *i' vo'* = *io voglio*; *Alcide*: Alkides war der genealogische Name des Herakles als
Enkel des Alkaios. **33** *isdegnar* = *sdegnare*; latinis. *carmi* = *poesie, poemi*.

PIETRO ANTONIO METASTASIO (das Pseudonym basiert auf der griech. Übersetzung des bürgerlichen Familiennamens *Trapassi*; geboren 3. 1. 1698 in Rom; gestorben 12. 4. 1782 in Wien).

Die Ausbildung des durch sein dichterisches Improvisationstalent hervortre-
tenden Krämerkinds übernahm der Jurist und Dichtungstheoretiker Gian Vincenzo Gravina, Gründungsmitglied der Accademia dell' Arcadia, deren Satzung er
verfaßte. Neben der Tätigkeit in einer neapolitanischen Anwaltskanzlei begann
Metastasios literarische Laufbahn, und er wandte sich mit raschem Erfolg dem
Musiktheater zu. Musikalische Unterweisung erhielt er durch Porpora und
pflegte Kontakte zu Pergolesi und Scarlatti.

Der seit 1729 kaiserliche Hofpoet in Wien wurde der maßgebliche Textdichter
der it. *Opera seria* (bis zu Glucks Opernreform), dessen *Libretti* die großen Komponisten des 18. Jahrhunderts (auch Mozart) teils untereinander konkurrierend
vertonten; außerdem schrieb er Texte für Oratorien und Kantaten. Noch be-
stimmter als sein Vorgänger Apostolo Zeno trat er für die literarische Reform des
Melodramas ein, bei der es darum ging, das Libretto auf einen rationalen Hand-
lungsablauf zu gründen und von barocker Überladenheit zu befreien. In Stil und
Inhalt – er verarbeitete historische, legendäre, mythologische und religiöse Stoffe
– entsprachen seine Schöpfungen so sehr den gegen die Auswüchse der Barockdichtung gerichteten, auf Natürlichkeit bedachten Zielen der Arcadia, daß er als
ihr seinerzeit größter Meister galt. Sein ungewöhnliches Formgefühl und die
klare, dabei auffallend sangbare Sprache kennzeichnen auch die schwerelosen lyrischen Gedichte.

Metastasio stand auch mit dem Lustspieldichter Goldoni in Verbindung, der das
um 1550 in Oberitalien entstandene Stegreifspiel (*commedia dell' arte*) gegen den
Widerstand besonders des Märchenspieldichters Carlo Gozzi zur italienischen
Charakterkomödie reformierte.

Ebenfalls ein Zögling Gravinas war Paolo Rolli, langjähriger Prinzenerzieher
am englischen Hof. Er schrieb Opernlibretti z. B. für Händel und formte die metrisch vom Gesangsvortrag bestimmte *cantata* zu einem nunmehr von der musikalischen Fassung unabhängigen Werk der Dichtkunst um. Seine Lyrik kennzeichnen die betont klare, Gefühl und Sinnlichkeit lenkende Sprache, eleganter
Ausdruck und melodiöser Versfluß.

Den heiteren Lebensgenuß des Rokoko jenseits von Ernsthaftigkeit und Leiden-
schaft besang der virtuose Formkünstler Carlo Innocenzo Frugoni, Hofdichter der
Farnese und Bourbonen in Parma, mit seiner geistreich spielerischen, graziösen
Lyrik nach dem antiken Vorbild Anakreons und seiner Anhänger.

Canzonetta von 1746 mit kehrreimartigem Strophenschluß.
1 latinis. *fiero = crudele.* **8** provenzalis. *sovverai = ricorderai.* **12** *piè = piede.*
18 latinis. *mesto = triste.* **27,28** altit. *vivea = vivevo.* **36** *diè = diede.*
37 *si* meint hier nur den Liebenden, in v. **38** aber beide; altit. *speme = speranza.*

GIUSEPPE PARINI (geboren 23. 5. 1729 in Bosisio; gestorben 15. 8. 1799 in Mailand).
Der Sohn eines Seidenwebers schlug die geistliche Laufbahn ein und erhielt in Mailand Zutritt zum Kreis der Aufklärer. Zunächst Lehrer in adeligen Häusern, wurde er 1768 Herausgeber des Regierungsblatts *Gazzetta di Milano*, war ab 1769 Professor für it. Literatur an der Jesuitenhochschule (die nach dem Verbot des Ordens 1773 zum Königlichen Gymnasium umgewandelt wurde) und 1796 Stadtrat der Gemäßigten.

In Überwindung der poetischen Ideale der Accademia dell' Arcadia, die sich allmählich mit virtuoser Künstlichkeit begnügten, erstrebte der bedeutende Vertreter der *Aufklärung* aus moralischer Überzeugung die Verbindung ästhetischer mit ethischen Prinzipien, mit dem Ziel, Dichtung und Leben nicht mehr von einander zu trennen, sondern mit der Dichtung auf die gesellschaftliche Realität der Zeit einzuwirken. Damit begründete er eine neue literarische Tradition. Stilgeschichtlich gehört Parini, wie etwa auch der wesentlich jüngere Freund Ugo Foscolo, dem *Klassizismus* an, doch so wie er zeitgenössische Themen aufgriff, Errungenschaften der Gegenwart begrüßte bzw. Negatives bloßstellte, vermochte er es auch, seiner zunächst rein antikisierenden Sprache durch neue Elemente (z. B. Straffung des Ausdrucks, Ironie, vorsichtige Aktualisierung des Wortschatzes) einen eigenen, persönlichen Ton zu geben.

Sein ab 1763 verfaßtes (unvollendetes) Hauptwerk ist der Zyklus der unter dem Titel *Il giorno* zusammengefaßten, meisterhaften satirischen Versdichtungen, worin er Lebensform und Privilegien des Adels geißelte. In Parinis Spätwerk kündigte sich durch die Subjektivierung des Gefühls und das klar entwickelte Lebensideal vom freien, unabhängigen Menschen und Künstler das Heraufziehen einer neuen Epoche – der Romantik – an.

Die von Parini eingeführte, für die Vorromantik und Romantik charakteristische Form der *Ode* ist der *canzonetta* metrisch verwandt, aber von ernstem Inhalt und feierlichem Ton. Die hier ausgewählte Ode von 1793 an die contessa Maria di Castelbarco (1761–1815) zählte Foscolo zu Parinis schönsten (und wegen der Strohen XV und XVI) wichtigsten Dichtungen.

Gedankengang: Strophe I–III: Ein im Vergleich zur Liebeslyrik des Rokoko neuartiges, subjektives Element. Strophe IV–XII: Beschreibende, preisende Huldigung der Angebeteten im Sinn der traditionellen höf.-barocken Dichtung, aber ohne die rokokohafte Unverbindlichkeit des augenblicklichen Genusses (wie z. B. bei Frugoni), sondern von sittlichem Ernst erfüllt (z. B. Strophe VII). Strophe XIII: wieder subjektiv. Strophe XIV: Rebellische Behauptung der Eigenpersönlichkeit, die sich in Strophe XV–XVI steigert zur Formulierung des sittlichen Lebensideals eines freien, unabhängigen Menschen und Künstlers. Ab Strophe

XVII: Subjektiver Ausklang unter Voranstellung des Gefühls; vorromantische Sentimentalität über den eigenen Tod. Stilistische und metrische Eigenarten: Nachahmung des röm. Dichters Horaz z. B. durch weitestgehende Nachbildung der freien Iat. Wortstellung und häufige Verwendung des Enjambement, das außerdem metrisch bewirkt, daß der tänzelnde Rhythmus der Rokoko-Strophe aufgehoben wird; neuartiger Strophenschluß mit ruhig ausklingendem Elfsilbler.

1 *novelle* = *notizie*. **2** latinis. *inclita* (= *illustre*): aus der Dichtung der Arcadia beibehaltenes Epitheton zum Namen der Geliebten; der dort ebenfalls geläufige (vgl. Metastasio), antikische Name *Nice* meint Maria di Castelbarco; *Nike*: griech. Siegesgöttin . **3** *me* = *mi*. **9** latinis. *acre* = *violento*. **10** *m' arrosso* = *arrosisco*. **11–12** latinis. *al ... utilcapace di.* **21–24** auf die Reifröcke des Rokoko folgten die enganliegenden 'griechischen' Gewänder der Revolutionszeit und des Direktoriums. **21** *mobili*: ergänze *forme*. **22** *lucid(e)* = *lucenti* „(von Schönheit) strahlend". **26** *orgogliose* = *sontuose*. **27** *cui*: Objekt; *di rugiada nudrono* (= neuit. *nutrono*): mit ihren im Tau gelösten Duftstoffen parfümieren. **35** altit. *invidia*: Gegenstand der Eifersucht. **40** latinis. *acume* = *perspicacia*. **41** latinis. *involar(e)* = *sottrarre*. **47–48** *Ebe* „Hebe": griech. Göttin der Jugend und Gemahlin des Herakles nach dessen Aufnahme in den Olymp zum Lohn für seine übermenschlichen Leistungen; latinis. *magnanimo* = *eroico*; *Alcide*: genealogischer Beiname des Herakles. **49** *il guardo* = *lo sguardo*. **50** latinis. *in ... prevale* (= *supera*): metaphor. „Macht über andere Herzen ausübt". **53** *Parto sagittario*: die berittenen Bogenschützen der Parther waren im Altertum für ihre Kriegstechnik berühmt, da sie sich nach scheinbarer Flucht plötzlich zum Angriff umwandten. **57–60** *temono ...* (ergänze *che*) *doni*: bereits in der altit. Lyrik vorkommende (und daher für die Dichtersprache sanktionierte) Auslassung von *che*. **59–60** *suggere* = *succhiare*; das klassizist. Spiel mit Bildungsgut und Schmeichelei führt zu einem Bild von äußerster Geschmacklosigkeit, das die unvergleichliche Schönheit der Lippen preisen soll: dennoch bleibt es – wie Nices ganze Beschreibung – unsinnlich. **66** latinis. *lene* = *lieve*. **68** latinis. *sensi* = *sentimenti*. **69** latinis. *geniali* („angenehm, erfreulich") *studii*: die gefällige Belesenheit der Dame. **75** latinis. *leso* = *ferito*. **78** latinis. *delusa* = *ingannata*. **79–84** sinngemäß: was geht es die Toren an, wenn ich im Alter für die schöne junge Frau schwärme? **79** latinis. *vulgo* = *popolo ignorante*; latinis. *mormori* = *brontoli*. **80** latinis. *infeste* = *fastidiose* (da den Dichter an sein Alter erinnernd). **81** altit. *noveri* = *annoveri*. **83** *ariete*: Sternbild des Widder. **84** metaphor. *Febo* „Phoebus" = *sole*. **85–96** Foscolo erkannte das für die einsetzende Romantik programmatische Gewicht dieser Verse. **85** latinis. *Genio* „Schutzgeist". **88** latinis. *inane* = *vuoto*. **89** latinis. *perfido* = *ingannevole* (da er ins Unglück stürzen kann). **95** latinis. *indocile* (= *recalcitrante*), d. h. keine Autorität anerkennend, so bedeutsam wie *liberi* (v. 91): Parini ist auf seine innere Freiheit und Selbständigkeit stolz. **96** *speranze*: die Hoffnung auf die Verwirklichung der Ideale, für die er sich einsetzt; latinis. *arduo* (= *faticoso*) *sentier*: die Mühe des künstlerischen Schaffens. **97–99** das (wie Phoebus) personifizierte Jahrhundert ist am Ende seiner Fahrt angelangt (Übernahme des Bilds vom mytholog. Sonnenwagen), so daß die Achsen schon heißgelaufen sind. [100] *lustro* „Jahrfünft". [106] *Ore* „die Horen": Töchter des Zeus, Göttinnen des Zeitenwechsels. [111] latinis. *recenti* „neue, junge". [113] latinis. *cupido = desideroso*. [118] latinis. *pie* „pflichtgetreue, pietätvolle". [120] schon auf antiken Grabsteinen geläufige Abschiedsgrüße. [125–126] Periphrase für: er spreche deinen Namen aus; latinis. *aere = aria*. [128] meton. *religïoso = sacro*. [131] latinis. *reliquie* „Überreste". [132] latinis. *argute* „die sich deutlich kundgebenden"; latinis. *sibilar = gemere*.

VITTORIO ALFIERI (geboren 16. 1. 1749 in Asti; gestorben 8. 10. 1803 in Florenz). Der vermögende Graf brach die militärische Laufbahn früh ab und führte ein unstetes, von innerer Unruhe getriebenes Leben mit ausgedehnten Reisen, bevor er sich 1792 in Florenz niederließ. Der größte it. Tragödiendichter des 18. Jahrhunderts, aus dessen Werken später die Freiheits- und Einigungsbewegung des Risorgimento moralische Rechtfertigung und visionäre Impulse schöpfte, lebte in der Zeit des Umbruchs zwischen Aufklärung und Romantik: Unbändiger Freiheitsdrang, der in Alfieris Lebensstil bereits zum absoluten Individualismus tendierte und den Kampf gegen jegliche Einschränkung zum literarischen Grundmotiv erhob, ungestüme Leidenschaftlichkeit und äußerste Sensibilität kennzeichnen den Vorläufer der Romantik.

Die *Rime* (ab 1771), die trotz ihrer Stellung in der Tradition der it. Lyrik (besonders Petrarcas) einen neuartigen Willen zum unmittelbaren Ausdruck und eine eigentümlich kraftvolle, teils herbe Sprache offenbaren, sind durchdrungen von Alfieris durchweg tragischer Lebensauffassung. Die Autobiographie (*Vita*, postum erschienen 1806) zählt zu den besten künstlerischen Selbstzeugnissen.

Qui Michelangiol nacque?: Sonett vom 27. 1. 1779. [1] *Qui*: in der Toskana; altflor. *Michelangiol = Michelangelo*: M. Buonarroti, geb. in Caprese. [1–2] Petrarca aus Florentiner Familie, geb. in Arezzo. [3–4] D. Alighieri, geb. in Florenz. [5–6] Galileo Galilei, geb. in Arcetri. [7–8] Niccolò Machiavelli, geb. in Florenz. [8] altit. *prence = principe*; *i dolorosi effetti*: entweder folgt Alfieri einer seinerzeit verbreiteten Ansicht, Machiavelli habe in der politischen Schrift *Il Principe* die Verantwortungslosigkeit der Herrscher anprangern wollen, oder er paraphrasiert den Gedanken, daß polit. Handeln im Interesse der Staatsräson ethischen Prinzipien sogar widersprechen darf. [9–10] dies trifft nicht auf Galilei zu, der bei einem Inquisitionsprozeß (in Rom) abschwören mußte. [9] altit. *venia = veniva*. [12] *rio = reo*. [13] *libro d' oro*: im Goldenen Buch sind die Adeligen verzeichnet.

Sperar, temere, rimembrar, dolersi: Sonett vom 29. 4. 1786. Das in den Quartinen entworfene Bild ist trotz des objektiven petrarkischen Tons keine Darstellung des Menschen an sich, sondern zeigt sich durch die Einschränkung (v. 9) als ein subjektives, in den Terzinen weiter ausgeführtes *Selbstporträt* des innerlich zerrissenen Vorläufers der Romantik. Anlehnung an den rhetorischen Stil Petrarcas: z. B. Asyndeton und Antithesen. Denn auch die Rückkehr zu Petrarcas

Ernsthaftigkeit und Klarheit war *eine* Reaktion der Dichtung des 18. Jahrhundert auf die Übersteigerungen der Barocklyrik.

1786 schrieb Alfieri auf die Rückseite eines seiner Bildnisse durch François Xavier Fabre das bekannte Sonett *Sublime specchio di veraci detti*.

7 Motiv des Weltschmerzes. **10** *vili onori*: Anklang an die gesellschaftskritische Lebensphilosophie des von Alfieri deshalb sehr geschätzten Parini. **11** poet. *sien = siano*. **1–13** *l' un*: d. h. *Amore; viver fuori*: Ausdruck der neuen, auf die Romantik weisenden Auffassung vom Wesen der Liebe als eines tragischen Gefühls; *dell' altra*: d. h. *Gloria; Chiasmus des Begriffspaares*. **14** *furori*: ein Lieblingswort Alfieris aus der Periode des Sturm und Drang; Liebe (als etwas Existentielles) und Dichtung (nicht mehr als erlernbare Kunst, sondern als spontane, inspirierte Äußerung) werden als Regungen des Gefühls gedeutet.

NICOLÒ UGO FOSCOLO (geboren 6. 2. 1778 auf der damals zur Republik Venedig gehörenden ionischen Insel Zante/Zakynthos; gestorben 10. 9. 1827 in Turnham Green).

Als begeisterter Anhänger der Ideale der Französischen Revolution begann er 1797 die militärische Laufbahn. In diesem Jahr erschien die Ode *A Bonaparte liberatore*, doch schon nach dem Vertrag von Campoformio, der Venetien 1797 Österreich zuschlug, wurde er ein scharfer Gegner Napoleons. Er zog als Journalist und in bescheidenen Ämtern tätig u. a. nach Mailand, wo er Freundschaft pflegte mit den aufklärerischen Dichtern Parini und Vincenzo Monti, der (zwar politisch opportunistisch) zu den bedeutendsten Dichtern zwischen Klassizismus und Romantik zählte.

Der *Stil* des Klassizismus, den z. B. die antikisierende Sprache und eine Vorliebe für mythologische Anspielungen und Vergleiche kennzeichnen, behielt – im Gegensatz zu anderen europäischen Ländern – auch noch in der italienischen Romantik seine Geltung, während seine *Themen* dann als antiquiert und konformistisch abgelehnt wurden. Stilgeschichtlich gilt auch Foscolo als ausgeprägter Klassizist.

1798–1806 stand F. in verschiedenen Heeren im Dienst, 1804 wurde seine Tochter Floriana geboren. 1798 erschien die Erstausgabe des Briefromans *Le ultime lettere di Jacopo Ortis*, 1806 die durch die Grabmäler der großen Italienier in der Florentiner Kirche Santa Croce inspirierte, an den klassizist. Dichter Ippolito Pindemonte gerichtete Elegie *Dei sepolcri*: beides Hauptwerke des an den realen Gegebenheiten des Daseins weltschmerzlich verzweifelnden Dichters und bedingungslos patriotischen Vorkämpfers der Unabhängigkeit und Einigung seines Landes, des kraftvollsten und leidenschaftlichsten Schriftstellers der it. *Vorromantik*.

Ab 1808 war F. Professor für Beredsamkeit in Pavia (bis das Fach 1809 an allen Universitäten des it. Königreichs verboten wurde) und ohne feste Anstellung schriftstellerisch tätig (u. a. entstammt dieser Zeit die nach der Uraufführung aus politischen Gründen abgesetzte Tragödie *Ajace*); 1813 trat er ins Heer des it. Vizekönigs E. de Beauharnais ein, nach der Einnahme Mailands durch Österreich floh er in die Schweiz. Seit 1816 lebte er in selbstgewählter Verbannung in London, wo er sich bei zunehmender Verarmung karg ernährte durch Unterricht und literarische Arbeiten (u. a. bedeutende literaturgeschichtliche Abhandlungen); die 1803 begonnene, durch Skulpturen Antonio Canovas angeregte lyrisch-philosophische Komposition *Le Grazie* blieb ab 1822 unvollendet. 1871 erfolgte die Überführung seiner Gebeine nach Santa Croce in Florenz.

Forse perché della fatal quiete: erschienen 1803. Trotz des neuen Inhalts bleibt Foscolos gerühmte, u. a. durch Latinismen bereicherte Sprache klassisch bzw. zeitgemäß klassizistisch: z. B. latinis. *immago / it. immagine; nubi / nuvole; aere / aria; reo / malvagio; cure / affanni; meco / con me.* **1** *fatal(e)* (und *fato*) sind Leitworte der weltschmerzlichen Schicksalsdeutung. **5–6** romantische Motive: Sturm, Dunkelheit, Nacht, Unendlichkeit. **8** *soavemente*: Grundton für den Gedankengang des Gedichts, denn dem sachte nahenden Abend möge als Befreiung von aller Last ein sanfter Tod entsprechen. **11** *reo tempo*: romantisches Motiv der Zerfallenheit mit der eigenen Zeit, die das Leben als Last empfinden läßt. **12** latinis. *onde = per cui.* **14** *spirto guerrier* (= *che mi fa guerra*): die innere Unruhe, der rebellische Sinn (Alfieris *furori* entsprechend).

Solcata ho fronte, occhi incavati intenti: Das (1802 erstmals veröffentlichte, mehrfach überarbeitete, hier in der letzten Fassung von 1822/1824 gegebene) *Selbstporträt* – ein beliebtes Thema besonders der romantischen Dichtung – weist deutliche Bezüge zu Alfieris Versen *Sublime specchio di veraci detti* auf. Es wird teils mit einem Benedetto Pistrucci zugeschriebenen Porträt Foscolos in Verbindung gebracht. (Das erst postum publizierte Sonett *Capel bruno, alta fronte, occhio loquace* des jungen Manzoni von 1801 entstand trotz gewisser Entsprechungen in Auffassung und Stil vor Foscolos Gedicht.) Ergänzend sei Foscolos Sonett *Vigile è il cor sul mio sdegnoso aspetto* erwähnt, wozu ihn sein Bildnis durch F. X. Fabre von 1813 inspirierte.

1 *solcata*: an hervorgehobener Stelle schon in der Erstfassung des Gedichts ein für ein noch junges Gesicht überraschender Zug.

GIOVANNI BERCHET (geboren 23. 12. 1783 in Mailand; gestorben 23. 12. 1851 in Turin).

Ursprünglich aus einer Genfer Bürgersfamilie stammend war er ab 1810 Senatsbeamter in Mailand, das er 1821 verlassen mußte, da er sich schon als Mitbegründer der (1818/1819 erschienenen) liberalen Zeitschrift *Il Conciliatore* den Österreichern verdächtig gemacht hatte. Nach Aufenthalten (u. a. als Bankangestellter und Erzieher) in mehreren Städten Europas kehrte er nach Italien zurück und lebte 1846–1848 im verhältnismäßig freiheitlichen Florenz; 1848 bei der provisorischen Regierung in Mailand, nach deren Ende durch die zurückkehrenden Österreicher er im Königreich Piemont Abgeordneter der Gemäßigten und Unterrichtsminister war.

In den Streit zwischen den Vertretern des Klassizismus, dessen Themen seine Gegner als geistig antiquiert und durch die Fremdherrschaft gelenkt ablehnten, und der Romantik, die den liberal-patriotischen Bestrebungen des Risorgimento zuneigten, griff er 1816 mit der *Lettera semisera di Grisostomo al suo Figliuolo* ein, die die Programmschrift der italienischen Romantik wurde. Als einer ihrer bestimmenden Lyriker – stilgeschichtlich ist er der *Frühromantik* zuzurechnen – trat er auch als politischer Dichter hervor. In Nachahmung der Balladen Bürgers führte er die *ballata romantica* (auch *romanza*) ein.

Die Ode entstand anläßlich der Revolutionen von 1831: Der Anfang Februar 1831 im päpstlichen Bologna ausgebrochene Aufstand griff rasch auf die benachbarten Herzogtümer Modena und Parma, dann auf weitere Teile des Kirchenstaats über und lief im Sommer erfolglos aus. **1–2** *ripresa* (Refrain). **6–7** *sette*: nach dem Wiener Kongreß zerfiel Italien in die Königreiche Piemont-Sardinien und Lombardo-Venetien, die Herzogtümer Parma und Modena, das Großherzogtum Toscana, den Kirchenstaat, das Königreich beider Sizilien. **9, 17** *Stretto*: die Meeresstraße von Messina. **12** altit. *speme* = *speranza*. **12–14** diese dreifarbige Flagge (mit Grün statt dem Blau der vorbildlichen franz. Trikolore) war das Symbol der it. Freiheitsbewegungen. **Str. III–IV** ein Aufruf an das Volk, das die nationalen Bestrebungen damals kaum unterstützte. **22** *vasta*: das ganz Italien betreffende Glück der Befreiung und Einigung. **23** Wortspiel *angustia / anguste*: Anspielung auf die während des Aufstands 1831 eingesetzten liberalen Stadtregierungen. **24** poet. *sien* = *siano*. **31** *al Tedesco*: dem österreichischen Kaiser.

ALESSANDRO MANZONI (geboren 7. 3. 1785 in Mailand; dort verstorben 22. 5. 1873).

Aus gräflichem Geschlecht, Enkel des aufgeklärten Juristen und Schriftstellers Cesare Beccaria, der als einer der ersten Gegner von Folter und Todesstrafe wirksam für eine Modernisierung des Strafrechts und Strafprozesses eintrat; in geistlichen Internaten erzogen. In Paris (1805–1810, mit Unterbrechungen) verkehrte er u. a. mit Anhängern der franz. Aufklärung und dem Literaturwissenschaftler Claude Fauriel, Wegbereiter der franz. Romantik, der später die Dramen Manzonis übersetzte. 1808 heiratete er die Calvinistin Enrichetta Blondel, deren Konversion zum Katholizismus 1810 Manzonis eigene Rückwendung vom Materialismus der Aufklärung zum Glauben vorbereitete in einer Zeit allmählich aufkommender liberal-katholischer Strömungen: Später wurde er der Hauptvertreter der sog. „guelfischen" Richtung der stets auch politisch engagierten italienischen Romantik, da er in der Kirche die einigende Kraft für Italien sah. Zu den „ghibellinischen" Widersachern gehörten u. a. Giuseppe Mazzini und Giosuè Carducci. Ab 1810 lebte die Familie mit zehn Kindern meist in Mailand; in zweiter Ehe heiratete er die verwitwete Gräfin Teresa Borri.

War der Dichter zunächst dem Klassizismus des bewunderten V. Monti gefolgt, so wandte er sich mit dem 1812 beginnenden Zyklus der *Inni sacri* endgültig der

Romantik zu und stieg in den 20er Jahren durch seine Tragödien nach geschichtlichen Stoffen, die Oden und Hymnen (besonders *Il cinque maggio*) und den historischen Roman *I promessi sposi* (1827) zum einflußreichen literarischen Führer der *Romantik* auf: In ihrer spezifisch italienischen Ausprägung bewahrte sie trotz der thematischen Abkehr von der Antike und Hinwendung zur eigenen nationalen Kultur klassizistische Stilideale.

Als Manzoni 1860 Senator des neugegründeten Königreichs und 1872 Ehrenbürger der neuen Hauptstadt Rom wurde, galt er bereits seit langem als geistige Autorität: z. B. waren die tiefgreifende sprachliche Glättung der *Promessi sposi* (1840–1842) mit Giovanni Battista Niccolinis Unterstützung und seine theoretischen Schriften maßgeblich für die Wahl des Florentinischen als Schriftsprache des geeinten Italien. Zur Trauerfeier am 1. Jahrestag seines Todes komponierte Verdi 1874 die *Messa da requiem*.

Die von Manzoni als *inno* („Hymne") bezeichnete Ode auf den Tod Napoleons (am 5. 5. 1821 auf Sankt Helena) wurde 17.–19. 7. 1821 verfaßt und u. a. von Goethe und P. Heyse ins Deutsche übertragen; die am 16. 7. in der *Gazetta di Milano* erschienene Nachricht erreichte den Dichter tags drauf. Die Hymne der Romantik ist formal mit der Ode identisch, doch ausschließlich religiösen oder patriotischen Inhalts. Von den zahlreichen Latinismen der klassischen Dichtersprache, die wie die Strophenform der Ode das Fortwirken des klassizistischen Geschmacks auch in der Romantik zeigen, erscheinen nachstehend nur die für das Verständnis wichtigsten.

6 latinis. *nunzio* = *notizia*. **8** *fatale*: Napoleon hatte am romantischen Schicksalsglauben selbst teil, bezeichnete sich als 'Mann des Schicksals' (im aktivischen Sinn des Schicksal-Gestalters). **11** *cruenta polvere*: Manzoni macht schon hier seine Bedenken gegen das romantische Übermenschentum geltend. **13** latinis. *solio* = *trono*. **15** lat. *assidua* „häufig wiederkehrend". **16** *cadde*: 1813 Niederlage bei Leipzig, 1814 Fall von Paris; *risorse*: Rückkehr von Elba und die Hundert Tage; *giacque*: Niederlage bei Waterloo und Verbannung nach Sankt Helena. **21** latinis. *subito* = *improvviso*. **24** *forse*: das Horaz-Motiv (*Carmina* III 30, 1 bzw. 6) des in seinen Werken unsterblichen Dichters bescheiden abmildernd. **25–26** *Alpi* und *Piramidi*: Anspielung auf die Italienfeldzüge ab 1796 und die ägyptische Expedition 1798/1799; *Manzanares, Reno*: in Madrid setzte Napoleon 1808 seinen Bruder Joseph als König von Spanien ein; die Feldzüge in Deutschland. **27** *securo*: latinis. Bedeutung (von Personen). **27–28** das energische Handeln des Tatmenschen. **29** *Scilla*: im Altertum ein die Schiffer bedrohendes Ungeheur an der Südspitze Kalabriens, heute Name eines dort gelegenen Dorfs; nachdem das Königreich Neapel 1805 durch den Frieden von Preßburg an Napoleon gefallen war, besetzte er Italien bis an die Südspitze Kalabriens; latinis. *Tanai* „Don": Umschreibung des Rußlandfeldzugs 1812. **32** siz. Reim *nui* statt *noi*. **34–36** Napoleon als Übermensch und Genie (Str. V.); aber Manzoni schränkt den romantischen Nimbus des Ausnahmemenschen ein, indem er ihn dem göttlichen Willen unterordnet. **39** *indocile* gemäß der romant. Vorstellung des Rebellen: der 1794 zur Westarmee strafversetzte Napoleon folgte nicht dem Befehl; er wurde 1795 zum

2. Mal wegen Ungehorsams aus der Armeeliste gestrichen. **41** *il giunge* = *lo raggiunge*; latinis. *tiene* „festhalten, besitzen"; *premio*: die Kaiserkrone. **45–48** Weiterführung des Gedankens aus v. 16: **45** *fuga*: aus Rußland; Niederlagen bei Leipzig und Waterloo. **46** *reggia*: meton. für das Kaiserreich und die Hundert Tage. **48** *altar*: klassizisierende Metapher gemäß dem antiken Herrscherkult. **49** *si nomò*: wörtl. „gab sich zu erkennen"; *due secoli* (in latinis. Bedeutung): nämlich des Ancien Régime bzw. der Revolution und des Bürgertums. **55** *e sparve*: abrupte Zäsur vor der Schilderung der endgültigen Verbannung. **62** latinis. *avvolve* = *avvolge*. **67** *alma* = *anima*. **69–70** Napoleon schrieb auf Elba und St. Helena seine Lebenserinnerungen. **71** *eterne*: Anerkennung seiner Größe. **75** altit. *rai* (= *raggi*) statt *occhi*. **78** poet. *assalse* = *assalì*; provenzalis. *sovvenir* = *ricordo*. **79–84** Anspielung auf Napoleons gefürchtete Schnelligkeit in Taktik und Strategie; eine Strophe mit besonders vielen Bedeutungslatinismen, z. B.: *valli* = *bastioni*; *manipoli*: Einheit der röm. Infanterie (damals kein auffallender Latinismus, da man die durch die Franz. Revolution wiederbelebte politische und militärische Terminologie des antiken Rom in Italien nachahmte); *concitato* = *rapido*; *imperio* = *comando*. **93** antikisierende Metapher *campi eterni*: die elysischen Gefilde; *premio*: die ewige Seligkeit. **94** poet. *avanza* = *supera*. **96** *passò*: passato remoto aus der Perspektive des Verschiedenen. **101** *disonor*: die Kreuzigung war Christus als Schimpf zugedacht (Kor. I 1, 23); Manzoni heroisiert Napoleon so weit, daß er ihn in die Nähe Christi rückt, sieht ihn aber (v. 34–36) dem göttlichen Willen untergeordnet. **104** latinis. *ria* = *malvagia*. **107** *deserta*: Einsamkeitspathos des romantischen Helden; altit. *coltrice* „Lager". **108** *posò*: das Kruzifix, Symbol der Anwesenheit Gottes: Manzoni nimmt für Napoleon die göttliche Vergebung an und legt dem Leser diese Haltung nahe.

GIACOMO LEOPARDI (geboren 29. 6. 1798 in Recanati; gestorben 14. 6. 1837 in Neapel).

Die traditionelle humanistische Ausbildung durch geistliche Hauslehrer begann schon der 10jährige Sohn eines historisch und schriftstellerisch tätigen Grafen durch eigene Studien antiker Sprachen und Literaturen zu vertiefen. Nach einem vergeblichen Versuch, dem Druck des streng katholischen, konservativen Elternhauses und der Kleinstadtatmosphäre zu entkommen, löste er sich ab 1822 von Recanati, wohin er aber wiederholt zu längeren Aufenthalten zurückkehrte. Da die Familie hoch verschuldet war, lebte er in verschiedenen Städten Italiens zumeist von Arbeiten für Verleger (u. a. als Herausgeber der *Crestomazia italiana*, einer 1827/1828 erschienen Anthologie von Prosatexten und Dichtungen) und von Freunden unterstützt; mehrere Angebote für Professuren der it. Philologie (u. a. an den Universitäten Berlin und Bonn) schlug der zeitlebens kränkliche Dichter aus und siedelte, zunehmend leidend, 1833 zu dem befreundeten Schriftsteller und Historiker Antonio Ranieri nach Neapel über. 1834 machte er Bekanntschaft mit August von Platen.

Leopardis überragende intellektuelle und literarische Fähigkeiten (verbunden mit großer Gelehrsamkeit und unermüdlichem Fleiß) schlugen sich einerseits in seinem philologischen Schrifttum, seinen Übersetzungen und den dichtungstheoretischen Erörterungen zugunsten einer wahrhaft schöpferischen, nicht nur durch Inhalt und Form bestimmten Poesie nieder, mit denen er wesentlich zur Überwindung der klassisch-romantischen Polemik beitrug; sie fügten sich anderseits mit seiner schwermütigen und pessimistischen Grundstimmung zu unnachahmlichen Schöpfungen der romantischen Lyrik.

Die Sammlung der *Canti* enthält seit 1817 entstandene Gedichte: u. a. patriotische Gesänge (1818); die beiden Folgen der *Idilli* von 1819 bzw. 1828–30, d. h. zu Beginn seiner tiefstgründigen Schaffensphase; den *Aspasia*-Zyklus der durch die unerwiderte Liebe zu Fanny Targioni Tozzetti inspirierten Gedichte, den die Elegie *A se stesso* beschloß. In jenen seit 1828 geschaffenen Versen verdichten sich höchste Form und dem jeweiligen Stimmungsgehalt vorzüglich angeglichene, meist wehmütig verhaltene Sprache mit klar geschilderten Gefühlen bei einer durchweg hoffnungslosen Lebenseinstellung ohne Sentimentalität zur Vollendung.

In seinem Prosawerk treten u. a. neben einigen Satiren besonders die Dialoge und Essays der *Operette morali* hervor.

L' infinito: Grundmotiv des 1819 in Recanati verfaßten Gedichts (aus den *Idilli*) sind weltschmerzliche Unendlichkeitssehnsucht und Todesverlangen. Zugleich klingt, hier noch verhalten, ein weiteres, wesentliches Motiv der romantischen Dichtung an, nämlich daß die aufmerksame Hinwendung zur Natur in die allgemeine Reflexion des menschlichen Lebens mündet. Ebenmäßig fließen die Elfsilbler nur in den rahmenden Versen (1–3; 14–15); dazwischen ist der Rhythmus durch Enjambements und Doppelzäsur (v. 13) dem subjektiven inneren Empfinden angepaßt. Die hier verwendete Versform des *endecasillabo sciolto* (elfsilbiger Blankvers) diente der Nachbildung des antiken Hexameters; die Romantik übernahm diesen Lieblingsvers des Klassizismus.

1 latinis. *ermo = solitario*; *colle*: der Monte Tabor unterhalb des Domizils der Leopardi mit weitem Blick auf den Apennin war damals mit Bäumen und Gebüsch bestanden. 2 latinis. *tanta parte = tante parti*. 3 *il guardo esclude = preclude lo sguardo*. 7 *mi fingo = mi foggio*; räumlich bzw. zeitlich *ove*: „worin" bzw. „wobei". 8 altit. *si spaura = s' impaurisce*. 11 *vo = vado*; provenzalis. *mi sovvien = mi torna a mente*. 9–13 Antithese von Vergänglichkeit und Ewigkeit; chiastischer Aufbau des Gedankens: 12 *le morte stagioni*: meton. für *le età trascorse*, koordiniert mit *silenzio*; 13 *di lei*: gedanklich *stormir* (v. 9) zugeordnet.

A se stesso: im Frühsommer 1833 in Florenz gedichtete Elegie (aus *Aspasia*) nach der Zurückweisung durch F. Targioni Tozzetti. Die innere Gebrochenheit spiegelt sich in der Brechung des Rhythmus durch Enjambements und Doppelzäsuren, ausklingend im ruhigen Verströmen des letzten Verses; das Pathos der Resignation und Hoffnungslosigkeit bewirken die anaphorischen Wiederholungen des immer neu ansetzenden Gedankengangs. Metrische Form: Einzelstrophe einer *canzone a strofe libere*. Obwohl sich die petrarkische Kanzone als eine klassische Form der it. Kunstdichtung bis ins 19. Jahrhundert behauptete, be-

gann sich die strenge Kanzonenform schon in der 2. Hälfte des 15. Jahrhunderts aufzulösen (besonders bei Boiardo), was zum Verzicht auf die innere Gliederung sowohl des Gedichts als auch seiner Strophen führte. Eine Eigenart Leopardis war z. B. die Mischung gereimter Verse mit Blankversen.
2 *stanco*: in betonter Stellung. **3** *mi*: intensivierender ethischer Dativ. **4** *in noi*: Plural der Bescheidenheit (gemäß der antiken Rhetorik). **5** altit. *speme* = *speranza*. **9** *amaro* = *amarezza*. **11** altit. *t' acqueta* = *acquietati*. **12** *fato*: ein Schlüsselbegriff romant. Lebensauffassung. **13** altit. *donò* = *diede*. **14** *te*: Nachdruck durch die betonte Form des Pronomens und das Enjambement. **15** *ascoso* = *nascosto*.

GIACOMO ZANELLA (geboren 9. 9. 1820 in Chiampo; gestorben 17. 5. 1888 in Cavazzale).

Der Geistliche aus bescheidenen Verhältnissen lehrte Latein am Priesterseminar in Vicenza bis zur Entlassung 1853 unter dem Verdacht des subversiven Patriotismus (ab 1854 auch Verbot des Privatunterrichts). Seit 1857 stand er im staatlichen Schuldienst, nach der Eingliederung Venetiens in das it. Königreich wurde er 1866 Professor für it. Literatur an der Universität Padua bis zum gesundheitsbedingten Rücktritt 1876. Seine Dichtung fand große Beachtung, da er außer patriotischen auch andere zeitgenössische Themen aufgriff (z. B. den Darwinismus, den Bau des Suezkanals, die irische Auswanderung, die Reform des Klerus): Die geschliffene klassizistische Gedankenlyrik, die sich den damals einsetzenden Bemühungen um eine zeitgemäße Dichtersprache noch verschloß, strebte nach einer Verbindung zwischen dem (natur)wissenschaftlich-technischen Fortschritt seines Zeitalters mit der religiösen Überlieferung, zwischen positivistischer Weltanschauung und christlichem Glauben (hiermit ein Wegbereiter für den Spiritualismus seines Schülers Fogazzaro). Außerdem umfaßt sein Werk Übersetzungen aus der Bibel, von Theokrit, H. Heine, P. S. Shelley, H. W. Longfellow und literaturwissenschaftliche Arbeiten (z. B. *Paralleli letterari*: vergleichende Studien über die Werke von J. Addison und C. Gozzi; Th. Gray/Foscolo; Shelley/Leopardi u. a.).

In der Ode von 1864 ist die Naturwissenschaft Thema der Lyrik: Die Paläontologie hatte durch Übertragung der von der Romantik ausgelösten historischen Interessen auf die Erforschung der Natur in der ersten Hälfte des 19. Jahrhunderts großen Aufschwung genommen und weite Kreise begeistert. Die Ode ging aus der optimistischen Stimmung hervor, die der wissenschaftliche Fortschritt und die Erweiterung des historischen Blicks in die frühesten Epochen der Erdgeschichte ausgelöst hatten. Klassizistischer, mit Latinismen durchsetzter Sprachstil. Text: Vitale V, S. 460–463.
1 *quaderno* = *volume*. **2** latinis. *vati*: ehrender als *poeti* (aber ohne Betonung des Seherhaften wie bei den Romantikern). **5** lit. *marmorea* = *fossile*. **8** lat. *occulta* = *nascosta*. **12–13** *nautili*: Petrefakten des Mesozoikums; *murici*: auch noch später vorkommend. **14** *non era* (in latinis., absoluter Bedeutung) = *non c' era ancora*. **16** *stagioni*: geologische Zeitalter. **17** lat. *arcana* (= *misteriosa*): schwer

deutbar sind die von der Erdgeschichte in den Versteinerungen hinterlassenen Spuren; latinis. *leggenda*: das Ablesbare. **19** *volubile*: klassizist. schmückendes Beiwort. **23** *Indo*: der Gedanken spiegelt die Begeisterung für die altindische Geschichte, die durch die in der Romantik aufkommenden Sanskritstudien und die indogermanische Sprachwissenschaft ausgelöst wurde; mit den Veden glaubte man, weit über die Zeit Homers hinaus in die ältesten Epochen menschlicher Kultur vorgestoßen zu sein. **26–28** *pur ora*: dennoch schrumpfen diese Zeiträume angesichts der Erdgeschichte in nichts zusammen; *Enea*: die Fahrt des Äneas den Tiber hinauf in der mythischen Vorzeit Roms (Wiederholung des im 1. Strophenteil vorgetragenen Gedankens mit einem aus Vergils *Aeneis* vertrauteren Bild). **30** *fasto*: die Prunkbauten. **31** latinis. *involve = avvolge*. **39** *levasse dall' onde*: daß das it. Festland vom Meer bedeckt war, erweist die versteinerte Muschel. **40** altit. *suora = sorella*. **44** latinis. *ceruli (= cerulei) piani*: die Meere. **47** *dighe*: die das Meer begrenzenden Gebirge. **48** latinis. *pelaghi ignoti = mari sconosciuti*. **49** altit. *rubesti tremoti = violenti terremoti*. **50–51** zu Kohle gewordene Vegetation der Urzeit. **52** *draghi*: meton. für Saurier. **55** *profughi*: meton. für *migratori*. **56** *macigni* meton. für *rupi*. **57** lit. *baldo = baldanzoso*; altit. *speme = speranza*. **59** *ceneri*: meton. für „Überreste". **62** poet. *anco = ancora*. **64** lat. *tumuli = tombe*. **67** nämlich des Fortschritts. **78** *eccelsa* und **84** *ascendi*: Anklänge an Longfellows (von Zanella übersetztes) Gedicht *Excelsior* (1841). **68–70** das Erfolgsbewußtsein der Europäer aufgrund der großen geographischen Entdeckungen und Landnahmen im 19. Jahrhundert wird als menschliches Charakteristikum in die Menschheitsgeschichte zurückprojiziert; poet. *lande = pianure*. **71** lit. *t' avanza = avanzati*: ein Nachklang von Longfellow und der Bibel (*Genesis* I 28). **72** *straniero*: der Mensch war in der Urzeit noch fremd auf Erden. **73** lit. *stanza = dimora*. **74** altit. *diero = diedero*. **75** *se* konzessiv. **77** Glauben an den sozialen Fortschritt. **82** lit. *brando* (germ. *brand*) = *spada*. **85–98** religiöser Ausklang: **86** *sui mari*: die Metapher mag auf *Genesis* I 1 beruhen; *redenti*: durch Christus. **87** *atteso*: die Erwartung des Reiches Gottes (= der Freiheit) auf Erden. **88–89** *ripurghi* und *splenda*: Konjunktiv der Möglichkeit mit futurischer Bedeutung. **89** *liberi*: entsprechend Mazzinis Auffassung, daß die Freiheit gottgewollt ist. **90** latinis. *vessillo (= bandiera)*: Ideal der Völkervereinigung. **92** *compiute*: in der Vorstellung einer zyklischen Entwicklung der Menschheitsgeschichte mag Zanella der Geschichtsphilosophie Vicos gefolgt sein, verbindet damit jedoch auch eschatologische Elemente.

GOFFREDO MAMÈLI (geboren 5. 9. 1827 in Genua; gestorben 6. 7. 1849 in Rom).
Der Jurist aus adeligem Geschlecht war begeisterter Anhänger des Republikaners Mazzini, der als geistiger Führer der radikalen Richtung eine zentrale Rolle in der it. Einigungsbewegung (*il risorgimento*) innehatte. Er nahm 1848 am Aufstand gegen die Österreicher in Mailand teil (*Cinque Giornate*), kämpfte als Freischärler unter Garibaldi gegen die Franzosen für die Römische Republik und starb an den Folgen einer Verwundung.
In seiner Liebeslyrik folgte Mamèli dem schwärmerisch-romantischen Stil Giovanni Pratis. Dichterruhm erwarb er hauptsächlich durch seine patriotischen

243

Hymnen; den bald nach *Fratelli d' Italia* geschriebenen *Inno militare* vertonte der als Symbol des Risorgimento gefeierte Giuseppe Verdi.

Die im Fortschreiten des Risorgimento, aber auch durch Inhalt und den eingängigen Stil und Rhythmus begeistert aufgenommene Hymne von 1847 wurde in der Vertonung von Novaro 1848 das Kampflied der Republikaner (die letzte Strophe wurde damals von der Zensur gestrichen); seit 1946 ist sie die Nationalhymne der Republik Italien.

1–3 Refrain nach jeder Strophe; *coorte* „Kohorten" (Truppeneinheit im antiken röm. Militär). **5** *desta* = *destata*. **6** *Scipio*: P. C. Scipio 'Africanus Maior' begründete die röm. Vormachtstellung im westlichen Mittelmeer, indem er militärisch die Dominanz Karthagos brach; hier dürften der Mut und Erfolg des gesamten Scipionengeschlechts gemeint sein. **9** *le*: dem Sieg, der personifiziert ist als die Siegesgöttin Victoria; *porga* (zum Subjekt *Italia*): damit es die Siegesgöttin bekränze. **11** Objekt *la*: d. h. *la vittoria*. **13** *calpesti* = *calpestati*. **23** *Signore*: gemäß Mazzinis Auffassung vom Gestz der Freiheit als göttlichem Gebot; sein Wahlspruch lautete *Dio e popolo*. **29** *Legnano*: bei diesem Ort besiegte der Lombardische Bund 1176 Kaiser Friedrich Barbarossa; die Geschichtsschreiber des Risorgimento vergegenwärtigten ihren Zeitgenossen diese Tat als Vorbild für ihr eigenes Handeln (dichterische Gestaltungen des Themas sind z. B. Berchets *Le fantasie* und Carduccis *Canzone di Legnano*). **30** *Ferruccio*: Francesco Ferruccio, Feldherr im Freiheitskampf der Republik Florenz gegen Kaiser und Papst (1527–30), war in Guerrazzis historischem Roman *L' assedio di Firenze* (1836) als Kämpfer für die Demokratie und Freiheit Italiens idealisiert worden. **33** *Balilla*: Spitzname eines Jungen, der am 5. 12. 1746 durch einen Steinwurf den Aufstand der Genueser gegen die Österreicher entfachte, welcher mit der Befreiung der Stadt endete. **35** *Vespri*: die „Sizilianische Vesper", der blutige Volksaufstand der Palermitaner gegen die franz. Fremdherrschaft Karls I. von Anjou bei der Ostermontagsvesper am 30. 3. 1282; verherrlicht in Niccolinis Drama *Giovanni da Procida* (1827) und Thema der Verdi-Oper *Die Sizilianische Vesper* (1855). **37** die Waffen der im Dienst Österreichs kämpfenden Fremdvölker. **41–43** für Mazzini war der it. Freiheitskampf nur Auftakt und Teil einer allgemeinen Bewegung der Völkerbefreiung, woher sich die Sympathie mit dem Kampf der Polen gegen Rußland (*Cosacco*) erklärt.

Giosuè Alessandro Carducci (geboren 27. 7. 1835 in Valdicastello; gestorben 16. 2. 1907 in Bologna).

Der Sohn eines liberal gesonnenen Landarztes erhielt eine literarisch und politisch geprägte Erziehung – der Vater war ein Anhänger Manzonis, die Mutter machte ihn mit den Tragödien Alfieris und den Gedichten Berchets vertraut – und eine humanistische Schulbildung. Er wuchs in jener klassizistisch-romantischen Atmosphäre auf, die auch die italienische Literatur in der ersten Hälfte des 19. Jahrhunderts kennzeichnete. Nach Abschluß der Studien in Pisa 1856 mit der Arbeit *L' influenza provenzale nella lirica del secolo XIII* gründete er u. a. mit seinem späteren Biographen Giuseppe Chiarini den literarischen Zirkel «Amici pedanti» mit moralistischen und nationalistischen Zielsetzungen und in polemischer Opposition zu den als sentimentalisierend, unitalienisch und wirklichkeitsfern abgetanen Romantikern und wandte sich zum Klassizismus: Sein erstes Gedichtbändchen widmete er 1857 Leopardi und Pietro Giordani, die er wegen ihrer klassischen Formenstrenge und sprachlichen Reinheit bewunderte.

Später konkretisierte sich seine Abneigung gegen die Romantik, da für ihn die „christlich gefärbten" Ideale der Demut, Resignation, Schwäche und des Verzichts unvereinbar waren mit denjenigen der Freiheit, Unabhängigkeit, Stärke und des Leistungswillens, die er in der antik-heidnischen Tradition der Klassik als vorbildlich und zukunftsweisend sah. Ab 1857 unterrichtete er und edierte literarische Texte, bis er 1860 zum Professor für italienische Literatur an die Königliche Universität Bologna berufen wurde; diese zuvor von dem ebenfalls patriotischen Dichter G. Prati abgelehnte Position hatte er bis 1904 inne.

Neben der engagierten Lehrtätigkeit wandte er sich auch verstärkt der Forschung und der ausländischen Dichtung zu (er übersetzte u. a. F. G. Klopstock, A. von Platen, Goethe, L. Uhland, H. Heine) und entwickelte sich sowohl zur dominanten Gestalt der italienischen Literatur seiner Zeit als auch zum gefeierten Nationaldichter des geeinten Italien.

1870/1871 hatte er eine schwere Krise durchlebt, u. a. nach dem Tod des jüngsten der vier Kinder, das er in *Pianto antico* betrauerte, und entmutigt durch die politischen und kulturellen Verhältnisse und verständnislose Kritiker, aus der ihn die Beziehung (bis 1881) zu der als Lina bzw. Lidia besungenen Freundin löste: Jenen inneren Erschütterungen entwuchsen Carduccis reifste Dichtungen. 1890 wurde der ursprüngliche Republikaner, kämpferische Kritiker der Regierung und – freilich keineswegs unreligiöse – Verfechter eines aufgeklärten Antiklerikalismus, der sich allmählich zum überzeugten Befürworter einer starken Monarchie wandelte, Senator des Königreichs und 1906 als erster Italiener mit dem Literatur-Nobelpreis ausgezeichnet.

Zum dichterischen Hauptwerk gehören der provokante *Inno a Satana* (erschienen 1865 unter dem Pseudonym Enotrio Romano); *Il canto dell' amore* (1877; als letztes Gedicht der 1882 publizierten Sammlung *Giambi ed Epodi* ein Zeichen der Versöhnung nach einer vorwiegend polemisch-politischen Schaffensphase); der in drei Teilen 1877–1889 veröffentlichte lyrische Zyklus der *Odi barbare*, die seinen Dichterruhm und seine literarische Geltung festigten und u. a. den jungen D' Annunzio zu ersten eigenen Versen inspirierten; die 1861–1887 entstandenen *Rime nuove*, aus denen seit den 70er Jahren eine Intensivierung der Stimmungserlebnisse und eine Verinnerlichung des Natur- und Landschaftbildes sprechen, jedoch nie eine romantische Identifikation mit der Natur; *Rime e ritmi*, worin er 1898 sein dichterisches Alterswerk vereinte.

Die wichtigsten wissenschaftlichen und kritischen Studien reichen von der Troubadourdichtung bis zu Manzoni; unter seinen Textausgaben bleibt bis heute vor allem der mit seinem Schüler Severino Ferrari besorgte *Canzoniere* Petrarcas gültig. Carduccis Lyrik war durchdrungen vom klassischen Ideal geistiger Freiheit und klassizistischen Kunstempfinden wie von historischem Bewußtsein, patriotischer Leidenschaft und vitaler künstlerischer Phantasie und war geformt durch eine eindringliche, kraftvolle Sprache und elegante (teils neuartige) Verskunst. Sie erfaßte nachhaltig die fortschrittsgläubigen, antiklerikalen und nationalen Strömungen einer für die kulturelle und politische Entwicklung seines Landes entscheidenden Epoche.

Ancor dal monte, che di foschi ondeggia: Die vom 14. Juni 1876 datierte Ode in ungereimten sapphischen Strophen aus den *Odi barbare* zählte zu Carduccis Lieblingswerken. In seinem Arbeitszimmer hing ein Gemälde der Clitunno-Quelle von Francesco Raffaello Santoro. Die idyllische Landschaft wurde seit der Antike in Literatur und Dichtung gerühmt (z. B. von Vergil, Properz, Cicero, Plinius d. J., Ovid, Byron). Wie alle Nachahmungen antiker Verskunst in der it. Dichtung entstammt auch die sapphische Strophe (drei elfsilbigen Versen folgt ein fünfsilbiger) dem Formenschatz des Horaz. Die Bezeichnung *odi barbare* erklärt sich aus Carduccis Technik der metrischen Nachbildung: Er las den lat. Hexameter und Pentameter nach it. Betonung (d. h. er ersetzte die langen bzw. kurzen Silben durch betonte bzw. unbetonte) – also auf 'barbarische', fremde Art – und setzte die so entstehenden Verse in rhythmische it. Verse um. Zuvor hatte man mit dem Elfsilbler nur einen Ersatz für den Hexamater zur Verfügung (vgl. Leopardi). Zum latinis. Stil der Ode in feierlichem, getragenen Ton gehören zahlreiche Latinismen des Wortschatzes und der Syntax (z. B. Hyperbaton, Partizipialkonstruktionen), schmückende Beiworte, das Vers- und Strophenenjambement und das im Anklang an das *carmen saeculare* des Horaz gewählte Metrum.

Der nachstehende Kommentar erfaßt nur die für das Verständnis wichtigsten rhetorischen und sprachlichen Eigenarten und verweist nicht mehr im einzelnen auf die gängigen Archaismen der klassischen Dichtersprache; Textvorlagen bzw. Parallelstellen aus der antiken Lyrik (Horaz und Vergil) werden nicht im Wortlaut zitiert.

Gedankengang: Str. I–V: Landschaft mit idyllischer Szene, bukolische Stimmung. VI: Übergang zu VII–X: Anrufung des Clitumnus als Überleitung zum episch-historischen Teil. XI–XIX: Die Größe Etruriens und Roms. XX–XXII: elegisch: Landschaftsbild der Gegenwart, antithetisch zum Vorausgehenden und überleitend zum Folgenden. XXIII–XXVI: episch: Evozierung des antiken Mythos zur Verherrlichung der Naturreligion. XXVII: antithetische Überleitung zu XXVII–XXXV: Invektive gegen den asketischen, weltverneinenden Geist des mittelalterlichen Christentums. XXXVI–XXXIX: abschließender Hymnus auf die Autonomie des schöpferischen menschlichen Geistes, die Arbeit und den Fortschritt, auf die Weltbejahung in Antike und Gegenwart. – Latinis. *Clitumno = Clitunno*: zwischen Trevi und Spoleto entspringender, im Altertum größerer Bach, dessen Quellgebiet der wegen ihrer Orakel geschätzten Flußgottheit Clitumnus geweiht war.

1 *ancor*: die Landschaft ist ewig; die die Ode durchziehende Gegenüberstellung von Vergangenheit und Gegenwart wird hier angekündigt, dann pointiert aufgenommen durch *ora* (v. 77; 105) und antithetisch formuliert in *non piú* bzw. *piú non* (v. 109; 112/113). **2** *lunge = lungi*. **6** *umbro fanciullo*: Voranstellung des schmückenden Beiworts (so oft auch im folgenden). **8** *immerge*: im Altertum schrieb man dem klaren Wasser der Clitumnusquelle das Fell der Tiere bleichende Wirkung zu. **9** *vèr = verso; seno*: eines der auch im folgenden vorkommenden Motive aus Carduccis Religion der Mütterlichkeit und seiner Ehrfurcht vor der Heiligkeit des Lebens; lat. *adusta* (Anklang an Horaz, *Epod.* II 41–42) = *abbronzata*. **10–11** *scalza, casolare, poppante*: verbaler Realismus. **15** latinis. *plaustro = carro*. **15–16** *forza...giovenchi = forti giovenchi*: epischer Stil (abstraktes Substantiv statt des Adjektivs). **20** *Virgilio* (Bezug auf *Georg.* III 219): das Rind war auch ein Lieblingstier Carduccis (vgl. das Sonett *Il bove* in *Rime nuove*). **22** *verde*: in der lat. Literatur geläufiges Beiwort einer Landschaft mit reichem Pflanzenwuchs. **24, 25** *Umbria*: den erhabenen Eigencharakter der Landschaft betonende Personifikation. **26** *antica*: Carducci fühlt sich durch das unveränderte Landschaftsbild in die Antike zurückversetzt, seine stimmungsmäßige und geistige Heimat; das Motiv, in dem das Gedicht (ab v. 141) gipfelt, wird hier angeschlagen. **27** *accesa*: romantische Heroisierung des Dichtertums. **28** latinis. *itali*: statt des nachantiken Bildung *italiani*. **29** *piangente salcio* (= *salice piangente*): den Quellsee säumten einst Zypressen statt Pappeln und (den Romantikern zwar teure, aber von Carducci als entweihend empfundene) Trauerweiden. **31** latinis. *amore*: Gegenstand der Liebe. **33** *pugni = resista*. **38** *stieno = stiano*. **41** *tre imperi*: der Umbrer, Etrusker und Römer; altit. *dinne = dicci*. **42** latinis. *duelli = guerre*. **43** *cesse = cedette*. **43–44** *la...crebbe*: vgl. Vergil, *Georg.* II 533. **45** *congiunte ville* (= *le città unite*): die verbündeten Etruskerstädte. **46** *Címino*: Bergmassiv zwischen Rom und Etrurien. **47** *Gradivo* „der Voranschreitende": Beiname des Kriegsgotts Mars, meton. für die röm. Heere. **49** latinis. *indigete* (Anklang an Vergil, *Georg.* I 498) „eingeborener Schutzgott des Landes"; *comune*: den Umbrern, Etruskern und Römern gemeinsam. **51–52** der Punier Hannibal besiegte die Römer 217 v. Chr. am Trasimenischen See. **53** *antri = caverne*: Höhlungen als Sitz der Gottheit und Ort ihrer Verehrung. **54** *buccina*: das gewundene Horn aus Blech gab im röm. Heer das Hauptsignal zu Aufbruch oder Angriff. **55** lat. *Mevania*: der Ort (heute *Bevagna*) war berühmt für die Rinderzucht und die weißen Opferstiere für Jupiter. **56** da in der sumpfigen Ebene gelegen. **58** *Nar*: der Fluß (heute *Nera*) war einst die Grenze zwischen Umbrern und Sabinern. **59–60** *marzia Todi*: da man in der Grenzfeste Todi seit je den Kriegsgott besonders verehrte, erhielt die Stadt in röm. Zeit den Beinamen *Martia* (die Deutung in dort gefundenen etruskischen Bronzestatue, des sog. *Mars von Todi* [um 380 v. Chr.], als Götterbild ist umstritten). **61** *lascia*: die dreifache Wiederholung am Versende mit Enjambement verstärkt die Eindringlichkeit. **64** lat. *ara*: der heidnische „Altar" im Gegensatz zum christlichen *altare*. **67** *penati*: röm. Schutzgottheiten der Familie, hier meton. für „Haus, Heim". **68** *diro* (= *crudele*): Anklang an *Carm.* III 6, 36, wo Horaz den verweichlichten Römern die Kriegstüchtigkeit der bäuerlichen Umbro-Sabeller vor Augen hält. **73** *Mauri*: sie lebten im Gebiet etwa des heutigen Marokko; *númidi*: aus Numidien (heute Ostalgerien). **74** latinis. *oscena = ripugnante*. **76** *vittoria*: da Hannibal bei seinem Zug vom Trasimenischen See nach Rom die Einnahme Spoletos mißlang. **77** lat. *gorgo* (= *mulinello*): meton. für „Tiefe". **Str.** **XXI–XXII** realistisches Bild von kunstvoller Plastizität und Farbigkeit, dabei kräftiger Kontrast zum Vorausgehenden und Überleitung zur friedlicheren Stimmung des Mythos; latinis. *breve* „niedrig"; *diaspro*: rötlich, streifig; *ametista*: purpurviolett; *zaffiro*: blau; latinis. *adamante* (= *diamante*) „Diamant": vielfarbig kalt funkelnd. **90** latinis. *carmi* = *canti*. **94** *nàiadi azzurre*: wasserblaue Quellnymphen (Naiaden). **95** *brune* (von der Farbe der Baumstämme): die Baumnymphen (Dryaden). **97** latinis. *imminente* „sich über etwas herneigend". **99** *Giano* „Janus": einer der ältesten röm. Götter, Beschützer der Tordurchgänge und, im übertragenen Sinn, aller Anfänge. **100** *Camesena*: italische Göttin, Frau des Janus und Mutter des Tiberinus (mythischer Namengeber des Tiber). **101** lat. *virago* „mannhafte Jungfrau; Heldin" (nicht in der abfälligen neuit. Bedeutung „Mannweib"). **103** *velaro* = *velarono*; latinis. *nembi* = *nuvole*; latinis. *amplesso* = *abbraccio*. **105** *vedovo*: meton. **106** latinis. *delubri* = *tempii; un solo*: der sog. *Tempietto di Clitunno* in der Nähe der Quelle, eine aus z. T. antiken Werkstücken (vielleicht des Quellheiligtums) wohl im 6./7. Jh. erbaute christl. Andachtsstätte noch ungeklärter Bestimmung; beliebtes Studienobjekt für (Renaissance-)Baumeister und Architekturmotiv in der Landschaftsmalerei. **107–108** *e...siedi*: die Fragmente der Ausmalung aus der Erbauungszeit zeigen Christus und die Apostel Petrus und Paulus; latinis. *pretestato*: mit der röm. *toga praetexta* bekleidet als Symbol des freien Römertums. **109–111** Paraphrase von Vergil, *Georg.* II 146 ff.; latinis. *perfusi* (= *bagnati*): kultische Waschung der Opferstiere im Quellwasser vor ihrem Zug nach Rom; *trofei* „Siegesbeute"; latinis. *templi aviti* = *tempii degli avi*. **Str. XXIX** hier läßt sich Carducci in der romantischen Auffassung vom Dichter als Erzieher und politischer Führer durch sein Temperament jedoch bis zur polemischen Geschmacklosigkeit fortreißen; *galileo*: Christus; *Campidoglio*: die im Mittelalter durch Verballhornung entstandene neuit. Bezeichnung hier in chronologischer Absicht statt des latinis. *Capitolio; una sua*: wegwerfend; *servi*: der von Carducci erhobene Vorwurf ist aus der Situation des Risorgimento zu verstehen als ein politischer (nicht etwa ein atheistisch-antichristlicher) Ausdruck seines Antiklerikalismus, wie er selbst später entschuldigend erklärte: Denn in der 1. Hälfte des Jahrhunderts hatte eine Richtung der it. Romantik im Papsttum und Kirchenstaat das große Hindernis für die politische Einigung Italiens in Mittelalter und Neuzeit gesehen; dieser „ghibellinischen" (weil im Kaisertum des Mittelalters den Widersacher des Papsttums verehrenden) Richtung gehörten z. B. Leopardis Freund A. Ranieri, Giovanni Battista Guerrazzi, Mazzini und Carducci an; ihr stand die „guelfische" (weil auf die einigende Kraft der Kirche und des Papsttums setzende) Richtung mit ihrem Hauptvertreter A. Manzoni gegenüber. **118** *occulte* = *nascoste*. **122** *spogliati* = *saccheggiati*. **123** *procedé* = *procedette*. **128** *regno*: die Antithese zu *impero* (v. 126) ist in der Verbindung mit *deserto* fast zum Oxymoron zugespitzt. Der hier ausgesprochene Vorwurf gegen die weltverneinende Einstellung des mittelalterl. Christentums, das erst durch die „guelfische" Richtung der it. Romantik wieder verherrlicht worden war, entspricht dem Kern von Carduccis Weltanschauung: Seine „ghibellinische" Überzeugung mit einem stark rationalistisch-aufklärerischen Element und die Begeisterung für den technisch-naturwissenschaftlichen Fortschritt mündete bei ihm in eine religiös gefärbte, pantheistische Verehrung der Arbeit und des Lebens ein. **129–130** Carduccis Religion der menschlichen Arbeit und des Lebens, aber auch der Güte und Pflichterfüllung (*vecchi padri*); sein Vitalismus ist weit entfernt etwa vom Amoralismus eines Nietzsche. **132** *maledicenti*: durch ihre asketische Verneinung des Diesseits und der menschlichen Schaffensfreude. **134** altit. *ei = essi.* **135** *congiugnimenti* (= *congiungimenti*): mystische Vereinigung mit Gott durch die Kasteiung. **136** in den Einsiedlerzellen. **138** altit. *cittadi = città; ridde* („bäuerliche Rundtänze"): Anspielung auf die religiöse Bewegung der Flagellanten (Geißelbrüder), die 1258 von Perugia ausgegangen war; 1349 wurden die unter dem Eindruck der Pest überhand nehmenden Geißlerzüge zur Sündenvergebung vom Papst verboten. **139** *empi*: was das Mittelalter als fromm empfand, verurteilt Carducci als unfromm, da gegen die Heiligkeit des Lebens verstoßend. **140** *abietti*: Deutung der christl. Demut als kleinmütig und gering mit dem Beigeschmack des Verächtlichen. **141** *salve*: mit dem lat. Zuruf kehrt Carducci zur Antike zurück und beginnt damit seinen Hymnus auf die menschliche Leistung und das Leben im Diesseits, sein Glaubensbekenntnis, in dem die Ode gipfelt; *Ilisso*: der Ilissos umfloß im Altertum das Stadtgebiet von Athen. **142** altit. *Tebro = Tevere.* **143** *foschi di*: die im aufklärerischen Rationalismus geformte Sicht des Mittelalters, die in der Fortschrittsideologie des 19. Jahrhunderts fortlebte. **145** *pia*: Bedeutungslatinismus; **145–149** *madre*: die Mutter – Sinnbild der Fruchtbarkeit und des Lebens, des Schützenden und Erhaltenden, des ewigen Fortbestehens – ist das Kernsymbol von Carduccis Glauben an die immanente Göttlichkeit der Natur; das zu Beginn des Gedichts angeschlagene Motiv (Str. III) tritt dreifach betont zum Schluß bekenntnisartig hervor; latinis. *invitti* „unüberwunden, unübertroffen". **146** latinis. *glebe = zolle.* **147** latinis. *aspri = duri, forti.* **149** *leggi*: das römische Recht. **150** *arti*: in der Grundbedeutung (wie lat. *artes*) „Gewerbe, Fertigkeit". **151** *salve*: die Anapher gibt, in Verbindung mit der Wiederholung von *madre*, dem Schluß den Schwung hymnischer Begeisterung; *antica lode*: auf die Paraphrase (Str. XXVIII) aus Vergils *Georgica* folgt eine weitere nach der bekannten Stelle *Georg.* II 173–176. **155** *industrie*: Formen des Gewerbefleißes, d. h. die Industrien des Zeitalters des Dampfes und der Elektrizität. **156** *vapore* (realistische Vokabel in betonter Stellung als letztes Wort der Ode) bedeutete um die Mitte des 19. Jahrhunderts „Zug".

Dolce paese, onde portai conforme: Das Sonett aus *Rime nuove* entstand während einer Eisenbahnfahrt am 21. 4. 1885.

1 *dolce*: im Bezug auf die Gefühle, die es im Herzen des Dichters erweckt; *onde portai = dal quale ebbi; conforme* (= *simile*) ergänze *a te*: positivistischer Naturalismus (im Sinn der Milieutheorie H. Taines), denn damals war die Maremma eine wilde, verlassene Sumpfgegend. **2** latinis. *abito* „persönliche, individuelle Eigenschaft"; *sdegnoso*: Anspielung auf seine politische Dichtung. **3** *s' addorme = s' addormenta.* **4** alttosk. *riveggo = rivedo.* **5** latinis. *usate forme = aspetti a me familiari.* **7** *quelle*: ergänze *forme.* **8** latinis. *giovenile* (= *giovanile*) *incanto*: die Illusionen der Jugend. **10** latinis. *giunsi il = giunsi al.* **11** altit. *dimani = domani.*

EMILIO PRAGA (geboren 18. 12. 1839 in Gorla; gestorben 26. 12. 1875 in Mailand).

In Paris wandte sich der junge Maler, der der Schule von Barbizon und dem aufkommenden Impressionismus nahestand, unter dem Eindruck der besonders durch Charles Baudelaires *Fleurs du mal* (1857) ausgelösten Strömungen endgültig der Literatur zu. Den ersten Lyrik-Band veröffentlichte er 1862 mit dem bezeichnenden Titel *Tavolozza*; ein Echo jener Reise waren die Prosastücke *Schizzi a penna*. In Mailand wurde er ein führender Repräsentant der literarischen Bewegung *Scapigliatura*, die als im Grunde spätromantisch gesonnene Bohème, zu deren Leitbildern außer Baudelaire auch Friedrich Hölderlin, Novalis und Gérard de Nerval zählten, gegen jede Form des bürgerlichen Konformismus revoltierte und künstlerisches Epigonentum ablehnte. Sie propagierte Individualismus, Spontaneität, die Autonomie und (wie Théophile Gautier und Baudelaire) die Verschmelzung der Künste: So war etwa Camerana, später erfolgreicher Jurist, zugleich Lyriker und Maler und blieb der geschätzte Komponist Arrigo Boito auch Dichter und Librettist (u. a. für Verdis Opern *Othello* und *Falstaff*).

In der Gedichtsammlung *Penombre* (1864) offenbarte sich die Widersprüchlichkeit des wahrheitsuchenden «poète maudit» zwischen den Extremen Blasphemie und Ethos. Ein ähnlicher Dualismus durchzieht Pragas sorgfältig geformte Sprache, denn mit der nunmehr bevorzugten Verwendung schlichter, realistischer und umgangssprachlicher Wörter unter Einbeziehung naturalistischer oder modischer Ausdrücke geht die bewußte Abkehr von der klassischen Dichtersprache (*lingua aulica*) einher; doch dabei verzichtet er nicht auf traditionell poetische Stilmittel (z. B. archaisierende Formen und Latinismen). Seine letzten Gedichte wurden 1878 unter dem Titel *Trasparenze* gesammelt.

Nachdem ihm der Zusammenbruch des väterlichen Unternehmens 1864 die wirtschaftliche Grundlage entzogen hatte, lehrte er zunächst als Professor für Literatur am Königlichen Konservatorium in Mailand und schrieb Theaterstücke und Erzählungen. Aber da er, psychisch und physisch labil, zu keiner geregelten Arbeit fähig war, verfiel er schließlich dem Alkohol und verließ 1873 die Familie. Sein Sohn Marco wurde einer der bedeutendsten Dramatiker des Verismus.

Das zwischen ironisch distanzierter Resignation und Wehmut schwebende Gedicht aus *Penombre* bewahrt bei aller Schlichtheit des Ausdrucks in Wortwahl und Satzgestaltung und volksliedmäßiger refrainartiger Wiederholung zahlreiche Spuren der Dichtersprache. Abgewandelte epische Strophe; freier Wechsel von Elf- und Siebensilbern mit zwangloser Verteilung von Reimen und Assonanzen.
3 altit. Formenbildungen *sostar* = *sostarono*, *udìa* = *udivo*; auf die weiteren Fälle wird im folgenden nicht einzeln verwiesen. 4 in der Nacht zum Dreikönigstag stellen die Kinder ihre Schuhe vors Fenster, damit ihnen die gütige Fee Befana Geschenke hineinlege. 6 im Morgenland. 7 *in sul verone* = *sul balcone*. 12 poet. *crin* = *capelli*; lat. *candida* = *pura*; altit. *alma* = *anima*. 15 meton. Anrede *Sire* statt des konkreten Begriffs *re*. 16 *aromi*: die Gaben der Könige aus dem Morgenland. 19 altit. *era* = *ero*. 20 poet. apokop. *imper* = *impero*.

LORENZO STECCHETTI (eigtl. Olindo Guerrini; geboren 4. 10. 1845 in Forlì; gestorben 21. 10. 1916 in Bologna).

Der literarisch vielseitige Bibliothekar, der auch wissenschaftlich und (teils unter verschiedenen Pseudonymen) mit humoristischen und parodistischen Schriften und realistischen Kurzgeschichten erfolgreich hervortrat, neigte dem um die Jahrhundertmitte unter dem Einfluß des französischen Naturalismus entstehenden *Verismus* zu: Obwohl selbst Sozialist, der trotz ideologischer Differenzen u. a. mit Carducci und Boito befreundet war, verfolgte er dennoch nicht die sozialkritischen Ziele dieser literarischen Strömung, sondern blieb bei unverbindlich-humanitären Vorstellungen. Eine Parodie des Verismus gelang ihm mit *Le rime di Argia Sbolenfi* (1897). Doch der sprachliche Verismus besonders seiner Lyrik war richtungweisend, in der auch antiklerikale Polemik, bürgerlich-revolutionäre Attacken und erotische Themen nicht fehlen, da er die zum Gedichtthema erhobenen Alltagserlebnisse konsequent in der Alltagssprache gestaltete.

Dem ersten Gedichtband *Postuma* (1877), den er als Nachlaß eines fiktiven, früh verstorbenen Cousin Lorenzo Stecchetti ausgab, folgten *Polemica* und *Nova Polemica* (1878); postum erschien die Sammlung *Sonetti romagnoli*, herausgegeben durch seinen Sohn Guido Guerrini.

Formal handelt es sich um einen *rispetto toscano*, der (wie z. B. der *strambotto* und der *stornello*) zu den volksliedhaften lyrischen Kurzformen gehört und dem in der Toskana vorherrschenden Reimschema folgt; die Bezeichnung *rispetto* erklärt sich aus dem meist der Geliebten huldigenden Inhalt.

Das anspruchslose Gedicht aus *Postuma*, das nüchtern die Realität des Alltags reflektiert, ist ein charakteristisches Beispiel für den Umschwung von der klassischen Dichtersprache in die zeitgenössische Umgangssprache.

GIOVANNI PASCOLI (geboren 31. 12. 1855 in San Mauro di Romagna; gestorben 6. 4. 1912 in Bologna).

Bestimmend für seine Dichtung, über der ein Schleier aus Resignation und Schwermut liegt, war eine Reihe von Leiderfahrungen in den Jahren 1867–1871: Sein Vater, Verwalter des Gutes la Torre der Fürsten Torlonia, fiel einem nie aufgeklärten Mord zum Opfer (dieses Erlebnis reflektieren die Gedichte *X Agosto* und *La cavalla storna*), später starben kurz nacheinander die älteste Schwester und die Mutter, schließlich ein Schulkamerad in Urbino und ein Bruder. Das Studium der Philologie in Bologna behinderten zeitweise materielle, familiäre und psychische Probleme und die Flucht in anarchistische Kreise. Nach der Promotion über den frühgriech. Dichter Alkaios lehrte er ab 1883 klassische Sprachen an den Gymnasien in Matera, Massa und Livorno und wurde Mitglied verschiedener Regierungskommissionen für das Schulwesen (seine Anthologien der lateinischen und italienischen Literaturen blieben bis zur Reform von 1923 Standardwerke des italienischen Unterrichts). Aus jener Zeit datiert die Freundschaft mit Chiarini und D' Annunzio.

1891 erschien die erste Auflage der (bis 1906 mehrfach erweiterten) Gedichtsammlung *Myricae*, in der er seine kindlichen, aus bukolischer Atmosphäre und melancholisch gestimmter Empfindsamkeit gewonnenen Eindrücke formulierte.

1892 errang er die erste Goldmedaille (von vielen) im Amsterdamer Wettbewerb der lateinischen Dichtung; er schuf einige der vollkommensten Beispiele der neulateinischen Lyrik und gehörte mit Paolo Rolli und Carducci zu den wichtigsten Nachgestaltern antiker Metrik in der italienischen Dichtung. Von den Übersetzungen antiker und moderner Literatur gelangen diejenigen aus den homerischen Epen besonders brillant. Ab 1895 war er Professor für klassische Philologie in Bologna, Messina und Pisa, bis er 1905 als Nachfolger seines einstigen Lehrers Carducci in Bologna den bedeutendsten Lehrstuhl für italienische Literaturgeschichte des Landes übernahm.

Seinem fruchtbaren Dichtertum entstammen mehrere Zyklen: nach *Myricae* die stimmungserfüllten *Canti di Castelvecchio* (1903–1912), in denen er die ländlich-schlichte Welt um sein Sommerhaus in Castelvecchio bei Barga besingt und auch die Alltagswelt zu eindrucksvoller Symbolik erhebt; in *Primi poemetti* (1904) und *Nuovi poemetti* (1909) treten unter den weiterhin gültigen Leitbegriffen wie Trauer, Schmerz und Unabänderlichkeit des Schicksals zur Naturbetrachtung und „Poesie der kleinen Dinge" auch zeitgeschichtliche und soziale Themen; die *Poemi conviviali* (1904–1905) schöpfen aus dem Themenkreis der Antike; die bereits dem Spätwerk zugehörigen *Odi e inni* (1906–1913) vereinen sowohl noch fein gezeichnete, empfindungsstarke Skizzen als auch politische und patriotische Gedichte; unvollendet blieben die epischen *Canzoni di Re Enzio* (1908–1909); *Poemi Italici* (1911); *Poemi del Risorgimento* (1913).

Die Popularität der Gedichte Pascolis erklärte sich zwar aus der bürgerlich bestimmten Verbindung einer allgemeinen, vagen Menschenfreundlichkeit mit zeitgemäßem Nationalismus und unverbindlicher Religiosität. Doch die künstlerische Dimension seiner Gestaltungskraft offenbart sich nur in den wie vollendete Fragmente wirkenden, impressionistisch gestalteten Gedichten – Stimmungsgemälde und Skizzen in schwereloser, leiser, musikalischer Sprache – aus dem persönlichen Lebenskreis und frei von Programmen und Bildungsthemen. Pascoli entwickelte eine neue Dichtersprache, die sich auch zur Wiedergabe der *piccole cose* eignete, in Abkehr von der traditionellen Literatursprache und im aktuellen Gegensatz zu Carduccis klassizistischen Normen und Gabriele D'Annunzios rhetorischem Stil: z. B. durch die Einbeziehung von Dialekt und gehobener Umgangssprache, durch Lautmalerei und Klangwerte, Einschübe und Kurzsätze; damit schuf er wesentliche Voraussetzungen für die *poeti crepuscolari* und die neuere Dichtung. Nachhaltig wirkten auch die vielfältigen metrischen Neuerungen dieses Meisters der Verskunst.

Sopra il leggìo di quercia è nell' altana: aus *Primi poemetti*. Im I. Teil des allegorischen Gedichts noch die Realität des Bildes: der Wind, der die Blätter wendet; im II. Teil ist die Wirklichkeit verblaßt, die unsichtbare Erscheinung zur Realität geworden; im III. Teil hat die gedachte Erscheinung vollen Symbolwert erlangt.

2 *aperto*: ist betont durch die Inversion mit *nell' altana* und (wie auch in v. 5) durch die hervorgehobene Stellung im Vers. 3 Bedeutungslatinismus *esercitata* =

scossa. **5** *e*: zum Ausdruck der Gleichzeitigkeit zweier Handlungen. **8** latinis. *tremulo = tremolante* (bzw. hier konkret *sbattente*). **8–9** *vento delle montagne* bzw. *del deserto*: Periphrasen für *tramontana* „Nordwind" bzw. *scirocco* „Südwind". **10** *sorti*: zu *sorgere*. **12** *non vedo io* statt der gewöhnlichen Konstruktion *non lo vedo* (da das Objektverhältnis *lo* von *uomo* fortgelassen wird, muß zur Verdeutlichung des Subjekts *io* eintreten). **13–26** rhetorische Figuren drücken den Wechsel zwischen Zögern und Ungeduld des unsichtbaren Lesers aus: Einschübe und Inversionen zur Verlangsamung (v. 13–17); die rasche Bewegung durch normale Wortstellung und asyndetische Reihung (v. 18–19); wiederholtes Zögern durch zweimaligen Hiat und Tmesis (v. 20–21); das Innehalten durch Kurzsatz, Fragen und Zeitangabe (v. 23 und 25); **27–38** die Endlosigkeit, ja Zeitlosigkeit seines Tuns symbolisieren Wort- und Verswiederholung (v. 37 wie 13). **15** latinis. *estrema = ultima.* **25** *contorte*: d. h. mit Eselsohren. **27** latinis. *vespro = sera.* **28** latinis. *nubi = nuvole.* **29** *chimere*: feuerspeiende, geflügelte Fabelwesen (vorn Löwe, in der Mitte Ziege, hinten Schlange), metaphor. für *fantasticheria.* **31** latinis. *tumidi = gonfi* (durch den Abendwind); *ombra*: die hereinbrechende Nacht. **32** Bedeutungslatinismus *deserte* „verlassenen", d. h. jedes für sich in der Weite des Himmels. **34** latinis. *arido* (= *secco*) im übertragenen Sinn „fruchtlos": symbolisch für die Vergeblichkeit des Suchens nach der Wahrheit. **35** *sirene*: mythische Mischwesen aus Mädchen und Vogel an der Südküste Italiens, die durch betörenden Gesang die Menschen anlockten, um sie zu töten; hier symbolisch für die Verlockungen des Unbekannten und Unerforschlichen. **36** *voci erranti*: die im Dunkeln, auf wechselnden Pfaden nach dem ungewissen Ziel tastenden Wahrheitssucher (z. B. Forscher, Gelehrte, Dichter). **39** *le stelle*: ein Lieblingsmotiv Pascolis sind die Gestirne als teilnehmende, aber tatenlose, ohnmächtige Zeugen menschlichen Tuns.

Il giorno fu pieno di lampi: aus *Canti di Castelvecchio*; entstanden 1900. Jede *stanza* (achtzeilige Strophe), deren letzter, sechssilbiger Vers den anapästisch-daktylischen Rhythmus fortführt, endet mit dem Refrainwort *sera*. Thematisch verwandt, aber aus dem romantischen Verständnis der Natur und ihres Verhältnisses zum menschlichen Leben geschaffen, ist Leopardis Kanzone *La quiete dopo la tempesta* (1829).

    3 *tacite*: sowohl im Gegensatz zum Lärm des Gewitters als auch gemäß dem im vorigen Gedicht (v. 39) anklingenden Sternen-Motiv. **4** *gre gre*: Pascoli setzte gerne lautmalerische Wörter ein (vgl. auch v. 33). **6** latinis. *trascorre = percorre.* **10** *vivo*: im Zusammenhang mit Farben „leuchtend, glühend". **11** *allegre ranelle*: lautmalerische Assonanz. **17–18** antithetisches Wortspiel *infinita / finita.* **21** Der eingeschobene Ausruf erhellt plötzlich die symbolische Bedeutung der vorausgehenden Bilder; *dolore* entspricht *tempesta*: das endlose Leid löst sich im Lied des Dichters, wie *vedo* (v. 23) anzeigt. **27** *povero*: da wegen des Unwetters die Alten nicht ausfliegen konnten. **31** adversatives *e* "und doch": eine Lehre für den Dichter. **33** *don... don*: die Abendglocken sind lautmalerisch nur angedeutet, ihr Läuten klingt für den Dichter wie Stimmen der „blauen Dunkelheit" des Himmels (v. 36). **38** *com' era* (altit.-poet. statt *ero*): nämlich ein Kind.

Vidi sovente in mio cammin le rote: Die Ode in sapphischen Strophen (aus *Odi e inni*) reflektiert das Wesen der Dichtung, ein Lieblingsthema Pascolis. Sie weist die üblichen Stilmittel auf (Einschübe, nachträgliche Anfügungen, der Alltagsrede angenäherten abgehackten Satzbau), die hier aber etwas manieriert sind. Die Entsprechung im Bau der Strophen I und III bzw. II und IV läßt den raffinierten Rhetoriker die Überhand gewinnen; die strengere Straffung erfordert ein stärkeres Latinisieren in Wortwahl und Satzbau. Dennoch bleibt das Gedicht in der Stärke seiner Symbolik, im musikalischen Fluß der Worte und in der Tiefe der Empfindung meisterhaft.

1 altit. *in mio* (ohne Artikel) *cammin = nel mio* (= *cammino*. **2** *meditante*: latinis. Partizip Präsens. **3** adversatives *e*. **4** Bedeutungslatinismus: *lievi = leggieri*. **9–10** latinis. *nubi* (= *nuvole*) ... *sentii*: lat. Satzbau (Akkusativ mit Infinitiv). **10** latinis. *velo = lenzuolo*. **11** latinis. *funebre = mortuario*. **14–15** *rubi ... il sole*: durch ein Dazwischentreten. **17–18** *nel cammino della mia vita*: Anklang an den Beginn von Dantes *Divina Commedia* (*Inferno* I 1).

GABRIELE D'ANNUNZIO (geboren 12. 3. 1863 in Pescara; gestorben 1. 3. 1938 in Gardone).

Der Student der Literaturwissenschaften, der bereits als Gymnasiast aus gutsituiertem Hause unter dem Eindruck von Carduccis *Odi barbare* seine erste Lyriksammlung *Primo vere* veröffentlicht hatte, begann zugleich als Mitarbeiter verschiedener Zeitungen eine erfolgreiche Journalistenkarriere, z. B. mit Berichten aus der mondänen Gesellschaft oder Modeszene, Buchbesprechungen und Kunstkritiken, worin er sprachlich brillant zeitgenössische und avantgardistische Strömungen mit erstaunlicher Wendigkeit aufgriff und die dem jungen Autor geschmacksbildende Popularität verschafften.

Jenem fruchtbaren Jahrzehnt in Rom ab 1881 entstammen u. a. auch die Gedichtsammlungen *Canto novo* (1882) sowie *L 'Isotteo* und *La chimera* (1890), der erste – wie viele seiner Werke – autobiographisch gefärbte Roman *Il piacere* als eine der berühmten literarischen Schöpfungen der *décadence* und mehrere vom Verismus bzw. Naturalismus angeregte Erzählungen. Nach siebenjähriger Ehe trennte er sich 1890 von Maria Hardouin, duchessa di Gallese, und den drei Kindern und ließ sich 1892 in Neapel nieder, wo der durch die russische Literatur beeinflußte, doch als provozierend unmoralisch kritisierte Roman *L 'innocente* erschien, dessen baldige Übersetzung D'Annunzios Erfolg in Frankreich begründete (die mit *Il piacere* begonnene Trilogie *Romanzi della Rosa* beschloß 1894 *Il trionfo della morte*). In diese Epoche fallen auch die Gedichtzyklen *Elegie romane* und *Odi navali* sowie *Il poema paradisiaco*.

Entscheidende Entwicklungen lösten in den 90er Jahren sowohl die Beschäftigung mit dem französischen Symbolismus und die Auseinandersetzung mit Richard Wagner und Friedrich Nietzsche aus als auch die unter seinen zahlreichen Liebesbeziehungen leidenschaftlichste Verbindung (1895–1904) mit der international gefeierten Charakterdarstellerin und Freundin Arrigo Boitos, Eleonora Duse. Für sie verfaßte er die ersten, freilich durch ihre Schauspielkunst wesentlich aufgewerteten Dramen. Das Erlebnis dieser Liebe reflektierte 1900 der wegen seiner rücksichtslosen, die Geliebte teils entwürdigenden Offenheit bekannteste Roman *Il fuoco*.

D' Annunzios politische Ansichten schlugen sich zunächst 1895 in dem antidemokratischen Roman *Le vergini delle rocce* nieder; 1897 wurde er Abgeordneter der Konservativen, 1900 kandidierte er erfolglos für die Sozialisten und zog sich vorerst aus der Politik zurück. Ab 1903 publizierte er den lyrischen Zyklus *Laudi del cielo del mare della terra e degli eroi*, dessen dritter Teil *Alcyone* (1904) einige seiner schönsten, die Fülle des natürlichen Lebens besingenden Gedichte enthält. Während des Aufenthalts in Arcachon und Paris (d. h. ab 1910 auf der Flucht vor den Schulden wegen seines exzentrischen Lebensstils) entstanden u. a. das von der Kirche als sündhaft und pervers bekämpfte lyrische Drama *Le martyre de Saint Sébastien* mit der Musik Debussys und das vierte, nationalistische Buch der *Laudi*, aber auch die aus der Trauer um den Tod Pascolis und eines andern Freundes geschaffene Erzählung *Contemplazione della morte*.

1915 kehrte er als Kriegsfreiwilliger in die Heimat zurück, war als wortgewaltiger Redner und vom Mythos der Technik faszinierter Flieger – der erste Flug 1909 hatte ihn zu dem Roman *Forse che sì forse che no* inspiriert – im Fronteinsatz und riskierte spektakuläre Aktionen wie den Flug über das feindliche Wien und 1919 die eigenmächtige Eroberung Fiumes (Rijekas), das er nach dem Vertrag von Rapallo räumen mußte. Fortan residierte der 1924 durch königliches Dekret zum Principe di Montenevoso ernannte Nationaldichter in der Villa «il Vittoriale» in Gardone.

D' Annunzio war die wohl schillerndste Persönlichkeit des italienischen Geisteslebens seiner Zeit und der vollkommene Repräsentant des dekadenten Lebensgefühls, erfüllt von einem bis zum Zynismus rigorosen Sinnen- und Schönheitskult, egozentrisch und in seiner pathetischen Verherrlichung des Übermenschentums schließlich ein Wegbereiter des Faschismus. Der prunkhafte, monumentale D' Annunzio-Stil (*dannunzianesimo*) und die teils ins Mystische gehende Verehrung des für die Generation um die Jahrhundertwende dominierenden Literaten lösten bis in die 30er Jahre verschiedene Gegenbewegungen in der italienischen Lyrik aus (*poesia crepuscolare, poesia futurista, poesia ermetica*). Zugleich aber bleibt D' Annunzio einer der großen Lyriker Italiens: Denn seine ungewöhnliche Sensibilität und virtuose Beherrschung der Sprache befähigten ihn auch, allen Wahrnehmungen der Sinne und Schwingungen der Seele nachzuspüren und sie in unnachahmliche Bilder und künstlerisch vollendete Verse zu fassen, Worte in Musik zu verwandeln und die Musik in Worte zu verdichten.

O falce di luna calante: Die kurze, wegen der melodiösen Eleganz und des Stimmungsgehalts gerühmte Ode aus *Canto novo* wurde u. a. von Tosti und Respighi vertont.
2 und **8** *su l' acque* (= *sull' acque*) und *pe 'l* (= *per il*): formkünstlerisch (z. B. auch bei Carducci) beliebte Trennung von Präposition und Artikel nach altit. Vorbild. **3** latinis. *messe* (statt weniger präzise *raccolto*): „schnittreife Saat kurz vor der Ernte". **5** latinis. *aneliti = respiri*. **9** latinis. *oppresso di = sopraffatto da*. **10** latinis. *s' addorme = s' addormenta*.

255

Taci. Su le soglie: Die Ode in *versi liberi* (d. h. ohne metrische Bindung und in freien Rhythmen) aus *Alcyone* zählt wegen der fein ziselierten Gestaltung des dominierenden musikalischen Elements zu D' Annunzios berühmtesten Kompositionen; zum melodischen Fluß tragen Stilmittel wie Lautmalerei, Assonanzen, Alliterationen und das Spiel der Reime bei.

pineto: wohl der Pinienwald am Meer zwischen San Rossore und Viareggio, der auch anderen Gedichten der z. T. während eines Aufenthalts in der Versilia entstandenen Sammlung zuzuordnen ist.

1 *taci*: der exponiert plazierte Imperativ suggeriert eine geheimnisvolle, angespannte Stille als Auftakt für die Schilderung intensiver Sinnenerlebnisse, wobei das akustische Motiv im folgenden immer wieder aufgenommen und auch sprachlich variiert wird (*non odo; odo; ascolta; odi; non s' ode; s' ode*). **10** *piove*: die Anapher betont die sinnliche Wahrnehmung des einsetzenden Regens, die plötzliche Auslassung des Verbs (v. 24–29) drückt aus, wie er allmählich schneller fällt; *tamerici*: bei Vergil und Pascoli *myricae*. **11** *salmastre* durch die Nähe des Meerwassers. **15** *divini*: der Venus geweiht; das Thema des Eros, das ab v. 26 deutlicher anklingt, ist hier leise angeschlagen; zugleich im weiteren Sinn auch zur Verherrlichung der Natur, womit der Dichter und die Geliebte eins werden (v. 21). **17** *accolti* = *raccolti*. **19** altit. *aulenti* = *odorose*. **21** *silvani* „zum Wald gehörig" wie die antiken Waldgötter (lat. *silvani*). **29** *favola* das Leben, die Liebe. **32** *Ermione*: D' Annunzio benennt die Geliebte mit einem seiner Lieblingsnamen aus der griech. Mythologie nach der Tochter des Menelaos und der Helena. **35** *verdura* = *verzura*. **41** im Zusammenhang mit *risponde* (v. 40) besonders eleganter, musikalischer Binnenreim ähnlich dem Echo. **43** latinis. *australe* (= *ostro*): feuchter, warmer Südwind. **44** *impaura* = *impaurisce*. **51** *dita*: die Tropfen. **53–55** *spirto silvestre* = *spirito, anima del bosco*; latinis. *arborea* = *degli alberi*: das wichtige Motiv, daß sich die Liebenden in die Stimmung des Walds versenken bzw. sich selbst als Teil des Waldes fühlen, kehrt häufig wieder. **56** poet. *ebro* = *ebbro*. **60** aus dem Altit. abgeleitet *auliscono* (= *olezzano*) nimmt v. 19 wieder auf. **62** latinis. *terrestre* in prägnanter Bedeutung (= *della terra*). **66** *aeree*: wegen ihres die Luft erfüllenden Gezirpes, während sie selbst unsichtbar auf den Zweigen hocken. **71** *canto*: das Motiv der Frösche wird eingeführt (vgl. v. 90–94); lit. *mesce* = *mescola*. **84** latinis. *monda* = *purifica*. **85–88** klingt an v. 37–40 an. **91** latinis. *limo* = *fango*. **93** altit. *fonda* = *profonda*. **93–94** unheimlich, da unbestimmt. **100** latinis. *virente* = *verdeggiante*. **108** und **113** lat. *alvèoli* und *mallèoli*: der medizinische Fachausdruck ist als Latinismus im Italienischen poesiefähig. **116–128** wiederholen abschließend den Passus der Verse 20–32, doch mit der bemerkenswerten Ausnahme in v. **127** *m 'illuse ... t' illude*: die Vertauschung der Personen und Zeiten gegenüber v. 31 lassen sich als Ausdruck der Zeitlosigkeit oder des stets wiederkehrenden, unbeschwerten Trugspiels der dem Augenblick hingegebenen Liebenden deuten.

ARDENGO SOFFICI (geboren 7. 4. 1879 in Rignano sull' Arno; gestorben 19. 8. 1964 in Vittoria Apuana).

Wichtige Impulse empfing der einer Bauernfamilie entstammende Gehilfe eines Rechtsanwalts und Kursteilnehmer an der Florentiner Kunstakademie 1900–1907 in Paris, wo er zur künstlerischen Avantgarde fand. Er war ein Schüler Paul Cézannes und befreundet u. a. mit Guillaume Apollinaire, Picasso und Georges Braque, neigte dem aufkommenden Kubismus zu und schrieb für mehrere Zeitschriften. In Florenz setzte er sich als Mitarbeiter der von Giovanni Papini und Giuseppe Prezzolini gegründeten Zeitschrift *La Voce* für den Impressionismus (und dabei besonders den in Auguste Rodins Schatten gedrängten Bildhauer Medardo Rosso) und Arthur Rimbaud ein.

1912/1913 schloß sich der Maler und Dichter auf Anregung Carlo Carràs, Aldo Palazzeschis u. a. dem zunächst abgelehnten *Futurismus* an, zu dem z. B. auch die Literaten Corrado Govoni und Luciano Folgore gelangt waren, und wurde in der mit Papini gegründeten Zeitschrift *Lacerba* einer seiner Wortführer. Treibende Kräfte dieser antitraditionalistischen Protestbewegung mit dem Ziel einer rigorosen Erneuerung nicht nur der Kunst, sondern aller Lebensbereiche, die 1909 das erste Manifest F. T. Marinettis (damals noch ein scharfer Gegner D' Annunzios) initiiert hatte, waren u. a. die Künstler Umberto Boccioni, Carrà, Giacomo Balla, Enrico Prampolini, Gino Severini, Luigi Russolo (auch Dichter und Musiker) und der Architekt Antonio Sant' Elia; auch Expressionismus, Dadaismus und Surrealismus führten futuristische Ideen fort. Die politischen Zielsetzungen und die Verherrlichung von Kraft, Gefahr und Kampf boten dem von vielen Futuristen (darunter auch Soffici) unterstützten Faschismus eine wirksame Plattform.

1914 publizierte Soffici die Abhandlung *Cubismo e futurismo*, noch als Kriegsfreiwilliger schrieb er die *Principî di una estetica futurista* nieder (erschienen 1920). Seine Sammlungen *Bïf§zf + 18. Simultaneità. Chimismi lirici* (1915) bieten ein charakteristisches Spektrum der futuristischen Dichtung, die unter Ablehnung aller herkömmlichen Themen und Regeln das Leben als Summe dynamischer Abfolgen oder Gleichzeitigkeiten wertete und sich Fortschritt, Technik und Wissenschaft als Inspirationsquellen erschloß; moderne Nüchternheit und provozierende Banalität traten zu den Grundlagen eines neuen Kunstwollens der „Schöpfer der Zukunft". Sofficis beste Dichtung kennzeichnet ein fragmentarischer und skizzenhafter, transparenter Stil mit dem Ziel, *posar le parole come il pittore i colori.*

Nach dem 1. Weltkrieg und im geistigen Klima des Faschismus entfernten sich die meisten Mitstreiter des Futurismus von den revolutionären Forderungen ihres (vorwiegend jungen) Künstlertums in unterschiedliche Richtungen: Soffici gelangte als (Landschafts-)Maler trotz der Rückkehr zu Cézanne zu einem konservativen Realismus und als Dichter zum Neoklassizismus. Zeitgeschichtlich wertvoll ist die bis 1915 reichende Autobiographie *Autoritratto d' artista* (1951–1955).

Der Reiz des 1915 zunächst unter dem Titel *Sera fiorentina* erschienenen Gedichts in moderner Alltagssprache liegt in der Verbindung zwischen dem noch impressionistisch Farbigen, Skizzenhaften mit ausgefallenen Bildern und den Einschüben technischer, nüchterner Realität. Text: Sanguineti II, S. 637.

1 *ordinotte* (= *l' ora di notte*) „die Stunde der einsetzenden Nacht". **10** wurde später eingefügt.

GUIDO GUSTAVO GOZZANO (geboren 19. 12. 1883 in Agliè; gestorben 9. 8. 1916 in Turin).

Der Jurist aus vermögendem Hause, den die Tuberkulose an der Ausübung seines Berufs hinderte, war mit Sergio Corazzini der beste unter den *poeti crepuscolari*: Als „Dichter der Abenddämmerung" (d. h. nachlassender künstlerischer Schöpfungskraft, der Dekadenz) kritisiert, wehrten sie sich ab 1904/1905 gegen D'Annunzios überreizten Ästhetizismus und übermächtige Rhetorik und griffen darin schon dem Futurismus vor; viele junge Dichter waren zunächst *crepuscolari*, bevor sie sich dem Futurismus anschlossen. Die *crepuscolari* orientierten sich am französischen Symbolismus eines Laforgue und Jammes (und doch auch an D'Annunzios *Poema paradisiaco*) und wandten sich in der Nachfolge Pascolis auf der Suche nach Authentizität in einfacher, aber nuancenreicher Sprache dem Vergangenen (z. B. der eigenen Kindheit), alltäglichen Themen und stillen Beobachtungen zu, wobei ihre Stimmungslage zwischen (gelegentlich sentimentaler) Melancholie, Ironie und Resignation schwankte.

Gozzanos erfolgreiche Lyriksammlungen *La via del rifugio* (1907) und *I colloqui* (1911) enthalten seine schönsten Dichtungen. Als Mitarbeiter einflußreicher Zeitschriften und Tageszeitungen trat er auch durch Märchen und Erzählungen und die Berichte einer (nicht die erhoffte Genesung bringenden) Reise nach Indien hervor.

Text: Sanguineti I, S. 459–466. Das aus *La vita del rifugio* mit Abänderungen auch in *I colloqui* aufgenommene Gedicht ist in schmuckloser, aber geschmeidig fließender Umgangssprache verfaßt. Die Verse in Hexametern mit Auftakt sind paarweise durch Reim verschränkt, indem der erste Halbvers mit dem Schluß des zweiten Hexameters reimt und der zweite Halbvers des ersten Hexameters mit dem ersten Halbvers des zweiten; doch die Enjambements über das Zeilenende und die Mittelzäsur hinaus und die Aufteilung des Verses in mehrere syntaktische Einschnitte lassen Rhythmus und Reim zurücktreten.

Speranza: der damals modische Vorname meint „Hoffnung" im christlichen Sinn (wie die in Deutschland bevorzugte französische Form *Espérance*). 1–14 das Inventar der 'guten Stube'. 1 *Loreto*: Name des Papageis (wie im Deutschen *Lore*; beide gehen auf spanisch *loro* „Papagei" zurück). 5 meton. *balocco* „unnützes Zeug, Nippes". 9 *Massimo d' Azeglio*: aus Turin gebürtiger Adeliger, Schwiegersohn Manzonis; Maler und Schriftsteller, ein Vorkämpfer des Risorgimento und piemontesischer Ministerpräsident; ein Gemälde von seiner Hand gehörte zum vornehmen Turiner Haus um 1850. 10 *dagherottipi* die frühesten, nach dem Miterfinder L. J. Daguerre benannten Fotografien. 13, 14 *cúcu* (statt *cucù*) und *chèrmisi* (statt *chermisì*) um des Rhythmus willen. 25–26 zwei vorangehende, aus der Erstfassung gestrichene Verse lokalisierten das Pensionat in Mantua und zwei folgende, ebenfalls entfallene Hexameter nannten den Ferienort Belgirate am Lago Maggiore (vgl. v. 77; 91); in der Überarbeitung bevorzugte der Dichter die Verallgemeinerung. 30 die Komponisten *Arcangelo del Leúto* (eigtl. A. Corelli) und *Scarlatti*. 31–40 *core, augello*: Worte der höf.-siz. Dichtersprache, wie sie in Verbindung mit *gemere* und *languor* in den Kanzonetten im Chiabrera-Stil vorkommen. **32** *Giordanello*: der besonders durch seine Opern und Lieder populäre Komponist Giuseppe Giordani. **46** *Prati*: süßlich-romantischer Modedichter der Zeit. **48** *Lombardo-Veneto*: Lombardei und Venetien als Provinzen des österreichischen Kaiserreichs nach 1815; hier symbolisch für das Ancien Régime, dem der den neuen Ideen des Risorgimento fernstehende Onkel ergeben ist. **50** *Re di Sardegna*: Vittorio Emanuele II. **51** *alli = agli*. **53** *madamigella*: Anrede unter dem Einfluß des Französischen (in Piemont sprach die gute Gesellschaft um 1850 entweder die einheimische Mundart oder Französisch). **60** ironische Verwendung des lit. *conversari* statt *conversazioni*. **61** *la Brambilla*: die Sopranistin Teresa B.; latinis. *pingue* (= *grassa*): vornehmere Wortwahl; Verdis Oper *Ernani* nach V. Hugos Versdrama *Hernani*. **62–63** *la Scala* und *la Fenice*: in den Opernhäusern von Mailand und Venedig wurden Verdi-Opern uraufgeführt. **67** *Radetzky*: hatte 1849 durch seine Siege über die Piemontesen bei Custoza und Novara und den Friedensschluß mit Viktor Emanuel II. Österreichs Herrschaft in Oberitalien gefestigt und war bis 1857 Generalgouverneur im Lombardo-Veneto. **80** *Maffei*: der Salon der contessa Clara Carrara Maffei war in Mailand der Treffpunkt der romantischen Dichter und für die Einigung Italiens kämpfenden Liberalen bzw. Mazzini-Anhänger. **88** *Novelliere Illustrato*: Familienzeitschrift (wie die *Gartenlaube*). **89** *Parisina*: Byron läßt die ehebrecherische Titelheldin seiner Verserzählung im romantischen Licht erscheinen. **90** *quella...Werther*: Lotte in Goethes Roman *Die Leiden des jungen Werther*. **95** *Mazzini*: republikanischer Vorkämpfer der Einigung Italiens. **98** *un tale*: Werther. **102** *Jacopo*: der Held in Foscolos Briefroman *Le ultime lettere di Jacopo Ortis* nahm sich das Leben aus unglücklicher Liebe (wie Werther), aber auch – hierin die politische Situation in Italien widerspiegelnd –, da er an der Befreiung des Vaterlands verzweifelte. **110** *amare d' amore* „mit Gefühl lieben" (nicht nur 'ein Verhältnis haben'). Die Sehnsucht nach aufrichtiger Liebe, die sich in der einfühlsamen Zeichnung Carlottas ausdrückt, ist ein konstantes Motiv in Gozzanos Dichtung.

UMBERTO SABA (eigtl. U.Poli; geboren 9. 3. 1883 in Triest; gestorben 25. 8. 1957 in Görz).

Nach mehrfachen geschäftlichen Wechseln ließ sich Saba, der das Pseudonym seit seinem ersten Gedichtband *Poesie* (1910) führte, als Antiquar wieder in Triest nieder (nachdem die zuvor österreichische Stadt 1919 Italien zugesprochen worden war). Seit 1938 durch die Rassengesetze bedrängt, floh die Familie 1943 nach dem Publikationsverbot über Paris nach Florenz und Rom und lebte ab 1945 in Mailand.

Das kulturelle Klima der zwar durch Hafen, Geschichte und Grenzlage vielfältigen Einflüssen ausgesetzten, aber an den geistigen Strömungen der Zeit nur gering beteiligten Heimatstadt förderte die Introversion Sabas, der trotz wichtiger literarischer Kontakte vom Avantgardismus unberührt blieb, und die Entwicklung seiner eher an Leopardi und Pascoli geschulten Sprache. Auch er war überzeugt von der Unabänderlichkeit des Schicksals und von der Hinnahme des Leids als Teil des Lebens; hinzu traten seine Fähigkeit psychologischer Beobachtung (die damals z. B. auch das literarische Schaffen des ebenfalls aus Triest gebürtigen Italo Svevo und Luigi Pirandellos bestimmte) und die kühne Wahl ausgeprägt realistischer, „unpoetischer" Themen. Sabas durchweg schlichte Dichtung, die er 1945 in der endgültigen Ausgabe des *Canzoniere* zusammenfaßte und deren künstlerische Entwicklung sein eigener Kommentar *Storia e cronistoria del Canzoniere* (1948) nachzeichnet, ist autobiographisch und meist der Ausdruck melancholischer Skepsis; die einfache, dabei flüssige Sprache enthält teils klassizistische Elemente (z. B. in Wortwahl und Satzbau). Mit Ungaretti und Montale zählte er zu den bedeutendsten italienischen Lyrikern der ersten Hälfte des 20. Jahrhunderts.

Text: Sanguineti II, S. 791–792. Zu dem erstmals in der Sammlung *Trieste e una donna* aus den Jahren 1910–1912 erschienenen Gedicht bemerkte Saba in *Storia e cronistoria*: Una delle poesie piú intense e rivelatrici di Saba. *Città vecchia* rende tutto un lato della sua anima e della sua poesia: quel bisogno, innato in lui, di fondere la sua vita a quella delle creature piú umili ed oscure ... È il Saba delle «piccole cose», delle cose di ogni giorno, sulle quali hanno tanto insistito i suoi critici. Si dimenticarono però di dire che quelle «piccole cose» erano elevate ai vertici di una spiritualità, che le trasfigurava in poesia. (Übersetzung: Eines der eindringlichsten und aufschlußreichsten Gedichte Sabas. *Città vecchia* gibt einen wesentlichen Zug seiner Seele und seiner Dichtung wieder, nämlich das angeborene Verlangen, sein Leben mit demjenigen der Geringsten und Unbedeutendsten zu verschmelzen... Es ist der Saba der „kleinen Dinge", der alltäglichen, auf die sich seine Kritiker so versteiften. Sie vergaßen dabei jedoch zu sagen, daß jene „kleinen Dinge" auf die höchste Stufe einer Vergeistigung erhoben worden waren, die sie zu Poesie werden ließ.)

Metrische Form: freie Verse mit lockerer Reimfolge. Spuren seiner Orientierung am Klassizismus sind: 9 und 19 die Einschübe (*passando* und *come in me*); 20 die Umstellung (*degli umili ... in compagnia*); 22 latinis. *turpe* = *brutta*; die metaphor. Anspielung (*via* „Straße in der Stadt" bzw. „Lebensweg").

Sᴇʀɢɪᴏ Cᴏʀᴀᴢᴢɪɴɪ (geboren 6. 2. 1886 in Rom, wo er am 17. 6. 1907 verstarb).

Der Versicherungsangestellte war der wichtigste Exponent des *crepuscolarismo*, d. h. der gegen den beherrschenden D'Annunzio-Stil gerichteten (und erst einige Jahre nach Corazzinis Tod so bezeichneten) Strömung der Lyrik, der z. B. Gozzano, Marino Moretti, Carlo Chiaves, vorübergehend auch C. Govoni, A. Palazzeschi u. a. angehörten. Das (nach Ausbruch der Tuberkulose entstandene) Gedicht *Delusione del povero poeta sentimentale* erfaßte exemplarisch jenes Lebensgefühl der Melancholie, Resignation und Verzweiflung, das sich auch in Sentimentalität oder Ironie äußern konnte und über Entsprechungen mit dem französischen und belgischen Symbolismus hinaus existentialistische Elemente vorwegnahm. Ab 1904 publizierte er Gedichtsammlungen, u. a. *L' amaro calice*, *Piccolo libro inutile*, *Libro per la sera della domenica*. Corazzini dichtete auch im römischen Dialekt.

Text: Sanguineti I, S. 421–422. Das dem Tänzer André Noufflard gewidmete Gedicht aus *Libro per la sera della domenica* (1906) in freien Versen und schlichtester Alltagssprache setzt dem kraftvoll-schöpferischen Dichtertyp D'Annunzios den elegisch resignierenden entgegen.

14 *poeta*: der Gesprächspartner der Königin stellt einen Dichter dar; symbolisch: der Dichter in seiner träumerischen Verkennung der Wahrheit ist eben eine Marionette.

ALDO PALAZZESCHI (eigtl. A. Giurlani; geboren 2. 2. 1885 in Florenz; gestorben 17. 8. 1974 in Rom).

Der gelernte Kaufmann aus vermögendem Hause, der heute hauptsächlich als Erzähler bekannt ist, hatte sein literarisches Schaffen als ein gewandter Lyriker begonnen: Die ersten Gedichtbände (*I cavalli bianchi*, 1905; *Lanterna*, 1907; *Poemi*, 1909) zeigen einen *poeta crepuscolare* (er war befreundet mit Corazzini und Moretti), dessen melancholischen, teils pessimistischen Zug nicht der Verlust des Vergangenen, sondern ein Schweben zwischen Traum und Wirklichkeit bestimmte und in dessen unpathetischem Stil statt resignierender Ironie bereits die charakteristische Neigung für das Groteske (auch im Tragischen) und für Scherz und Parodie hervortrat.

Der Drang nach Erneuerung und die Freude am grenzenlosen Experiment einer antitraditionellen Dichtung sowie die Abneigung gegen alles Konventionelle brachten ihn 1909 zum Futurismus, von dem er sich als Gegner des sich abzeichnenden Kriegseintritts Italiens aber 1914 wieder löste: Palazzeschis *Il controdolore* (1913; später mit dem Titel *L' antidolore*) gehört zu den wichtigsten Manifesten der Bewegung; die Verse jener Epoche (u. a. *Poemi*, 1909; *L' incendiario*, 1910) faßte er in *Poesie 1904–1914* zusammen; ironisch blickte er auf den Futurismus zurück in dem Gedicht *Il Futurismo* der Sammlung *Via delle Cento Stelle*.

Sein umfangreiches Prosawerk, an dessen Anfang die avantgardistischen Romane *riflessi* (1908), *Il codice di Perelá* (1911) und *La piramide* (entstanden 1912–14) gehören und das mit *Le sorelle Materassi* (1934) und *I fratelli Cuccoli* (1948) Höhepunkte des realistischen it. Romans markierte, offenbart bei allem Sinn für das Komische und Bizarre durchweg auch Palazzeschis Einfühlungsvermögen und Beobachtungsgabe. Erst nach dem 2. Weltkrieg kehrte er zur Dichtung zurück, u. a. mit den Sammlungen *Piazza San Pietro* (1945), *Viaggio sentimentale* (1955), *Cuor mio* (1968), *Via delle Cento Stelle. 1971–1972* (1972).

Text: Sanguineti I, S. 332–334. Gedicht in freien Versen (*versi liberi*) aus dem Ensemble *Le mie ore* (enthalten in *Poesie 1904–1914*).

1, 41, 88 *cloch*: sprich „klok"; **5, 45, 92** *chchch*: sprich „kkk"; lautmalende, vom Dichter hier geprägte Worte. **58** bzw. **59** *Habel* (= *Habel Nasshab*) bzw. *Vittoria*: zwei auch an andrer Stelle in *Le mie ore* vorkommende Figuren.

Luciano Folgore (eigtl. Omero Vecchi; geboren 18. 6. 1888 in Rom, wo er am 24. 5. 1966 verstarb).

Der Lyriker und Schriftsteller war einer der Vorkämpfer des Futurismus um Marinetti. Als Mitarbeiter der avantgardistischen Zeitschriften *La Voce* und *Lacerba* propagierte er das subjektive sinnliche Empfinden (das sich oft in stilprägenden Metaphern aus kräftigen, grellen Farben niederschlug), die Ästhetik des Dynamismus und die Befreiung der Lyrik von allen traditionellen sprachlichen und metrischen Normen: Seine Gedichtsammlungen jener Zeit erschienen unter den programmatischen Titeln *Il canto dei motori* (1912), *Ponti sull' Oceano* (1914), *Città veloce* (1919).

Auch Folgore löste sich noch vor Marinettis Schrift *Futurismo e Fascismo* (1924) vom Futurismus und wandte sich erfolgreich der humoristischen (dabei teils auch melancholisch verschatteten) Gattung zu mit Parodien der zeitgenössischen italienischen Literatur (z. B. *Poeti contro luce*, 1922; *Poeti allo specchio*, 1926; *Novellieri allo specchio; parodie di D'Annunzio e altri*, 1935); außerdem verfaßte er Erzählungen, Novellen (*Nuda ma dipinta*, 1924) und Gedichte (u. a. *Musa vagabonda*, 1927; *Il libro degli epigrammi*, 1932; *Favolette e strambotti*, 1934; *Poesie scelte*, 1940; Gedichte für Kinder: *Mamma voglio l' arcobaleno*, 1947).

Text: Papini – Pancrazi, S. 662–663. Gedicht in freien Versen aus *Città veloce*. Stilmittel: Telegrammstil mit Sätzen ohne Verbum; Infinitive statt der finiten Form. Obwohl die Beobachtungen und Gedanken ohne logische Verknüpfung nebeneinandergestellt werden, ist der Ausdruck dennoch logisch und verständlich. Die Einheit der Komposition ergibt sich aus der Einheit der Mitteilung der äußeren Situation mit den begleitenden Gedanken.

1 *da dove?*: unvermittelter Einsatz des Gedichts „aus dem Nichts". 20 symbolistische Verdichtung des Ausdrucks: das stotternde Buchstabieren des Kindes wirkt wie ein mühsames Zusammenzählen und ist Ausdruck der Kindlichkeit.

Giuseppe Ungaretti (geboren 10. 2. 1888 in Alexandrien /Ägypten; gestorben 1. 6. 1970 in Mailand).

Nach dem Studium 1912–1914 in Paris, wo er in den avantgardistischen Kreisen u. a. mit Apollinaire, Picasso, Modigliani, Braque, De Chirico und mit späteren Anhängern des Futurismus verkehrte, nahm er am 1. Weltkrieg teil.

Erste Gedichte waren 1915 in *Lacerba* erschienen. Unter dem Eindruck des Kriegs entstand sein Frühwerk (*Il porto sepolto*, 1916; *La guerra* und *Allegria di naufragi*, 1919; Sammlung aller Gedichte 1914–1919 in *L' Allegria*, 1931): Der Symbolismus hauptsächlich Stéphane Mallarmés und die Neuerungen der futuristischen Dichtung (z. B. eine „moderne" Reinigung der Sprache und die Umgestaltung des Stils unter Verzicht auf Reim, regelhafte Strophengliederung und logisch ordnende Interpunktion) führten ihn zur Wiederentdeckung des Sinn- und Klangwerts des einzelnen Worts bzw. der Silbe als adäquatem Ausdrucksmittel seiner Erfahrung, daß jeder Moment des Lebens zugleich die Summe der Existenz bedeutet. In einem Prozeß der Verkürzung und Fragmentierung – die wiederholten

Überarbeitungen der Gedichte auch noch nach längerer Zeit belegen Ungarettis anhaltendes Streben nach Verabsolutierung – gelangte er zur *poesia ermetica* und blieb das Haupt dieser von den 20er bis in die 40er Jahre geltenden Stilrichtung, der in jeweils persönlicher Eigenart vor allem Eugenio Montale und Salvatore Quasimodo folgten. 1931–1936 war er Sonderberichterstatter der linientreuen Zeitung *Gazzetta del Popolo* (die Eindrücke seiner Reisen trug er viel später in *Il povero nella città* und *Il deserto e dopo* zusammen).

Die Gedichte der zweiten Schaffensperiode 1919–1935 enthält die Sammlung *Sentimento del tempo*: Sie sind die charakteristischsten Schöpfungen der „hermetischen Dichtung": gewonnen aus der Spannung zwischen der Auseinandersetzung mit den lyrischen Traditionen (besonders Petrarcas und Leopardis) und der fortschreitenden Abstrahierung des Ausdrucks. Der absolute Lautwert und „magische" Eigenwert des Worts und der musikalische Zusammenklang sind die Voraussetzungen für eine jetzt bewußt transparente, sich von subjektiven Aussagen und von Gefühlswerten entfernenden Vieldeutigkeit suggerierter Gedankenverbindungen. Diese fundamentale Entwicklung hatte zur Folge, daß der als „nur experimentell" gewertete Fragmentismus und die „beabsichtigt dunkle, nur den Eingeweihten zugängliche" Vieldeutigkeit „zusammenhangloser Gedankenfetzen" die dominanten Vorwürfe einer teils pamphletisch vorgetragenen Kritik waren – eben jene Elemente, die durch Ungarettis radikalste Erneuerung der Dichtung im 20. Jahrhundert zu wesentlichen Grundlagen auch außerhalb Italiens werden sollten.

Bei seiner Rückkehr aus São Paulo, wo er 1936–1942 italienische Sprache und Literatur lehrte, hatte sich Ungarettis Lyrik in Italien durchgesetzt. Er war ein vom Faschismus gefeierter Dichter und hatte 1942–1959 den ersten Lehrstuhl für neuere und zeitgenössische it. Literatur an der Universität Rom inne. Die Gedichte aus der Zeit 1937–1946 vereint die Sammlung *Dolore* (1947); *Vita d' un uomo* (1969) ist die Gesamtausgabe seines lyrischen Lebenswerks. Außerdem übersetzte Ungaretti französische, spanische und englische Gedichte.

Ogni mio momento: Das Gedicht aus *Il porto sepolto* entstand am 29. 6. 1916 in Mariano. Obwohl sie im Krieg geschaffen wurden, gehören die Verse dieser Sammlung doch nicht zur traditionellen Gattung der Kriegsgedichte, da sie die Geschehnisse nicht schildern, sondern als Auslöser existentieller Betrachtungen des menschlichen Daseins distanziert reflektieren.

4 altit. *fonda = profonda.*

Magica luna, tanto sei consunta: reimloser Vierzeiler (1934) aus *Il sentimento del tempo* von essentiell assoziativem Charakter.

EUGENIO MONTALE (geboren 12. 10. 1896 in Genua; gestorben 12. 9. 1981 in Mailand).

Einigen literaturkritischen Artikeln – Montale machte als erster in Italien auf Svevos Romane aufmerksam – folgte die Sammlung *Ossi di seppia* der 1921–1925 entstandenen Gedichte: Sie zeigen bereits seine eigene Stellung innerhalb der nicht einheitlichen Stilrichtung der *poesia ermetica*, zu deren wichtigsten Vertretern er zählte. Denn statt die Abstrahierung des Gedankens und Ausdrucks bis zum oft kryptisch Absoluten zu suchen, ist er bestrebt, seine Verneinung der Welt und des Daseins, die aus der Überzeugung von der unaufhaltsamen Auflösung der Wirklichkeitsformen in subjektive Täuschung resultierte, in expressiven Bildern und einer bis zur Kargheit verdichteten (dennoch auffallend musikalischen) Sprache zu durchdringen. Als Symbole dieser realen Außenwelt begegnen häufig das Meer, die herbe Landschaft der Cinque Terre, das zerstörerisch gleißende Sonnenlicht oder alltägliche Objekte.

In Florenz war er ab 1929 Direktor der Biblioteca Vieusseux, bis man das Nicht-Mitglied der faschistischen Partei 1938 des Amts enthob (auch Montale hatte mit anderen Intellektuellen 1925 das antifaschistische Manifest Benedetto Croces unterschrieben); er arbeitete dann als Journalist und Übersetzer spanischer und englischer Dichtung (u. a. auch Thomas S. Eliots, mit dessen Werk seine Gedichte verglichen wurden).

Das Bändchen *La casa dei doganieri e altre poesie* (1932) ging in die zweite größere Sammlung *Le occasioni* von 1939 ein, in der „hermetische" Erfahrungen des eigenen Ichs aus dem vergeblich der Zeit entgegenwirkenden Erinnern überwiegen. *Finisterre (versi del 1940–1942)*, das er in der Schweiz publizieren konnte, nahm er 1956 auch in die Sammlung *La bufera e altro* auf, in die Privates und Zeitgeschichtliches einflossen und die Montales fortschreitende, pessimistische Introversion zeigen: Ihr entsprechen die Häufung der schwer zugänglichen Metaphern und rätselhaften Bilder und die verschlüsselte Sprache seines dichterischen Stils.

1948–1975 war er Feuilletonist des *Corriere della Sera*, lange Zeit zudem Musikkritiker. *L' opera in versi* (1981) ist die kritische Gesamtausgabe seines lyrischen Werks. 1975 erhielt Montale als einer der großen Wegbereiter der modernen italienischen Dichtung den Nobelpreis für Literatur.

Text: Sanguineti II, S. 900. Aus der Sammlung *Ossi di seppia*. Rhythmus und Reime (der erste Vierzeiler unterscheidet sich schematisch von den beiden folgenden) bringen die knappe, spröde Umgangssprache dennoch zum Klingen. 6–7 das Enjambement verklammert die Mittelverse des Gedichts. 10–11 *trasparenze/essenza*: der unreine Reim erzeugt eine dissonante Reibung.

Überschriften und Anfänge der Gedichte

Die Überschriften sind *kursiv* gedruckt.

A che sempre chiamar la sorda morte	68
A se stesso	122
Ai dolze e gaia terra fiorentina	18
Al cor gentil ripara sempre Amore	22
All' Altezza del Duca di Savoia	86
Alla morte	46
Alle fonti del Clitumno	134
Alma beata e bella	58
Ancor dal monte, che di foschi ondeggia	134
Arrivi in nero	194
Carlo, quel generoso invitto core	86
Chiome d' argento fino, irte e attorte	70
Città vecchia	184
Clof, clop, cloch	188
Crocicchio	170
Da dove? Sera senza lumi	194
Deh foss' io almen sicura che lo stato	74
Di pensier in pensier, di monte in monte	36
Dialogo di marionette	186
Dissolversi nella cipria dell' ordinotte	170
Dolce paese, onde portai conforme	144
Dolze meo drudo, e vaténe	8
Donna pietosa e di novella etate	30
Ecco l' alma città che fu regina	44
Ecco mormorar l' onde	76
Ecco quel fiero istante	90
Ei fu. Siccome immobile	112
Forse perché della fatal quiete	106
Fratelli d' Italia	130
Fresca rosa novella	26
'Gerusalemme del Tasso' istoriata da Bernardo Castello	82
Già mai non mi conforto	14
I bei vegliardi dallo scettro d' oro	146
I re magi	146

Il cinque maggio 112
Il giorno fu pieno di lampi 154
Il libro 150
Il messaggio 94
In prospectu Romae 44
I' mi trovai, fanciulle, un bel mattino 56

L' amica di Nonna Speranza 172
L' infinito 120
La fontana malata 188
La lodola 158
La mia sera 154
La partenza 90
La pioggia nel pineto 162
La vita fugge e non s' arresta un 'ora 40
Loda il gran Luigi, Re di Francia 84
Loreto impagliato ed il busto d' Alfieri, di Napoleone 172

Magica luna, tanto sei consunta 198
Movon qui duo gran fabri arte contr' arte 82

Non ha l' ottimo artista alcun concetto 64

O falce di luna calante 160
O sonno placidissimo, omai vieni 54
Ogni mio momento 196
Or poserai per sempre 122

Passano i lieti dí come baleni 72
Perché, mia piccola regina 186
Pon mente al mar, Cratone, or che 'n ciascuna 80
Portami il girasole ch' io lo trapianti 200
Preludio 198

Qual peregrin nel vago errore stanco 46
Quando novelle a chiedere 94
Questa del nostro lito antica sponda 62
Qui Michelangiol nacque? e qui il sublime 102

Risvegli 196

Sempre caro mi fu quest' ermo colle 120
Siccome il sol che manda la sua spera 12
Solcata ho fronte, occhi incavati intenti 108
Sopra il leggìo di quercia è nell' altana 150

Sopra una conchiglia fossile nel mio studio 124
Sospiri azzurri di speranze bianche 42
Sperar, temere, rimembrar, dolersi 104
Spesso, per ritornare alla mia casa 184
Stringiamci a coorte 130
Su, Italia! su, in armi! Venuto è il tuo dí! 110
Sudate, o fochi, a preparar metalli 84
Sul chiuso quaderno 124
Superbi colli, e voi sacre ruine 66

Taci. Su le soglie 162
Traversando la maremma toscana 144

Un organetto suona per la via 148

Vecchio ed alato dio, nato col sole 78
Vidi sovente in mio cammin le rote 158

267

Abkürzungen und rhetorische Begriffe

Anapher: Wortwiederholung am Anfang eines Verses, Satzes oder Satzteils

apokop.: apokopiert (der Auslaut oder die letzte Silbe fällt weg)

archais.: archaisierend (auf eine altertümliche Form zurückgreifend)

asyndet.: asyndetisch (gleichartige Wörter oder Satzteile sind ohne Verbindungswort aneinandergereiht)

Chiasmus: kreuzweise Gegenüberstellung von je zwei gleichen Begriffen

eigtl.: eigentlich

Ellipse: Weglassen einzelner (aus dem Zusammenhang ersichtlicher) Worte

Enjambement: Übergreifen der Sinneinheit in den folgenden Vers

Epitheton: veranschaulichendes Beiwort

flor.: florentinisch

franz.: französisch

germ.: germanisch

griech.: griechisch

Hiat: Zusammentreffen von Vokalen bei einander folgenden Wörtern

höf.-siz.: höfisch-sizilianisch (im 13. Jahrhundert)

höf.: höfisch (im Mittelalter)

Hypallage: Vertauschung einzelner Satzteile

Hyperbaton: Veränderung der üblichen syntaktischen Wortstellung

hyperbol.: hyperbolisch (übertreibend)

it.: italienisch

klassizist.: klassizistisch

latinis.: latinisiert bzw. latinisierend (aus dem Lateinischen ins Italienische übernommene bzw. nach lateinischem Vorbild geformte Wörter oder Konstruktionen)

lit.: literarisch

metaphor.: metaphorisch (bildlich; im übertragenen Sinn)

meton.: metonymisch (ein Wort durch einen verwandten Begriff ersetzend)

Oxymoron: Verbindung zweier sich widersprechender Begriffe

Paraphrase: Umschreibung eines Textes

Pleonasmus: Reihung sinnverwandter Ausdrücke

poet.: poetisch, in der Dichtersprache

prov.: provenzalisch (in der Dichtersprache der südfranzösischen Troubadours des 11.–13. Jahrhunderts)

provenzalis.: provenzalisierend (nach dem Vorbild der Troubadours)

Str.: Strophe

synkop.: synkopisch (ein unbetonter Vokal im Wortinnern fällt weg)

Synonym: sinnverwandtes Wort

Tmesis: Worttrennung über das Versende hinaus

Topos: traditionelles literarisches Motiv

tosk.: toskanisch

v.: Vers

Bibliographie

Carsaniga, G.: Geschichte der italienischen Literatur. Von der Renaissance bis zur Gegenwart, Stuttgart 1970.

De Bernardi, I.-G. Barbero: Profilo storico della letteratura italiana, Torino 1983.

Elwert, W. Th.: Italienische Metrik, Wiesbaden ²1984.

Elwert, W. Th.: Die romanischen Sprachen und Literaturen. Ein Überblick, München 1979.

Goez, W.: Grundzüge der Geschichte Italiens in Mittelalter und Renaissance, Darmstadt ³1988.

Hardt, M.: Geschichte der italienischen Literatur, Düsseldorf/Zürich 1996.

Hinterhäuser, H.: Italienische Lyrik im 20. Jahrhundert. Essays, München 1990.

Hösle, J.: Kleine Geschichte der italienischen Literatur, München 1995.

Italienische Lyrik der Gegenwart. Originaltexte und deutsche Prosaübertragung. Herausgegeben und übersetzt von F. de Faveri und R. Wagenknecht, München 1980.

Kapp, V. (Hrsg.): Italienische Literaturgeschichte, Stuttgart ²1994.

Lentzen, M.: Italienische Lyrik des 20. Jahrhunderts. Von den Avantgarden der ersten Jahrzehnte zu einer „neuen Innerlichkeit", Frankfurt a. M. 1994 (mit ausführlicher Bibliographie).

Asor Rosa, A. (ed.): Letteratura italiana: Gli autori. Dizionario bio-bibliografico (2 Bde.), Torino 1990–1991.

Lill, R.: Geschichte Italiens vom 16. Jahrhundert bis zu den Anfängen des Faschismus, Darmstadt ⁴1988.

Petronio, G.: L' attività letteraria in Italia. Storia della letteratura, Firenze 1982.

Petronio, G.: Geschichte der italienischen Literatur (3 Bde.), Tübingen 1992–1993 (Übersetzung des für die deutsche Ausgabe gestrafften und aktualisierten, zuvor genannten Textes).

Poesia italiana del Novecento. A cura di P. Gelli e G. Lagorio (2 Bde.), Milano ²1988.

Poesia italiana del Novecento. A cura di E. Pecora, Roma 1990.

Poeti italiani del secondo Novecento, 1945–1995. A cura di M. Cucchi e S. Giovanardi, Milano 1996.

Renda, U.-P. Operti: Dizionario storico della letteratura italiana. Nuova edizione riveduta e aggiornata sul testo originale di V. Turri, Torino ⁴1959.

Russo, L.: Compendio storico della letteratura italiana, Messina ²1962.

271

Personen

Die Namen der in der Sammlung vertretenen Dichter sind *kursiv* gedruckt.

Achillini, Claudio (1574–1640): 5. 84. 85. 229. 230. 231
Addison, John (1672–1719): englischer Schriftsteller 242
Alberti, Leon Battista (1404–1472): Humanist, Schriftsteller, Künstler 219
Alfani, Gianni (13. Jahrhundert): Dichter 209
Alfieri, Vittorio (1749–1803): 5. 102. 103. 104. 105. 172. 173. 235. 236. 237. 244
Alighieri, Dante (1265–1321): 1. 3. 4. 30. 31. 205. 206. 209. 210. 211. 212. 213.
    216. 218. 219. 221. 222. 228. 232. 235. 254
Anakreon (6. Jahrhundert v. Chr.): griechischer Lyriker 232
Apelles (4. Jahrhundert v. Chr.): griechischer Maler 82. 83. 230
Apollinaire, Guillaume (1880–1918): französischer Dichter und Kritiker 257. 262
Aretino, Pietro (1492–1556): Schriftsteller 222. 224. 225
Ariosto, Ludovico (1474–1533): Jurist, Dichter 217. 221. 224
Avalos, Ferdinando Francesco d', marchese di Pescara (1489–1525): Feldherr 224
Azeglio, Massimo Taparelli, marchese d' (1798–1866): Maler, Schriftsteller,
    Staatsmann 172. 173. 258

Balla, Giacomo (1871–1958): Maler 257
Baudelaire, Charles (1821–1867): französischer Dichter, Kritiker 2. 6. 250
Beatrice (gestorben 1290): als ideale Geliebte von Dante besungen 211. 212
Beauharnais, Eugène de (1781–1824): Vizekönig von Italien 236
Beccaria, Cesare, marchese di Bonesana (1738–1794): Jurist, Schriftsteller 238
Bembo, Pietro (1470–1547): 4. 62. 63. 214. 220. 221. 222. 223. 224. 225
Berchet, Giovanni (1783–1851): 6. 110. 111. 237. 244
Berni, Francesco (1497/8–1535): 5. 70. 71. 225
Blondel, Enrichetta (Henriette) (1792–1833): verheiratet mit Manzoni 238
Boccaccio, Giovanni (1313–1375): Humanist, Dichter 3. 4. 211. 213. 214. 221. 222
Boccioni, Umberto (1882–1916): Maler, Bildhauer 257
Boiardo, Matteo Maria (1441–1494): 4. 44. 45. 216. 224. 242
Boito, Arrigo (1842–1918): Dichter, Komponist 250. 251. 254
Bonagiunta Orbicciani (um 1220–um 1300): Dichter 207
Bonaparte, Joseph (1768–1844): König von Spanien 239
Bonaparte, Napoleone: → Napoléon I.
Borgia, Cesare (1471–1507): Oberkommandierender der päpstlichen Truppen 217
Boscán Almogáver, Juan (um 1493–1542): spanischer Dichter 226
Botticelli, Sandro (1445–1510): Maler 219
Brambilla, Teresa (1813–1895): Sopranistin 178. 179. 259
Braque, Georges (1882–1963): französischer Maler 257. 262
Bürger, Gottfried August (1747–1794): Dichter 2. 238
Buonarroti, Michelangelo (1475–1564): 5. 64. 65. 219. 222. 223. 224. 225. 235

273

Il Burchiello (eigtl. Domenico di Giovanni; 1404–1449): 4. 42. 43. 216
Byron, George Gordon Noel, Lord (1788–1824): englischer Dichter 227. 246.
259

Caesar, Gaius Iulius (100–44 v. Chr.): römischer Feldherr, Staatsmann 84. 85.
230
Camerana, Giovanni (1845–1905): Dichter, Maler, Jurist 250
Canova, Antonio (1757–1822): Bildhauer 237
Carducci, Giosuè (1835–1907): 2. 6. 7. 134. 135. 144. 145. 238. 244. 245. 246.
247. 248. 249. 251. 252. 254. 255
Carrà, Carlo (1881–1966): Maler 257
Carracci, Agostino (1557–1602): Kupferstecher, Maler 230
Casella Pietro (2. Hälfte 13. Jahrhundert): Musiker 211. 228
Castelbarco, Maria, contessa di (1761–1815): von Parini besungen 233. 234
Castello, Bernardo (um 1557–1629): Maler 230
Castiglione, Baldassare (1478–1529): 4. 66. 67. 221. 223. 224
Cato, Marcus Porcius (95–46 v. Chr.): römischer Staatsmann 216
Cavalcanti, Guido (um 1255–1300): 3. 26. 27. 209. 210. 211. 216
Cézanne, Paul (1839–1906): französischer Maler 257
Chiabrera, Gabriello (1552–1638): Dichter 228. 229. 231. 258
Chiarini, Giuseppe (1833–1908): Schriftsteller, Arzt 245. 251
Chiaves, Carlo (1883–1919): Dichter 260
Chirico, Giorgio de (1888–1978): Maler 262
Cicero, Marcus Tullius (106–43 v. Chr.): römischer Redner, Jurist, Politiker 222.
246
Cino da Pistoia (um 1270–1336/37): Rechtsgelehrter, Dichter 209. 211
Collenuccio, Pandolfo (1444–1504): 4. 46. 47. 217. 218
Colonna, Vittoria (um 1492–1547): 4. 68. 69. 221. 222. 223. 224
Corazzini, Sergio (1886–1907): 6. 186. 187. 258. 260. 261
Corelli, Arcangelo (auch A. del Leùto; 1653–1713): Komponist 174. 175. 258
Correggio (eigtl. Antonio Allegri; um 1489–1534): Maler 224
Croce, Benedetto (1866–1952): Philosoph, Historiker, Politiker 264

Daguerre, Louis Jacques (1787–1851): französischer Maler 258
D'Annunzio, Gabriele (1863–1938): 6. 7. 160. 161. 162. 163. 245. 251. 252. 254.
255. 256. 257. 258. 260. 261
Dante: → Alighieri, Dante
Dante da Maiano (geboren um 1290): Dichter 207
Davanzati/Davanzati Banbakei, Chiaro (2. Hälfte 13. Jahrhundert): 3. 18. 19.
207. 209
Delacroix, Eugène (1798–1863): französischer Maler 227
Debussy, Claude (1862–1918): französischer Komponist 255
Donatello (wohl 1386–1466): Bildhauer 208
Donati, Gemma (gestorben 1340): verheiratet mit Dante Alighieri 211
Donizetti, Gaëtano (1797–1848): Komponist 227

Dovizi, Bernardo (gen. il Bibbiena; 1470–1520): Dichter, Politiker 223
Duse, Eleonora (1858–1924): Schauspielerin 254

Eliot, Thomas Stearns (1888–1965): englischer Dichter, Literaturkritiker 264
Enzio (um 1214–1272): König von Sardinien 205. 252
Este, Alfonso II. d' (1533–1597): Herzog von Ferrara 227

Fabre, François Xavier Pascal (1766–1837): französischer Maler 236. 237
Farnese, Odoardo (1612–1646): Herzog von Parma 230
Fauriel, Claude (1772–1844): französischer Literaturhistoriker 238
Ferrari, Severino (1856–1905): Literaturwissenschaftler, Literat 283
Ficino, Marsilio (1433–1499): Humanist, Philosoph, Arzt 219. 222
Fogazzaro, Antonio (1842–1911): Schriftsteller 242
Folgore, Luciano (eigtl. Omero Vecchi; 1888–1966): 7. 194. 195. 257. 262
Foscolo, Ugo (1778–1827): 5. 106. 107. 108. 109. 233. 234. 236. 237. 242. 259
Francesca (geboren 1343): Tochter Petrarcas 213
Franco, Giacomo (1550–1620): Kupferstecher, Verleger 230
Franco, Veronica (1546–1591): Dichterin 227
Frescobaldi, Dino (nach 1271–1315/16): Dichter 209
Friedrich I. Barbarossa (um 1125–1190): römisch-deutscher Kaiser 244
Friedrich II. von Hohenstaufen (1194–1250): römisch-deutscher Kaiser 1. 3. 8. 9.
205. 206. 207
Frugoni, Carlo Innocenzo (1692–1768): Theaterintendant, Dichter 5. 232. 233

Galateo, Antonio (eigtl. A. De Ferrariis; 1444–1517): Humanist, Pädagoge, Arzt
224
Galilei, Galileo (1564–1642): Mathematiker, Philosoph 5. 235
Gambara, Veronica, Fürstin von Correggio (1485–1550): Dichterin 221. 224
Garibaldi, Giuseppe (1807–1882): Freiheitskämpfer 243
Gautier, Théophile (1811–1872): französischer Dichter und Schriftsteller 250
Giacomino Pugliese (1. Hälfte 13. Jahrhundert): Dichter 205
Giacomo da Lentini (gestorben vor 1250): 3. 12. 13. 205. 206
Gianni, Lapo (2. Hälfte 13.–1. Hälfte 14. Jahrhundert): Dichter 209
Giordanello (eigtl. Giordani, Giuseppe; 1743–1798): Komponist 174. 175. 259
Giordani, Pietro (1774–1848): Schriftsteller 245
Giotto di Bondone (wohl 1266–1337): Maler 211
Giovanni (1337–1361): Sohn Petrarcas 213
Giovio, Paolo (1483–1552): Humanist und Geschichtsschreiber 220. 224
Gluck, Christoph Willibald, Ritter von (1714–1787): Komponist 232
Goethe, Johann Wolfgang von (1749–1832): Dichter 2. 227. 239. 245. 259
Goldoni, Carlo (1707–1793): Komödiendichter 227. 232
Govoni, Corrado (1884–1965): Dichter 257. 260
Gozzano, Guido (1883–1916): 6. 172. 173. 258. 259. 260
Gozzi, Carlo (1720–1806): Dichter 232. 242

Gravina, Gian Vincenzo (1664–1718): Jurist, Schriftsteller, Dichtungstheoretiker 232
Gray, Thomas (1716–1771): englischer Dichter 242
Guarini, Giovanni Battista (1538–1612): Diplomat, Dichter 227
Guerrazzi, Francesco Domenico (1804–1873): Politiker, Schriftsteller 248
Guerrini, Olindo: → Stecchetti, Lorenzo
Guido delle Colonne (um 1210 – nach 1287): Dichter 205
Guinizelli, Guido (1230/40–1276): 3. 22. 23. 207. 209. 210
Guittone d'Arezzo (um 1225–1294): Jurist, Dichter 3. 207. 209

Hadrian (76–138): römischer Kaiser 224
Hadrian VI. (Pontifikat 1522–1523): Papst 225
Händel, Georg Friedrich (1685–1759): Komponist 232
Hamilton, Floriana (geboren 1804): Tochter Foscolos 236
Hannibal (um 246–um 183): karthagischer Feldherr 247
Hardouin, Maria, duchessa di Gallese (1864–1954): verheiratet mit D'Annunzio 254
Heine, Heinrich (1797–1856): Journalist, Dichter 242. 245
Heinrich VI. (1165–1197): römisch-deutscher Kaiser 205
Heyse, Paul von (1830–1914): Schriftsteller 239
Hölderlin, Johann Christian Friedrich (1770–1843): Dichter 2. 250
Hofmannswaldau, Hofmann von, Christian (1616–1697): Dichter 229
Homer (8. Jahrhundert v. Chr.): griechischer Dichter 215. 243
Horaz (eigtl. Quintus Horatius Flaccus; 65–8 v. Chr.): römischer Dichter 231. 234. 239. 246. 247
Hugo, Victor (1802–1885): französischer Dichter 259

Jammes, Francis (1868–1938): französischer Dichter 258

Karl V. (1500–1558): römisch-deutscher Kaiser 223. 224
Karl d. Gr. (742–814): König der Franken, römischer Kaiser 208
Karl I. von Anjou (1226–1285): König von Neapel–Sizilien 208. 244
Karl Emanuel I. (1562–1630): Herzog von Savoyen 86. 87. 88. 89. 228. 230. 231
Klemens VII. (Pontifikat 1523–1534): Papst 223
Klemens VIII. (Pontifikat 1592–1605): Papst 228
Klopstock, Friedrich Gottlieb (1724–1803): Dichter 2. 245
Konstanze von Sizilien (1154–1198): 205

Laforgue, Jules (1860–1887): französischer Dichter 258
Landino, Cristofero (1424–1498): Humanist 219. 222
Laura (gestorben 1348): als ideale Geliebte von Petrarca besungen 213. 214. 215. 216. 228
Leo X. (Pontifikat 1513–1521): Papst 221
Leonardo da Vinci (1452–1519): Maler, Bildhauer, Architekt, Forscher 219
Leopardi, Giacomo (1798–1837): 6. 120. 121. 122. 123. 218. 240. 242. 245. 248. 253. 259. 263

276

Leùto, Arcangelo del: → Corelli, A.
Longfellow, Henry Wadsworth (1807–1882): amerikanischer Schriftsteller 242. 243
Ludwig XIII. (1601–1643): König von Frankreich 229. 230

Machiavelli, Niccolò (1469–1527): Politiker, Schriftsteller 224. 235
Maffei, Clara Carrara, contessa (1814–1886): ihr Salon war berühmt 180. 181.
    259
Malherbe, François de (1555–1628): französischer Dichter 226
Mallarmé, Stéphane (1842–1898): französischer Dichter 7. 262
Mamèli, Goffredo (1827–1849): 6. 130. 131. 243
Manfred (1231–1266): König von Sizilien 205
Manzoni, Alessandro (1785–1873): 6. 112. 113. 230. 237. 238. 239. 240. 244.
    245. 258
Marinetti, Emilio Filippo Tommaseo (1876–1944): Schriftsteller 257. 262
Marino, Giovanni Battista (1569–1625): 5. 80. 81. 82. 83. 226. 228. 229. 230
Maximilian I. (1459–1519): römisch-deutscher Kaiser 217
Mazzini, Giuseppe (1805–1872): Politiker und Freiheitskämpfer 182. 183. 238.
    243. 244. 248. 259
Medici, Cosimo de' (1389–1464): Bankier und Politiker 218
Medici, Giuliano de' (1453–1478): 220
Medici, Lorenzo de' (1449–1492): 4. 54. 55. 217. 218. 219. 220. 222
Medici, Maria de' (1573–1642): französische Königin 229
Metastasio, Pietro (1698–1782): 5. 90. 91. 232. 234
Modigliani, Amadeo (1884–1920): Maler und Bildhauer 262
Montale, Eugenio (1896–1981): 7. 200. 201. 260. 263. 264
Montefeltro, Guidobaldo da (1472–1508): Herzog von Urbino 223
Monteverdi, Claudio (1567–1643): Komponist 228. 230
Monti, Vincenzo (1754–1828): Dichter 236. 238
Morelli, Domenico (1826–1901): Maler 227
Moretti, Marino (1885–1979): Schriftsteller 260. 261
Mozart, Wolfgang Amadeus (1756–1791): Komponist 232
Murtola, Gaspare (gest. 1624): Dichter 228

Napoléon I. (Napoleone Bonaparte; 1769–1821): Kaiser von Frankreich, König
    von Italien 6. 172. 173. 236. 239. 240
Navagero, Andrea (1483–1529): Humanist, Diplomat 223
Nerval, Gérard de (1808–1855): französischer Dichter 250
Niccolini, Giovanni Battista (1782–1861): Dramatiker 239. 244
Nietzsche, Friedrich (1844–1900): Philosoph, Philologe 249. 254
Novalis (eigtl. Friedrich Freiherr von Hardenberg; 1772–1801): Dichter 250
Novaro, Michele (1822–1885): Komponist 244

Ochino, Bernardino (1487–1564): Theologe 224
Ovid (eigtl. Publius Ovidius Naso; 43 v. Chr.–um 17 n. Chr.): römischer Dichter
    246

Palazzeschi, Aldo (eigtl. A. Giurlani; 1885–1974): Schriftsteller 7. 188. 189. 257. 260. 261

Papini, Giovanni (1881–1956): Schriftsteller 257

Parini, Giuseppe (1729–1799): 5. 94. 95. 233. 234. 236

Pascoli, Giovanni (1855–1912): 6. 7. 150. 151. 154. 155. 158. 159. 251. 252. 253. 254. 255. 258. 259

Pellegrini, Camillo (1527–1603): Schriftsteller 228

Pergolesi, Giovanni Battista (1710–1736): Komponist 232

Petrarca, Francesco (1304–1374): X. 1. 2. 3. 4. 36. 37. 40. 41. 205. 211. 213. 214. 215. 216. 217. 219. 221. 222. 224. 225. 235. 245

Picasso, Pablo (1881–1973): spanisch-französischer Maler, Grafiker, Bildhauer 257. 262

Pico della Mirandola, Giovanni (1463–1494): Humanist, Philosoph 219. 222

Pier della Vigna (1180–1249): Dichter 205

Pindar (um 522–nach 446 v. Chr.): griechischer Lyriker 229. 231

Pindemonte, Ippolito (1753–1828): Schriftsteller 236

Pirandello, Luigi (1867–1936): Schriftsteller 260

Pistrucci, Benedetto (1784–1855): Medailleur, Bildhauer 237

Platen, August Graf von (1796–1835): Dichter 2. 240. 245

Plinius, Gaius Publius, d. J. (um 62–um 113): römischer Schriftsteller 246

Poliziano, Angelo (1454–1494): 4. 56. 57. 219. 220. 222

Pontano, Giovanni (1426–1503): Humanist, Dichter 220

Porpora, Nicola Antonio (1686–1766): Komponist 232

Poussin, Nicolas (1593–1665): französischer Maler 229

Praga, Emilio (1839–1875): 2. 6. 146. 147. 250

Praga, Marco (1862–1929): Dramatiker 250

Prampolini, Enrico (1894–1956): Maler, Bühnenbildner, Kunstschriftsteller 257

Prati, Giovanni (1814–1884): Dichter und Patriot 176. 177. 243. 245. 259

Preti, Girolamo (1580–1626): Dichter 229

Prezzolini, Giuseppe (1882–1982): Schriftsteller 257

Propertius Sextus (um 50–nach 16. v. Chr.): römischer Dichter 246

Pulci, Luigi (1432–1484): Dichter 217. 219

Quasimodo, Salvatore (1901–1968): Dichter, Schriftsteller 263

Radetzky, Joseph Wenzel, Graf von (1766–1858): österreich. Feldmarschall 178. 179. 259

Ranieri, Antonio (1806–1888): Historiker, Schriftsteller 240. 248

Raphael: → Sanzio, Raffaello

Respighi, Ottorino (1879–1936): Komponist 255

Richelieu, Armand Jean du Plessis, duc de (1585–1642): französischer Staatsmann 230

Rimbaud, Arthur (1854–1891): französischer Dichter 7. 257

Rinaldo d' Aquino (13. Jahrhundert): 3. 14. 15. 205. 206

Rodin, Auguste (1840–1917): französischer Bildhauer 257

Rolli, Paolo (1687–1765): Dichter, Übersetzer 232. 252
Romano, Giulio (1499–1546): Architekt und Maler 223
Rosso, Medardo (1858–1928): Bildhauer 257
Rovere, Francesco Maria I. della (1490–1538): Herzog von Urbino 223
Russolo, Luigi (1885–1947): Maler, Komponist, Dichter 257

Saba, Umberto (eigtl. U. Poli; 1883–1957): 7. 184. 185. 259. 260
Sadoleto, Jacopo (1477–1547): Humanist, Theologe 220. 221
Sannazaro, Jacopo (1456–1530): 4. 58. 59. 220. 221
Sansovino, Francesco (1521–1586): Schriftsteller 227
Sant' Elia, Antonio (1888–1916): Architekt 257
Santoro, Francesco Raffaello (geb. 1844): Maler 246
Sanzio (bzw. Santi), Raffaello (1483–1520): Maler, Architekt 221. 223
Scarlatti, Alessandro (1660–1725): Komponist 174. 175. 232. 258
Scipio, Publius Cornelius (um 235–183 v. Chr.): römischer Feldherr 244
Sebastiano del Piombo (eigtl. S. Luciani; um 1485–1547): Maler 225
Severini, Gino (1883–1966): Maler 257
Sforza, Costanzo I (1447–1483): Herr von Pesaro 217
Sforza, Giovanni (1466–1510): Herr von Pesaro 217
Sforza, Ludovico 'il Moro' (1452–1508): Herzog von Mailand 223
Shelley, Percy Bysshe (1792–1822): englischer Dichter 242
Soffici, Ardengo (1879–1964): 7. 170. 171. 256. 257
Speroni, Sperone (1500–1588): Humanist, Schriftsteller 227
Stampa, Gaspara (1523–1554): 5. 74. 75. 226
Stecchetti, Lorenzo (eigtl. Olindo Guerrini; 1845–1916): 2. 6. 148. 149. 251
Stigliani, Tommaso (1573–1651): Dichter 228. 229
Strozzi, Ercole (1473–1508): Dichter, Schriftsteller, Politiker 221
Svevo, Italo (eigtl. Ettore Schmitz; 1861–1928): Schriftsteller 260. 263

Taine, Hippolythe (1828–1893): französischer Historiker 249
Tansillo, Luigi (1510–1568): 5. 72. 73. 226
Targioni Tozzetti, Fanny (1801–1889): besungen von Leopardi 241
Tasso, Bernardo (1493–1569): Dichter 227
Tasso, Torquato (1544–1595): 5. 76. 77. 78. 79. 226. 227. 228. 230
Tassoni, Alessandro (1565–1635): Dichter 222. 228
Tebaldeo, Marco Antonio (1463–1537): Humanist, Dichter 221
Testi, Fulvio (1593–1646): 5. 86. 87. 231
Theokrit (3. Jahrhundert v. Chr.): griechischer Dichter 221. 242
Tizian: → Vecellio, Tiziano
Tosti, Francesco Paolo (1846–1916): Komponist 255

Uhland, Ludwig (1787–1862): Dichter 245
Ungaretti, Giuseppe (1888–1970): 7. 196. 197. 198. 199. 260. 262. 263

Valdés, Juan de (um 1500–1541): spanischer Humanist 224
Varchi, Benedetto (1503–1565): Humanist, Geschichtsschreiber 227
Vasari, Giorgio (1511–1574): Kunstschriftsteller, Maler, Architekt 220
Vecellio, Tiziano (um 1476/90–1576): Maler 221. 222
Vega, Garcilaso de la (1503–1536): spanischer Dichter 226
Verdi, Giuseppe (1813–1901): Komponist 178. 179. 239. 244. 250. 259
Vergil (eigtl. Publius Vergilius Maro; 70–19 v. Chr.): römischer Dichter 134. 135.
    215. 221. 222. 231. 243. 246. 247. 248. 249
Verrocchio, Andrea del (1435–1488): Maler, Bildhauer, Goldschmied 219
Vico, Giambattista (1668–1744): Geschichts- und Sprachphilosoph 243
Viktor Emanuel II. (1820–1878): König von Sardinien, ab 1861 von Italien 259
Villani, Giovanni (um 1274/76–1348): Florentiner Chronist 208

Wagner, Richard (1813–1883): Komponist 254

Zanella, Giacomo (1820–1888): 6. 124. 125. 242. 243
Zeno, Apostolo (1668–1750): Dichter, Literaturkritiker 232

Quellenverzeichnis

1. Sammlungen:
Die Zahlen vor dem Namen des Dichters beziffern die Seiten.

Bo: Lirici del Cinquecento. A cura di C. Bo. Milano (Garzanti) 1941:
312 Gaspara Stampa, *Deh foss' io almen sicura*
Ferrero: Marino e i Marinisti. A cura di G. G. Ferrero. Milano – Napoli (Ricciardi) 1954:
698 Claudio Achillini, *Sudate, o fochi, a preparar metalli*
Monaci – Arese: Crestomazia italiana dei primi secoli, con prospetto grammaticale e glossario per E. Monaci. Nuova edizione riveduta e aumentata per cura di F. Arese. Presentazione di A. Schiaffini. Roma – Napoli – Città di Castello (Società Editrice Dante Alighieri) 1955:
86–87 Giacomo da Lentini, *Sicome il sol che manda la sua spera*
115–116 Rinaldo d' Aquino, *Già mai non mi comfortto*
299–301 Chiaro Davanzati, *Ai dolze e gaia terra fiorentina*
Muscetta – Ponchiroli: Poesia del Quattrocento e del Cinquecento. A cura di C. Muscetta e P. Ponchiroli. Torino (Einaudi) 1959:
198 Lorenzo de' Medici, *O sonno placidissimo*
279–280 Angelo Poliziano, *I' mi trovai, fanciulle, un bel mattino*
1134 Pietro Bembo, *Questa del nostro lito antica sponda*
1304 Vittoria Colonna, *A che sempre chiamar la sorda morte*
1332 Michelangelo Buonarroti, *Non ha l' ottimo artista alcun concetto*
1455 Luigi Tansillo, *Passano i lieti dí come baleni*
Muscetta – Rivalta: Parnaso Italiano I: Poesia del Duecento e del Trecento. A cura di C. Muscetta e P. Rivalta. Torino (Einaudi) 1956:
31–32 Federico II, *Dolze meo drudo, e vaténe*
475–477 Guido Guinicelli, *Al cor gentil ripara sempre Amore*
485–486 Guido Cavalcanti, *Fresca rosa novella*
Papini – Pancrazi: Poeti d'oggi (1900–1925). Antologia compilata da G. Papini e P. Pancrazi; 2a ed. Firenze 1925:
662–663 Luciano Folgore, *Da dove? Sera senza lumi*
Sanguineti: Poesia italiana del Novecento. A cura di E. Sanguineti; voll. 1–2 (2a ediz.). Torino (Einaudi) 1971:
Vol. 1, 332–334 Aldo Palazzeschi, *Clof, clop, cloch*
      421–422 Sergio Corazzini, *Perché, mia piccola regina*
      459–466 Guido Gozzano, *Loreto impagliato ed il busto d' Alfieri, di Napoleone*
Vol. 2, 637 Ardengo Soffici, *Dissolversi nella cipria dell' ordinotte*
      791–792 Umberto Saba, *Spesso, per ritornare alla mia casa*
      900 Eugenio Montale, *Portami il girasole ch' io lo trapianti*
Vitale: Antologia della letteratura italiana. Diretta da M. Vitale. A cura di A. Asor

Rosa, A. Del Monte, V. Pernicone, G. Petronio, S. Romagnoli, C. Salinari; voll. 1–5. Milano (Rizzoli) 1965–1968:

Vol. 2, 428–431 Pandolfo Collenuccio, *Qual peregrin nel vago errore stanco*
Vol. 3, 952–953 Fulvio Testi, *Carlo, quel generoso invitto core*
Vol. 5, 460–463 Giacomo Zanella, *Sul chiuso quaderno*

2. Werkausgaben:
Die Zahlen vor den Gedichtanfängen beziffern die Seiten.

ALFIERI, VITTORIO: Tragedie e scritti scelti. A cura di P. Cazzani. Brescia (Editrice La Scuola) 1975,
748 *Qui Michelangiol nacque? e qui il sublime*
759 *Sperar, temere, rimembrar, dolersi*
ALIGHIERI, DANTE: Rime della «Vita nuova» e della giovinezza. A cura di M. Barbi e F. Maggini. Firenze (Le Monnier) 1956,
99–107 *Donna pietosa e di novella etate*
BERCHET, GIOVANNI: Poesie. A cura di E. Bellorini (2a ediz.). Bari (Laterza) 1941,
99–100 *Su, figli d' Italia! su, in armi! coraggio!*
BERNI, FRANCESCO: Rime. A cura di D. Romei, Milano (Mursia) 1985,
95 *Chiome d' argento fino, irte e attorte*
BOIARDO, MATTEO MARIA: Opere volgari. Amorum libri, Pastorale, Lettere. A cura di P. V. Mengaldo. Bari (Laterza) 1962,
121 *Ecco l' alma città che fu regina*
IL BURCHIELLO: I Sonetti, secondo l'edizione detta „di Londra" del 1757. A cura e con uno studio di A. Viviani. Disegni di P. Parigi (2a ediz.). Milano (Bietti) 1954,
108 *Sospiri azzurri di speranze bianche*
CARDUCCI, GIOSUÈ: Poesie (1850–1900) (22a ediz.). Bologna (Zanichelli) 1953,
603 *Dolce paese, onde portai conforme*
832–838 *Ancor dal monte, che di foschi ondeggia*
CASTIGLIONE, BALDASSARE: Il libro del Cortegiano con una scelta delle Opere minori. A cura di B. Maier (3a ediz.). Torino (UTET) 1981,
599–600 *Superbi colli, e voi sacre ruine*
D'ANNUNZIO, GABRIELE: Poesie complete. Con interpretazione e commento di E. Palmieri. Primo Vere. Canto Novo. Intermezzo. Bologna (Zanichelli) 1953,
vol. I, 251 *O falce di luna calante*
D'ANNUNZIO, GABRIELE: Laudi del cielo, del mare, della terra e degli eroi. Con interpretazione e commento di E. Palmieri. Libro terzo: Alcyone. Bologna (Zanichelli) 1955,
111–118 *Taci. Su le soglie*
FOSCOLO, UGO: Opere. A cura di G. Bezzola: I. Poesie e prose d' arte. Milano (Rizzoli) 1956,
69 *Forse perché della fatal quiete*
75 *Solcata ho fronte, occhi incavati intenti*
LEOPARDI, GIACOMO: Opere, I. A cura di S. Solmi. Milano–Napoli (Ricciardi) 1956,
58 *Sempre caro mi fu quest' ermo colle*
125 *Or poserai per sempre*

Mamèli, Goffredo: La vita e gli scritti. A cura di A. Codignola. Venezia (La Nuova Italia) 1927,
vol. II, 76–77 *Fratelli d' Italia*

Manzoni, Alessandro: Opere. A cura di R. Bacchelli. Milano–Napoli (Ricciardi) 1953,
69–73 *Ei fu. Siccome immobile*

Marino, Giovanni Battista: Opere. A cura di A. Asor Rosa. Milano (Rizzoli) 1967,
262–263 *Pon mente al mar, Cratone, or che 'n ciascuna*
431 *Movon qui duo gran fabri arte contr' arte*

Metastasio, Pietro: Tutte le opere (5 Bde). A cura di B. Brunelli. Milano (A. Mondadori) 1947–1954,
vol. II, 780–782 *Ecco quel fiero istante*

Parini, Giuseppe: Le odi. A cura di A. Bertoldi. Nuova presentazione di R. Spongano. Firenze (Sansoni) 1957,
168–176 *Quando novelle a chiedere*

Pascoli, Giovanni: Poesie I. Con un avvertimento di A. Baldini (9a ediz.). Milano (A. Mondadori) 1958,
275–276 *Sopra il leggìo di quercia è nell' altana*
620–621 *Il giorno fu pieno di lampi*
723 *Vidi sovente in mio cammin le rote*

Petrarca, Francesco: Le Rime. A cura di G. Carducci e S. Ferrari. Nuova presentazione di G. Contini. Firenze (Sansoni) 1956 (Nachdruck 1969),
204–207 *Di pensier in pensier, di monte in monte*
385–386 *La vita fugge e non s' arresta un' ora*

Praga, Emilio: Poesie. A cura di M. Petrucciani. Bari (Laterza) 1969,
131–132 *I bei vegliardi dallo scettro d' oro*

Sannazaro, Jacopo: Opere volgari. A cura di A. Mauro. Bari (Laterza) 1961,
37–39 *Alma beata e bella*

Stecchetti, Lorenzo: Postuma. Canzoniere di Lorenzo Stecchetti (Mercutio) edito a cura degli amici (39a ediz.). Bologna (Zanichelli) 1935,
126 *Un organetto suona per la via*

Tasso, Torquato: Opere; vol. I. A cura di B. Maier. Milano (Rizzoli) 1963,
315–316 *Ecco mormorar l' onde*
678–679 *Vecchio ed alato dio, nato col sole*

Ungaretti, Giuseppe: Poesie I (1914–1919). L' Allegria (5a ediz.). Milano (A. Mondadori) 1957,
45–46 *Ogni mio momento*

Ungaretti, Giuseppe: Poesie II (1919–1935). Sentimento del tempo. Con un saggio di A. Gargiulo (5a ediz.). Milano (A. Mondadori) 1959,
126 *Magica luna, tanto sei consunta*

283

Bildnachweise

[Einband]
Raphael: *La Poesia*. Fresko, 1508 (Deckenbild in der Stanza della Segnatura; Palazzo del Vaticano, Rom).
Foto: Scala, Florenz 1997.

[Titelei]
Cesare Ripa: *Poesia*. Holzschnitt aus: Iconologia overo descrittione di diverse imagini cavate dall'antichità, e di propria inventione. Roma 1603, S. 406.
Reprographischer Nachdruck: With an introduction by E. Mandowsky. Hildesheim–New York (Olms) 1970.

[Zu Cavalcanti]
Hieronymus Cock: *Sechs toskanische Dichter*. Kupferstich des 16. Jahrhunderts nach Giorgio Vasaris Gemälde *Sei poeti toscani*. Braunschweig, Herzog Anton Ulrich-Museum.
Aus: W. Wehle: Hochfliegende Minne. Die Seelenkämpfe des Guido Cavalcanti (Frankfurter Allgemeine Zeitung vom 4. 4. 1992).

[Zu Dante]
Luca Signorelli, *Kopf eines Mannes mit Kappe (Dante?)*. Kohlezeichnung, um 1485. Staatliche Museen zu Berlin, Kupferstichkabinett. © 1996 SNTK Kupferstichkabinett, Berlin.

[Zu Boiardo]
Art des Domenico Veneziano, *Profilbildnis einer Dame*. Kupferstich des 15. Jahrhunderts.
Aus: E. Bock: Geschichte der graphischen Kunst von ihren Anfängen bis zur Gegenwart. Berlin (Propyläen-Verlag) 1930, S. 281. © 1996 SNTK Kupferstichkabinett, Berlin.

[Zu Lorenzo de' Medici]
Ghirlandaio, *Die Bestätigung der Franziskanerregel durch Honorius III.* Fresko, 1483–1485. Florenz, Santa Trinità, Sassetti-Kapelle.
Im Vordergrund: treppauf an der Spitze des Zugs Angelo Poliziano mit Giuliano de' Medici, gefolgt von Lorenzos beiden anderen Söhnen Piero und Giovanni; zuletzt Luigi Pulci und (ganz links) der burleske Dichter und Medici-Günstling Matteo Franco. Rechte Seite: Lorenzo de' Medici (3. Figur); links neben ihm Francesco Sassetti, oberster Verwalter der Medici-Bank, mit Sohn Federigo; rechts Antonio Pucci.
Im Hintergrund: links Palazzo Vecchio; in der Mitte Loggia dei Lanzi.
Aus: F. und S. Borsi: Paolo Uccello. Florenz zwischen Gotik und Renaissance. Stuttgart (Belser) 1993, S. 51.

[Zu Castiglione]
Francesco La Bega, Architekturcapriccio *Prediger zwischen römischen Ruinen*. Lavierte Federzeichnung, 1739.
Aus: Römische Skizzen. Zwischen Phantasie und Wirklichkeit. Katalog der Ausstellung: Römische Ruinen in Zeichnungen des 16. bis 19. Jahrhunderts

aus Beständen der Stiftung Preußischer Kulturbesitz, Berlin 1988. Mainz (Zabern) 1988, Abb. 2. © 1996 SNTK Kupferstichkabinett, Berlin.

[Zu Tasso]

Androuet du Cerceau: *Allegorie der Zeit*. Holzschnitt, 16. Jahrhundert.

Aus: A. Tenenti: Il senso della morte e l' amore della vita nel Rinascimento (Italia e Francia). Torino (Einaudi) 1957, Abb. 5.

[Zu Marino]

Rinaldo und Armida. Stich von Agostino Carracci nach einer Vorlage Bernardo Castellos, in: T. Tasso, Gerusalemme Liberata. Genua 1590.

Aus: R. Erbentraut: Der Genueser Maler Bernardo Castello (1557?–1629). Freren (Luca) 1989, S. 426.

[Zu Foscolo]

Isabella Teotochi Albrizzi, *Ugo Foscolo*. Porträtzeichnung aus: Ritratti. Brescia 1807.

Aus: U. Foscolo: Poesie. Introduzione e note di G. Bezzola, Milano (Rizzoli) 1976, S. 37.

[Zu Carducci]

Giovanni Fattori, *Der Ochsenkarren (Die Maremma)*. Radierung, vor 1888.

Aus: A. Baboni: Le incisioni di Giovanni Fattori nella collezione Franconi, e catalogo generale dell' opera incisa Fattoriana. Firenze (Edizioni Pananti) 1989, Abb. 115.

[Zu Stecchetti]

Giorgio Morandi, *Die weiße Straße*. Radierung, 1933.

Aus: Giorgio Morandi. Ölbilder, Aquarelle, Zeichungen, Radierungen. Katalog der Ausstellung München 1981. München 1981, Abb. 214. © VG Bild-Kunst, Bonn 1997.

[Zu Soffici]

Karikaturen einiger Futuristen. Federzeichnungen, um 1912–1914.

[Zu Montale]

Renato Guttoso, *Sommer*. Federzeichnung, 1959.

Aus: Binni, W. – N. S. Sapegno: Storia letteraria delle regioni d'Italia. Firenze (Sansoni) 1968, Abb. 640. © VG Bild-Kunst, Bonn 1997.